2018年教育部人文社会科学青年基金项目"金陵大学本土化的路径及影响研究（1888—1952）"成果，课题号为18YJC770044

金陵大学本土化的路径及影响研究（1888-1952）

赵飞飞 著

新 华 出 版 社

图书在版编目（CIP）数据

金陵大学本土化的路径及影响研究：1888-1952 /
赵飞飞著 . -- 北京：新华出版社 , 2024. 6. -- ISBN
978-7-5166-7428-4

Ⅰ . G527.531

中国国家版本馆 CIP 数据核字第 2024ZP3880 号

金陵大学本土化的路径及影响研究 ： 1888-1952

著者：赵飞飞

出版发行：新华出版社有限责任公司

（北京市石景山区京原路 8 号 邮编：100040）

印刷：河北万卷印刷有限公司

成品尺寸：170mm×240mm 1/16	印张：16.5　　字数：240 千字
版次：2024 年 6 月第 1 版	印次：2024 年 6 月第 1 次印刷
书号：ISBN 978-7-5166-7428-4	定价：88.00 元

版权所有·侵权必究

如有印刷、装订问题，本公司负责调换。

微店　　视频小号店　　抖店　　京东旗舰店　　请加我的企业微信

微信公众号　　喜马拉雅　　小红书　　淘宝旗舰店　　扫码添加专属客服

序

  2016 年 11 月初，我收到南京大学历史学院朱庆葆教授的来函，获邀参加赵飞飞女士的博士学位论文答辩会，担任评审委员会委员。

  我第一次遇见赵飞飞，是在 2016 年 6 月，我担任香港中文大学崇基学院"中国教会大学校史寻根团"学术顾问，率领 40 多位师生校友赴南京考察，访问南京大学（前金陵大学）及南京师范大学（前金陵女子文理学院）。在南京大学时，校方安排了一位博士研究生做导赏员。我发觉这位导赏员并不平凡，她不仅对南大校园十分熟识，还对金陵大学的历史、人物及事件的发生和转变等，讲解得非常清楚，考察团各团员均深受感动。细问之下，才知悉这位博士研究生名字是赵飞飞，正在撰写她的博士论文，内容正是关于南京金陵大学的研究。

  后来我又在上海大学一个学术研讨会上遇到赵飞飞，原来她曾在上海大学历史系修读硕士课程，是陶飞亚教授的学生。陶飞亚教授不仅是中国近代史的知名学者，还是中国基督教史研究的专家，赵飞飞想必在陶教授的指导下打下了坚实的学术基础。她选择"金陵大学个案研究"为博士论文主题确实不简单，原因是金陵大学的校史研究必定涉及一些不容易掌握或理解的概念，譬如涉及宗教和教育两个层面，而不少学者容易将两者视为两个对立的层面，像水火不兼容一样。作为一所教会大学，金陵大学却需要将两个不同的层面/范畴结合在一起。而赵飞飞的博士论文研究独特之处正在于她能够超越这种"对立"的思维，找到一个创新的视角，发现金陵大学是在不断地响应中国社会文化处境的冲击，做出了一系列处境化的"调适"和"本土化"的决策。事实上，能够有这样突破性的研究课题、达到这样具有创新性的研究成果，已足以显示出论文导师朱教授的睿智、开明和包容的态度，朱教授必定付出了不少教育的心血，才能让这样高水平的博士论文成功面世。

刚巧 2021 年我也出版了一本书，题目是《中国化基督教：以中国教会大学史作个案研究》。我邀请了早年指导过的几位博士生为新书撰序，包括陶飞亚博士（现在是国家社科基金重大项目首席专家，现任上海大学文学院历史系教授）、刘义博士（现任上海大学文学院历史系教授、上海大学土耳其研究中心教授）及刘贤博士（现任中国人民大学清史研究所副教授）等。刘义、刘贤两位博士均曾是陶飞亚教授的学生，赵飞飞博士也曾是陶飞亚教授在上海大学的学生，亦可以说是我的隔代学生。赵飞飞博士能够将"金陵大学本土化的路径及影响研究"作为本书的标题，也可算是对我新书的一种传承与和应吧。在我的新书中，我也曾这样指出：西方传教士是致力改变中国、使中国基督教化，但在基督教化的过程中，它（基督教）亦必须学习"调适"，经历一个"处境化""本土化"的历程，最终也必须变成"中国化基督教"或真真正正的"中国基督教"了。① 换言之，调适与本土化是来华基督教必须经历的一个过程，亦是近代学者研究中国教会大学史时必须特别关注及认真地研究的课题，而赵博士的"金陵大学本土化的路径及影响研究"就是一个典型的例子。

研究金陵大学的重要性不仅在于它对南京大学教育传统的传承，还在于它对近代中国教育新思维的影响。除了赵飞飞博士在本书中的详尽分析，我还想起我们教育界尊称为"近代中国伟大的人民教育家"的陶行知先生。陶行知原来是金陵大学最早期的学生，于 1909 年进入南京汇文书院读书，即金陵大学前身，1910 年汇文书院与其他两个书院合并成为金陵大学，陶行知于是成为金陵大学首批学生。陶行知念大学的时候正值辛亥革命爆发，是中华民国刚刚建立的年代，也是很多中国青年学子立志"读书为救国"的年代。陶行知亦积极响应献身救国的时代处境，大学毕业后，他出国留学修读市政专业，不久后便转读教育，决定通过

---

① 吴梓明. 中国化基督教：以中国教会大学史作个案研究 [M]. 纽约：国际和谐可持续发展研究所出版社, 2021: 42.

普及教育为祖国服务。回国后不久，陶行知即参加了中华教育改进社，协助北京大学校长蔡元培先生推动中国教育的改革。陶行知积极推行平民教育运动，提出了"生活即教育""社会即学校"等教育理论。

我 2021 年出版的新书中亦有两篇文章是与陶行知有关的，一篇是《陶行知与爱的教育》①，另一篇（《"爱的教育"两位教会大学的学生及中国教育家：陶行知与鲁洁》）②是谈及近现代中国两位杰出的教育家：陶行知与鲁洁③。鲁洁教授是南京师范大学教育学科的重要领导者、资深教授、博士生导师，她已于 2020 年 12 月 25 日离世，在痛惜之余，我也忆起我对陶行知、爱的教育、金陵大学、吴贻芳和金陵女子文理学院的怀念。陶行知是金陵大学的首批学生，鲁洁却是金陵女子文理学院的最后一批学生。冯建军教授这样记述鲁洁教授对自己 50 多年来（1947—2002 年）在金陵女子文理学院及南京师范大学的生活体验的回忆："对于一个从事教育学专业的人来说，真正让我体悟到教育的真义的，也许不是书本，而是她（他）们这些萦绕于心的生命。……其中有我敬爱的老师们，有曾经为我'带过路'的同学们，有与我共同工作过的同事们，也有我曾经用自己的心灵与之相沟通的学生们……对于他们，我只能用自己的生命去省视，我曾一次又一次去解读过他们的生命之谜，在我慢慢地读懂他们时，也在慢慢地读懂了一本用生命为我打开的教育

① 吴梓明．中国化基督教：以中国教会大学史作个案研究 [M].纽约：国际和谐可持续发展研究所出版社，2021: 219–228.

② 吴梓明．中国化基督教：以中国教会大学史作个案研究 [M].纽约：国际和谐可持续发展研究所出版社，2021: 303–314.

③ 鲁洁于 1947 年进入金陵女子文理学院，成为吴贻芳校长在金陵女子文理学院的最后一批学生。她于 1981 年就开始担任南京师范大学教育系主任，曾任南京师范大学教育科学学院名誉院长，是当代中国著名教育学者，南京师范大学资深教授、博士生导师。鲁洁教授曾获国家级有突出贡献中青年专家、首届中国杰出社会科学家、全国教育科学研究突出成就奖、江苏省首批"社科名家"、江苏省劳动模范、当代教育名家等荣誉称号，被评为 60 年江苏教育最有影响人物、新中国教育 70 年 70 位教育人物等。

学……"[1] 陶行知被誉为"近代中国伟大的人民教育家"，鲁洁教授亦被誉为"中国社会主义的教育家"。他们均是主张以人为本、以生活德育为核心，将爱满天下、使人成为人作为教育的目标的优秀教育工作者。譬如，陶行知主张"生活即教育"，即"给生活以教育，用生活来教育，为生活向前向上的需要而教育"[2]；鲁洁也有相似的说法，她主张德育课程的基本理念是"回归生活"，即德育课程要"源于生活，通过生活，为了生活"[3]。同样地，我们可以发现陶行知和鲁洁的教育理念也是与20世纪初金陵大学和金陵女子文理学院的教育理念有着相近的思想渊源，这也是值得今日的学者重新思考和探究的，赵飞飞博士的研究正是踏上了第一步。[4] 赵飞飞博士曾说："尽管（金陵大学的）教育随着局势变迁进行一定的调适，但从未终止过……"陶行知留下的也不仅是一些理念、几句名言，我们仍然可以发现其中不变的是对内在生命的关怀，这也是金陵大学教育中国化进程的一个体现。这的确是赵飞飞博士的一种具有创新性的思维。

今日喜见赵博士的大作出版面世，真是可喜可贺！在本书行将付梓之时，赵博士邀请我为本书作序，我当是欣然为之！综观当今学者都在不断地尝试扩展学术研究的视域，寻求跨学科、跨文化，探究多元化的

---

① 冯建军.让教育绽放人性的光辉：鲁洁先生教育人学思想述略 [M]// 王啸，冯建军，刘晓东，等著.静水流深见气象：鲁洁先生的教育思想与教育情怀.北京：教育科学出版社，2010: 96-97.

② 陶行知.生活即教育 [M].武汉：长江文艺出版社，2019: 212.

③ 鲁洁.回望八十年：鲁洁教育口述史 [M].北京：教育科学出版社，2014: 251.

④ 正如赵博士在本书第七章第一节所说：他们（陶行知等）所倡导的……实际上正是（金陵大学）宗教教育的一种"中国化"的表达。换言之，陶行知等所倡导的教育理念也可以视为是金陵大学教育在中国的一种调适或一种中国化的表达方式。

视角及拓展创新思维，中国教会大学史研究当然也不能例外吧！① 借此宝贵的机会，亦谨祝愿赵博士的大作能够为中国教会大学史研究开辟一个新领域，拓宽学术研究的新思维。此为序！

吴梓明 谨序

于香港 沙田

香港中文大学

2023 年 3 月 22 日

---

① 譬如，将教会大学史视为中西文化交流史、中西教育比较史或中外关系史的重要部分来研究。应该谨记于 2021 年 5 月 28 日离世的章开沅教授所言："我们是把教会大学史作为文化史、教育史、中外关系史的重要部分来做科学的、客观的研究……（也是）认真扎实的研究。"章开沅. 综合评论：二 [C]// 吴梓明. 中国教会大学历史文献研讨会论文集. 香港：中文大学出版社, 1995: 598.

前　言

一、核心概念释义

作为建立在中国的异质文化，教会大学从一开始就面临着如何与中国社会适应、融合的问题，所以如何实现"本土化"发展是教会大学必须解决的关键问题。本课题的核心概念"本土化"，指教会大学为更好提升自身影响力而改变自己的初始形态，并不断地因时、因地调整自身以适应中国政治、文化与社会的动态过程，包含"中国化""世俗化"和"学术化"三个层面。金陵大学办学成果突出，与其走适合中国国情的本土化办学路径是分不开的。本书以个案分析为主，探讨了金陵大学本土化进程中，中西籍教师之间、教师与学生之间、大学与政局之间等各种力量的复杂较量与此消彼长，这对全面深入了解近代以来中国教会大学的发展历程具有重要的意义，也是深化民国教育史研究的必然选择。

本书试图将金陵大学的本土化放在近代历史发展的视域中加以考察，教会大学最初凭借先进的办学理念和教学方法在中国本土社会立足，进而促进中国传统教育进行变革，但文化的交流从来不是单向的"冲击—反应"，中国本土社会也从各方面对其施加潜移默化的影响，中国的教会大学实际上是中西文化交流的产物。随着我国综合国力和对外开放程度日益提高，中国高等教育在吸收世界先进文化的同时应如何继承与弘扬中华传统文化，或者说应如何更好平衡外部嵌入与内部培育的关系？金陵大学本土化研究无疑具有现实指导和借鉴意义。

二、国内外研究现状和趋势

相关研究大致分为以下几类：

（1）中国教会大学史研究。对中国教会大学史的研究始于20世纪50年代的西方，中国基督教高等教育联合董事会主持编写了一套教会大学校史丛书。美国学者鲁珍晞（Jessie G. Lutz）所著的于1971年出版的《中国教会大学史：1850—1950》可谓经典之作，此书对教会大学在中国的发展史进行了完整的、有条理的讨论。我国直到20世纪80年代中期对教会大学的讨论才有所突破，学者常采用的研究视角有以下几种：文化交流视角，如章开沅等的《中西文化与教会大学》和章开沅的《文化传播与教会大学》；普遍主义视角，如胡卫清的《普遍主义的挑战：近代中国基督教教育研究（1877—1927）》；全球地域化视角，如吴梓明等的《边际的共融：全球地域化视角下的中国城市基督教研究》；等等。教会大学的研究也由通史研究（高时良的《中国教会学校史》等）到个案研究（王立诚的《美国文化渗透与近代中国教育——沪江大学的历史》、徐以骅的《教育与宗教：作为传教媒介的圣约翰大学》、罗义贤的《司徒雷登与燕京大学》、赵厚勰的《雅礼与中国：雅礼会在华教育事业研究（1906—1951）》等）再到专题研究，内容涉及教会大学与中国近代社会（黄新宪的《基督教教育与中国社会变迁》、刘家峰等的《抗日战争时期的基督教大学》等）、教会大学与学术研究（陶飞亚等的《基督教大学与国学研究》等）、教会大学与大学校长（吴梓明的《基督教大学华人校长研究》、王运来的《诚真勤仁 光裕金陵——金陵大学校长陈裕光》等）、教会大学与女子教育（朱峰的《基督教与近代中国女子高等教育——金陵女大与华南女大比较研究》等）、教会大学与校园建筑（董黎的《中国教会大学建筑研究：中西建筑文化的交汇与建筑形态的构成》）、教会大学与民族主义（徐保安的《教会大学与民族主义——以齐鲁大学学生群体为中心（1864—1937）》）等各个层面，上述研究成果为深入探讨金陵大学本土化提供了重要的借鉴意义。

（2）教会大学本土化研究。赵景龙于2007年发表的硕士论文《齐鲁大学的本土化与世俗化历程研究》是较早对教会大学本土化个案进行宏观研究的文献，从教学宗旨、经费来源、行政管理三个方面阐述齐鲁大学的本土化和世俗化。牟坤英于 2016 年发表的硕士论文《教会大学中国化研究——以燕京大学为例》按起始、发展、深入三个阶段论述了燕京大学中国化的演进历程。马琰琰于 2017 年发表的博士论文《向何处走——齐鲁大学发展路径研究（1927—1949）》是从乡村服务视角探讨了齐鲁大学寻求本土化发展的路径。章博所著的《近代中国社会变迁与基督教大学的发展——以华中大学为中心的研究》以很大的篇幅论述了华中大学在中国化与世俗化过程中的应变与举措，讨论了立案后教会大学中国化名与实的差距问题。尹广明在《中国基督教大学本土化探析》（载于《大庆师范学院学报》2012 年第 1 期）一文中指出教会大学本土化经历早期和深入两个阶段，并分别从校园文化、教学内容、师资队伍、学校管理、教学科研等方面进行论述。

（3）关于金陵大学的研究。金陵大学是办学极具特色的教会大学，学界研究大多集中在金陵大学的学科建设方面：①农科教育，如刘家峰的《基督教与近代农业科技传播——以金陵大学农林科为中心的研究》（载于《近代史研究》2000 年第 2 期）等；②电化教育，如黄小英的《中国早期电化教育专业课程创建的实践探索——以金陵大学电化教育专修科为例》（载于《电化教育研究》2012 年第 1 期）等；③图书馆学教育，如曾果果的《中美早期图书馆学教育比较研究——以金陵大学为例》（载于《图书馆工作与研究》2014 年第 5 期）等；④史学教育，如赵晓芬发表于 2016 年的硕士论文《金陵大学历史系与中国近代史学教育（1924—1946）》等。学科建设是本土化的一个内容，上述文献对本书研究具有一定参考价值。

关于金陵大学立案的研究，有蒋宝麟的《20 世纪 20 年代金陵大学的立案与改组》（载于《近代史研究》2016 年第 4 期），对美国当局、南京校方和中国籍教师群体被动或主动做出各种回应，以完成学校治理结构根本性转变进行了论述；关于本土化研究，有陈才俊的《华人掌校与教会大学的"中国化"——以陈裕光执治金陵大学为例》（载于《高等教育研究》2008 年第 7 期），是从中国人校长陈裕光治理金陵大学的角度论述金陵大学中国化的过程；还有关于金陵大学期刊、建筑的研究，这些成果都有助于扩展研究视野。

综观上述国内外研究现状，可以看到，虽然教会大学史的研究成果颇为丰硕，但教会大学本土化研究仍相对欠缺。尽管近年来教会大学本土化日益受到学界关注，但研究聚焦点主要集中于齐鲁大学、燕京大学、华中大学等大学，金陵大学本土化研究则较少；实际上，虽然教会大学面临的外部环境大致相同，但每所学校创办时的社会背景、课程特色、校长的治校理念、办学区域等却差异甚大，这势必导致本土化过程呈现不同的样貌，因而对金陵大学本土化的个案考察实属必要。再者，金陵大学本土化与政治相关、与教育相涉、与社会相连，对其研究不能仅以历史学方法探究，更应综合教育学、政治学、社会学等方法进行多维探讨，以把握其本土化的"脉动"。前辈学人的研究成果为本书进一步研究打下了基础，其中的不足之处也为本书进一步探讨提供了空间。

三、本书框架结构

第一章介绍的是金陵大学的创建与本土化的背景。金陵大学是在晚清三个教会书院的基础上联合办学而成，其创办人是一批思想较为开放的传教士，他们对金陵大学身份定位很明确：要办最好的基督教教育，但首先必须是教育。金陵大学从创建之日起就受到中国近代社会变迁的深刻影响，每一次中国社会经历变革和动荡，金陵大学都能够顺势而为，命运与中国越发紧密，本土化进程日益加深。

第二章介绍的是金陵大学办学理念的突破。办学理念决定办学方向和培养目标，金陵大学早期办学宗旨的宗教属性比较明显，在近代中国爱国主义运动冲击下，金陵大学重新调整办学理念，1927 年 11 月 16 日召开的"金陵大学欢迎陈裕光校长大会"上，陈裕光向全校师生庄严承诺：今后的金陵大学将"按国内情形，与时代之精神，社会急切之需要，切实培养人才"，传教本位转向教育本位，课程设置、科学研究与师资配置方面逐渐贴合中国国情，宗教教育弱化，开设具有中国特色的实用课程，学术研究侧重中国思想文化，并设立中国文化研究所，增加聘用学有专长的中国籍教师，改变了与中国社会的疏离状态，实现了本土化办学。

第三章介绍的是金陵大学治理结构的转变。非基督教运动和收回教育权运动彻底改变了教会大学的组织建构与办学体系。向政府立案是教会大学实现管理权中国化的关键一环，金陵大学是最早完成立案的教会大学。金陵大学在立案前后一直是"中外双重"管理结构，尽管"在外"的托事部（Board of Trustees）一直拥有很大的决策权，但立案后成立的"在地"的校董会（Board of Directors）权力扩大，有权选举校长和管理大学所有内部事务，从而引发了学校行政组织和管理一系列变化，对金陵大学发展影响深远。

第四章介绍的是金陵大学经费来源与本土化办学。经费是学校生存和发展的基本保障，本部分主要从办学经费来源的角度考察经费问题对金陵大学发展造成的影响。金陵大学办学早期和后期办学经费来源并不相同，早期经费来源较单一，主要是合作差会的拨款和学生的学杂费，后期随着学校向南京国民政府立案，经费来源渠道不断拓宽，呈现多样化和本土化特征，政府补助、各类企业团体和个人的捐助越来越成为金陵大学重要的收入之源。经费的不同来源主体与金陵大学办学取向有关，影响到大学的办学定位，金陵大学后期的学科发展越来越与国家需求相契合，正是办学经费本土化的体现。

第五章介绍的是金陵大学社会服务的扩展。教会大学向来倡导牺牲与服务精神，金陵大学在建校初期就开办了具有社区服务性质的"通俗学校"，帮助贫民和工人获得教育。在爱国主义运动的引领下和"巴敦调查团"提出的"更加中国化"方针的推动下，金陵大学社会服务范围扩大，并将其作为与中国社会融合的途径，开办社会教育、推广科学教育和电化教育、参加乡村建设等。特别是金陵大学农学院"三一制"的教学、科研、推广工作是金陵大学服务中国社会的重要抓手。

第六章是对金陵大学学生群体的考察。学生是教育的直接"产品"，考察教会大学学生与中国社会的关系也是探究教会大学本土化的重要尺度。本部分从三个方面进行考察：金陵大学学生参与中国社会运动的程度；金陵大学毕业生职业情况分析；金陵大学优秀校友个案分析。

第七章介绍的是金陵大学本土化的评价与影响。金陵大学本土化是个动态的过程，随近代中国社会变迁不断演变，它包含三个层面：世俗化，金陵大学不断淡化宗教色彩，实用学科逐渐增加，尤为注重社会服务，但宗教教育并未完全取消，宗教性是教会大学的底色，实际上宗教教育也表现出逐渐本土化的特征；学术化，追求高质量的办学水平是金陵大学孜孜以求的目标，金陵大学不断完备从专修科、本科到研究生的多层次人才培养体系，促进金陵大学学术水平和办学质量的不断提升；中国化，金陵大学作为向南京国民政府立案最早的教会大学，突破了传统教会大学办学模式，注重国学的教育与研究，战时教育完全服务于国家抗战建国需要，加速了教会大学的中国化进程。

四、研究方法和创新之处

（一）研究方法

本书主要立足于实证，以史料为基础，并借鉴学界前人较多采用的"文化交流""中国中心观""普遍主义""全球地域化"等理论与范式，对教会大学本土化进行联动、多维视角的考察。

金陵大学的本土化与政治相关、与教育相涉、与社会相连，因而本书的研究在主要利用历史学研究方法的同时，还借用了教育学、政治学、宗教学等学科的研究方法，在对各种方法的交叉运用中深入探讨该问题。

（二）创新之处

（1）对金陵大学在办学理念、教育管理、经费来源、社会服务与毕业生职业等方面随中国社会变迁演变的过程的考察是本书重点突破的地方。

（2）人是历史的创造者与推动者，尤其金陵大学这种"中外双重"的管理结构使得学校各方关系（托事部与校董会、外籍教员与中国籍教员、校方与政府等）错综复杂。在中国社会激烈变动的时期，金陵大学遇到了很多问题。例如，收回教育权时要不要立案？抗战爆发时要不要迁校？各方如何反应？观点不一致时如何协调？什么因素起了关键决策作用？作为教会大学的金陵大学与其他公立大学和私立大学相比较有哪些特别之处？对这些问题的解决与回答决定了金陵大学的发展走向，也是本书研究的亮点。

目　录

第一章 西学东渐和金陵大学的创建

　　19 世纪中叶，西学东渐之风日盛，古老的中国正面临着数千年未有之大变局。两千多年的专制帝国此时已虚弱不堪，国力衰弱，吏治腐败，在西方坚船利炮的冲击下被迫打开国门。当时的中国既不具备抵御外来侵略的条件，又没有自主选择学习其内容和形式的能力，结果洋枪洋炮、洋文洋教一股脑儿地涌进了中国。马克思曾说过，殖民主义有"破坏性的使命"，同时也不自觉地承担了"建设性的使命"。[①] 西方侵略者在对中国进行殖民侵略的同时，给中国带来了西方的科学技术、价值观念、政治制度等，近代的西学东渐正是在此背景下进行。从时间长河来看，人类文明的传播是一种必然现象，犹如浓度高的液体必然向浓度低的液体渗透。然而不幸的是，近代先进的西方文明是以强权的侵略形式流向中国。挟兵锋渗进、倚特权传布的基督教在华创办的教会学校一开始也具有双重属性——既是帝国主义侵略的附属产物，又是东西文化碰撞交流的产物。

第一节　西学东渐与教会学校的兴办

一、西教士东来与早期文化教育活动

　　基督教对中国人来说并不陌生，早在唐太宗贞观九年（公元 635

---

① 马克思 . 不列颠在印度统治的未来结果 [M]// 中共中央马克思恩格斯列宁斯大林著作编译局 . 马克思恩格斯选集 : 第 2 卷 . 北京 : 人民出版社 , 1972: 70.

年），波斯僧阿罗本就到达了唐国都长安，带来了基督教，不过他带来的基督教在当时被称为"景教"，属于基督教的别支聂斯脱利派。元代时传入中国的基督教被称为"也里可温教"，但也随着元亡而几濒于绝迹。明末清初的耶稣会士曾监管钦天监，指导皇帝学习算术、天文学和哲学，其地位及与皇帝的亲密程度令不少中国朝廷官员嫉妒不已。但清雍正年间，皇帝宣布禁教，乾隆时更是实行闭关锁国，中国逐渐变成一个与外部世界隔绝的国家，基督教也在中国销声匿迹。

1840 年，鸦片战争爆发，中国被迫打开国门，西方人再次进入中国，鸦片战争后进入中国的西方人大致可以归为以下几类：商人、外交官、军人和传教士。这几类人虽然在来华目标上有一致之处，但由于不同的活动领域和工作性质，他们的在华活动又有各自的特点。总的来说，商人来中国谋求经济利益，外交官和军人谋求特权和政治让步，而同来的传教士虽然在许多时候参与了他们的这些活动，但与他们相比，更强调精神层面上的追求。

传教士来华的主要目的是使中国人皈依上帝，用基督教拯救数亿中国人，这里面有强烈的宗教使命感，也有基督教唯我独尊的上帝观。所以与其他来华西方人不同，传教士并不满足于商业关系的建立、不平等条约的签订、军事战争的胜利，而执着于以基督教文化改变中国社会。英国伦敦会传教士杨格非（Griffith John）说过一段有代表性的话："我们来中国并不是为了发展其资源，促进其商业，也不仅仅是为推动文明的发展，我们来这里是为了同黑暗势力进行斗争，拯救世人于罪恶之中，为基督教征服中国。"[①]

传教士来华的主要任务是传播福音，创办学校起初并不是传教士来华的本义。1834 年美国公理会发给来华传教士的指示称："把用生动的语言宣讲福音作为传教士的伟大事业，准备和分发圣经小册子为其次，

---

① General Conterence of the Protestant Missionaries of China. Records of General Conference of the Protestant Missionaries of China: held at Shanghai, May 10–24, 1877[C]. Shanghai: American Presbyterian Mission Press, 1877: 32.

而办学和旨在改革社会的活动应永远严格地作为从属活动。"① 教育只是附属于传教事业。最初来华的基督教传教士大都采用直接布道的方式进行传教，在街头宣讲福音，散发宗教书籍，或在教堂布道，虽然尽心尽力，但收效甚微，如美国传教士狄考文（Calvin Wilson Mateer）来华最初十年间花了大量时间在山东各地巡回布道，在交通极为不便的情况下，他靠骑驴和步行走了两万多千米的路程，几乎访遍山东。据他自己统计，在这些旅行中他共进行了 8 000 到 12 000 次的宣讲，发售的宗教宣传品更是不计其数。② 然而宣讲福音经常招揽不到听众，宗教书籍也大多无人能读或无人可读。在宁波一带传教的美国长老会传教士娄理华（Walter Macon Lowrie）曾在日记中屡次记载他布道时听众喧哗议论、儿童追逐打闹的场面，他称自己的布道努力犹如"对着风浪讲话，在沙滩上留名"。美国传教士杜步西（Hampden Coit DuBose）抱怨说，在美国用三四周的时间就可以使一个城镇全部皈依基督，"可在中国，改变一个城市的信仰需要三四个世纪"③。这一时期，中国人对于传教士的讲经布道，听者只占极少数，更多的人是嘲笑，绝大多数人则根本不予理睬。

早期传教工作的不理想令许多传教士倍感沮丧。反省之余，不少传教士认为，中国人传统观念根深蒂固，对宗教没有兴趣，但对教育却极为重视，期望通过教育改变个人的际遇和命运。而中国传统教育当时已呈衰落之势，所提供的知识训练无法满足新兴口岸对于西学的需求。若传教士能提供中国社会渴求的西学知识，并以此作为吸引中国人信教的媒介，在华传教活动会呈现另一番面貌。

历史的真相往往就是这么诡谲。科学与宗教本背道而驰，教育与救亡也各有范畴，然而在近代中国特殊的历史时空里，西方传教士在以宗

① FORSYTHE S A. An American Missionary Community in China: 1895–1905[M].Cambridge: Harvard University Press, 1986: 6.

② FISHER D W. Calvin Wilson Mateer–Forty–Five Years: A Missionary in Shantung, China[M]. Philadlphia: The Westminster Press , 1911: 105.

③ VARG P A. Missionaries, Chinese and Diplomats: American Missionary Movement in China: 1890–1952 [M].Princeton: Princeton University Press, 1958: 22.

教信仰改变中国的尝试屡屡碰壁，中国以传统武器和观念对西方入侵的抗争也连连失败的情况下，双方出于不同需要，都把注意力投向西学。"在利用西学这一点上双方以理智克服了情感并找到了可以合作和交流的共同点。"① 就这样，原本手捧《圣经》布道的传教士成为传播西学的师者，由他们开办和主持的教会学校成为中国第一批西学人才的养成所。

在允许踏上中国土地之前，传教士主要在南洋华人中招生办学。最早的教会学校是马礼逊于 1818 年在马六甲建立的英华书院，该校在马六甲办学 25 年后于 1843 年迁往香港。除英华书院外，传教士在南洋地区还开办了其他一些中文学校。

真正在中国土地上建立的近代第一所教会学校是 1839 年成立于澳门的马礼逊学堂，其创办是为了纪念 1834 年去世的西方派到中国的第一个基督教新教传教士马礼逊（Robert Morrison）。居住在澳门的西人于 1835 年提议组织马礼逊教育会，并建立学校。1842 年中英《南京条约》割香港岛给英国，故马礼逊学堂于 1842 年 11 月 1 日迁至香港，"实为香港开埠第一所之学校"②。"近代中国留学第一人"容闳即毕业于马礼逊学堂。

二、教会教育办学体系的逐渐建立

早期教会学校一般规模小、程度低，大多数学校只停留在小学水平，分走读学校和寄宿学校两种。学生多来自社会底层，教师由传教士兼任，学校规模从几人到十几人不等，能达到几十人的学校比较罕见。教学内容多为《圣经》、中国经典、少量英语和西方史地知识，学制和课程的随意性很大，办学只是传教士的个人行为，完全从属于福音传播，是一种福音化的办学模式，教育自身的目的并没有彰显。正如美国传教士露懿思所说："教会即开学校，初亦不过于宣讲圣经之外，教以读写知识，

---

① 何晓夏，史静寰.教会学校与中国教育近代化[M].广州：广东教育出版社，1996：8.
② 李志刚.李志刚记马礼逊学校校史[M]//朱有瓛，高时良.中国近代学制史料：第4辑.上海：华东师范大学出版社，1993：21.

及算术字母而已。来学者大率为贫苦之儿童，学校免其学费，且有津贴书籍事物者。"[1]

到 1866 年，西方传教士已经在中国开办了不少学校，但主要集中在东南沿海和开放口岸，尤其以广东地区为最多。具体情况如表 1-1 所示。

表1-1 1866 年耶稣教义学及学堂表

地 区	义学数	学生数	学堂数	学生数
广东	3	36	10	268
香港	4	60	4	60
汕头	1	15	1	22
厦门			7	70
福州	4	46	3	63
宁波	2	40	7	84
上海	2	32	5	42
烟台			1	6
登州	1	5	1	6
天津	1	6	4	55
北京	1	8	1	20
备注	全给衣食		只给师俸	

资料来源：1868 年 9 月（同治七年七月）出版的《教会新报》第一期。

19 世纪 60 年代以后，伴随着洋务运动的兴起，中国社会对西学的看法逐渐改变，洋务事业的兴办也刺激了对西式人才的需求。奕䜣、李鸿章等洋务运动的倡导者不仅在国内开设京师同文馆、广方言馆等学习西语的学校，并选派幼童赴美留学，其中原因正在于"中国欲取

---

① 露懿思. 基督教教育在中国之情形 [M]// 李楚材. 帝国主义侵华教育史资料 : 教会教育. 北京 : 教育科学出版社 , 1987: 7.

其长……此中奥窔，苟非遍览久习，则本原无由洞澈，而曲折无以自明"[①]。部分思想敏锐的传教士意识到了中国社会和知识界的这一转变，也对传统办学模式进行了反思。

1877 年 5 月，在华基督新教传教士聚集上海，举行新教入华以来第一次传教士大会。会上，狄考文对当时福音化的办学模式提出了批评，力言教会要举办高水平的学校，提升教育的地位。狄考文在大会上发表了《基督教会与教育的关系》一文，提出过去的办学模式是"片面和不完整的"，过分强调直接为福音布道服务，因而束缚了办学者的手脚，使教会学校停留在初级班的水平，教学内容也主要限于教义课本。狄考文在文章中尖锐地指出，这种福音化办学模式无法真正推进传教事业，教会学校的目的应是"对学生进行智力的、道德的与宗教的教育，不仅使他们皈依上帝，而且使他们在信仰上帝后能够成为上帝手中捍卫和促进真理事业的有效力量"。西方文明与进步潮流正向中国涌来，这股不可抗拒的潮流将遍及全国，许多中国人都渴望学习使西方如此强大的科学。在这一形势之下，狄考文指出，"传教士要努力培养在中国这场注定要出现的变革中起带头作用的人才"，在他看来学校并不是皈依基督的直接工具，但它提供了一种极好的机会来确保这种结果。当然，狄考文也声明教育很重要，但不是最重要的，教育不能取代传教，传教应当放在第一位。

尽管不少传教士不赞同狄考文的观点，但在教学中增加西学的比重和编辑教科书的主张当时得到了部分传教士的拥护。英国长老会传教士麦肯齐说："我非常钦佩狄考文的远见卓识……让我们尽一切办法为在教会中成长的孩子们提供一个自由的基督教教育，我们的教育办得越好，我们的教会就会越有远见，就会有更大的力量来影响整个中国。"[②]

有关教育问题的讨论提升了传教士对基督教教育事业的重视。在此

---

① 曾国藩.曾国藩全集：修订版：书信之十 [M].长沙：岳麓书社，2011: 493.

② General Conterence of the Protestant Missionaries of China. Records of General Conference of the Protestant Missionaries of China: held at Shanghai, May 10–24, 1877[C]. Shanghai: American Presbyterian Mission Press, 1877: 203.

大会上，最早的基督教教育组织"学校教科书委员会"成立，专门为基督教学校编订教材。1877 年到 1890 年间，该会组织出版了有关西学的世俗教科书 89 种，发行量达三万多册。① 这些教科书覆盖数学、天文、测量、动植物学、化学、医学、历史、地理、哲学、语言学、教学法以及各种教学图表。教材还有了等级划分，分初级、高级两套：供初级学校使用的初级教材由傅兰雅（John Fryer）负责；供高级学校使用的高级教材由林乐知（Young John Allen）负责。益智书会的成立开启了教会教育正规化和专业化的进程，在教会教育史上具有重要意义。②

19 世纪 80 年代后，随着基督教教育专业化的增强，教会学校的学生人数增加很多。1889 年，《教务杂志》所刊登的统计资料显示，到 1887 年，学生数量为 13 777 名，是 1877 年的两倍。③ 除学生数量增加很快外，学校的规格也得到了提升，一些传教士将自己开办的初等学校升格为中学，出现了一批教会中学。登州文会馆于 1876 年宣布具有大学水准，成为最早的教会大学。随后圣约翰书院于 1879 年，潞河书院于 1886 年也仿效登州文会馆的做法，宣布提供高等教育。这样，中国第一批教会大学出现。

如果说在 1877 年第一次传教士大会上，呼吁教育的重要性还只是狄考文等少数传教士的行为，那么在 1890 年第二次传教士大会上，大部分传教士已接受并认可教育这种传教方式。其中的原因除中国社会对西学越发重视外，来华传教士传教理论的突破也是重要原因。此期来华的传教士大多信奉社会福音这一现代派神学理论，他们认为只宣传个人得救和重生的福音是不够的，需要传扬改造社会的福音，以基督教的伦理原则改造社会，实现整个社会的救赎；他们不满足于老一代传教士的

---

① General Conterence of the Protestant Missionaries of China. Records of General Conference of the Protestant Missionaries of China: held at Shanghai, May 7–20, 1890[C].Shanghai: American Presbyterian Mission Press, 1890: 716.

② 王立新 . 美国传教士与晚清中国现代化：近代基督新教传教士在华社会文化和教育活动研究 [M]. 天津：天津人民出版社，1997: 239.

③ Statistics of Protestant Missions in China. The Chinese Recorder[J], 1889, 19(1): 50.

传教方法，强调关注社会问题；他们并不急于拯救个人灵魂，而企图用西方文化改造中国文化；他们的传教活动不再局限于单纯的布道活动，文化、教育等改造社会的活动成为传教事业的组成部分。例如，谢卫楼（Devello Zelotos Sheffield）在 1877 年大会时还竭力反对教育传教，到 1890 年却一改往日态度，认为"教育在中国的未来要成为一种力量，教会必须利用这种力量为基督服务，否则撒旦将用以反对基督"①。可见在第一次传教士大会召开时，教会学校的教育功能还没有得到彰显，"学堂"的"教堂"功能还比较明显；但到 1890 年第二次传教士大会时，教会教育已日益专业化，教会学校的教育属性逐渐凸显。

教会学校发展到 20 世纪初遭遇了第一次重大的挫折，这便是 1900 年爆发的义和团运动。这一打击促使传教士开始反思洋务运动以来新教育推广的实际作用。于是传教士们更加强调基督教思想的传播和讲授，不能只注重器物的物质教育忽视了对"人性"的改造。1901 年清末新政开始，1905 年科举制度被废除，中国新式教育极其迅速地发展起来。接受高等教育的一小批精英掌握了转型中的中国所急需的知识，他们在中国与西方接轨的事业中较为得心应手，更容易成为中国社会所需要的新型领袖。面对中国新式教育的发展，各种力量开始争夺教育中国未来领袖的权力，基督教教育不得不调整办学思路。

1907 年召开的传教士百年大会很大程度上是对过去一百年新教在华传教事业的回顾。大会上专门成立了以卜舫济（Francis Lister Hawks Pott）为主席的教育委员会，讨论的事项主要有七个：中国的新教育运动对基督教教会的重大机遇；基督教教育对国家和教会提供有能力和忠诚的领袖人物的价值；基督教大学的范围和局限；中国官立教育体系对教会学校和大学的影响；与此相关的最好政策；教师培训学校；聋哑人

---

① SHEFFIELD D Z. The relation of christian education to the present condition and needs of China[C]//General Conference of the Protestant Missionaries of China. Records of General Conference of the Protestant Missionaries of China: held at Shanghai, May 10–24, 1877. Shanghai: American Presbyterian Mission Press, 1877: 32.

和盲人教育；工业教育。① 而发展基督教高等教育受到特别的关注。教会发展高等教育起始于 19 世纪 70 年代末 80 年代初，当时的做法是在寄宿制中学的基础上安上一顶"学院"的帽子，俗称"戴帽子学院"，以示发展方向和学校追求的目标。清末中国高等教育的发展，尤其是京师大学堂、北洋大学堂等学校的组建成立使那些挂着学院或大学招牌而实际只有中等教育水准的教会学校面临严峻挑战。传教士百年大会便指出："我们必须在那必将到来的更大的机会来到前，就做好准备；现在就应该训练我们之青年人，使他们将来在担任政府职务时能够胜任。"② 在此背景下，各差会开始就区域性大学之间的联合进行了磋商，联合办学乃势所当然。这样，在单个差会所办学校或几个差会原有教会学校合并的基础上，建成了十几所真正意义上的基督教大学。如表 1–2 所示。

表1–2　20 世纪初各差会在中国所办学校

学校名称	大学建成年份	创办差会名称
东吴大学	1900	美国监理会
圣约翰大学	1905	美国圣公会
金陵大学	1910	美国美以美会、基督会和长老会
之江大学	1914	美国南、北长老会
齐鲁大学	1917	美国长老会，英国浸礼会、圣公会，加拿大长老会
燕京大学	1919	美国长老会、美以美会、美以美联合会、公理会，英国伦敦会
金陵女子大学	1915	美国美北长老会、美以美会、监理会、美北浸礼会、基督会
华南女子文理学院	1917	美国美以美会
沪江大学	1914	美国南、北浸礼会

① China Centenary Missionary Conterence. Records of China Centenary Missionary Conference: held at Shanghai, April 25 to May 9, 1907[C]. Shanghai: American Presbyterian Mission Press, 1907: 11.

② 李楚材 . 帝国主义侵华教育史资料 : 教会教育 [M]. 北京 : 教育科学出版社 , 1987: 5.

学校名称	大学建成年份	创办差会名称
华西协合大学	1910	英国圣公会、公谊会，美国美以美会、浸礼会，加拿大英美会
岭南大学	1918	美国长老会创办，后脱离长老会，成为一所不属于任何教会的基督教大学
福建协和大学	1915	英国圣公会，美国公理会、美以美会、归正会
华中大学	1924	美国圣公会、复初会、雅礼会，英国循道会、伦敦会

联合办学是基督教高等教育发展过程中一个极为重要的调整措施，教会学校借此完成了从小学、中学到大学三级教育体制的过程。在这一过程中，教会学校的传教功能逐渐弱化，而教育功能日趋增强。传教和教育的双重功能此消彼长恰是教会教育对近代中国社会产生广泛影响的真正原因。曾经就读于金陵大学的历史学家章开沅指出，只有"将教会大学作为主体的教育功能与日益疏离的宗教功能乃至政治功能区别开来"[①]，才能全面理解教会大学在中国近代现代历史发展中所应有的地位。曾在教会大学任教多年、担任过中国基督教大学校董联合会驻华代表的芳威廉（William Purviance Fenn）总结教会大学的工作时说："教会大学对中国的贡献，是培养了一大批有良好训练且在社会各层面有很大影响的男性和女性，而这是国家最需要他们的时候。""中国教会大学的重要贡献还在于增进国家之间相互了解与友谊。通过学校提供的语言、知识、价值和外国教职员，引进了西方好的东西。同时也通过他们，中国的知识被翻译和示范而介绍到西方。他们担任精神的和文化的使节，协助向东方解释西方，向西方解释东方，虽然受到帝国主义牵连与外洋性格的妨碍。作为西方文化的介绍者，他们参与了中国文化、社会和政府的伟

---

① 章开沅，林蔚．中西文化与教会大学：首届中国教会大学史学术研讨会论文集 [C]．武汉：湖北教育出版社，1991：序 3.

大革命。"① 金陵大学创建与发展的过程清晰地展现了中国教会大学的发展轨迹和历史命运。

第二节　汇文书院的创办与发展

金陵大学地处六朝古都南京，前身为汇文书院，1910 年与基督书院和益智书院合并的宏育书院合并而成金陵大学。中文校名取名金陵的原因是"金陵"是南京的古称，既古朴又富文化内涵。当时很多教会大学的取名都具这一特点，如北京的燕京大学、山东的齐鲁大学、杭州的之江大学、上海的沪江大学、苏州的东吴大学等都是以学校所在地的古称命名。洋学堂起个中国名不仅符合中国的文化传统，还利于为中国人所接受，也是教会大学本土化办学的体现。

金陵大学之所以会选择在南京办学，主要是因为南京优越的地理位置。南京历史悠久，又有特殊的政治重要性，容易吸引基督教传教士的注意，成为西方基督教较早输入的中国城市。早在明朝万历年间，著名天主教传教士意大利人利玛窦（Matteo Ricci）就来过南京，与徐光启等社会名士来往密切，并建有教堂。清朝政府实行教禁，但"宁垣自乾嘉以还，即有外人建设教会，从事传教"。鸦片战争后，传教士来南京日众，而"皈依耶稣者日益众"。② 西方传教士在南京城内建筑教堂，一边进行布道，一边办医院、学校和各种慈善事业。

南京是江南地区学术文化和教育的中心，人文荟萃，教育发达。设立于南京的江南贡院几百年来一直是江苏、安徽和江西等省份的读书人定期汇聚参加科举考试的场所。在清末兴学的浪潮中，南京也成为创办新式教育机构最具代表性的中国城市。据 1909 年的统计，当时"南京有

---

① FENN W P. Christian higher education in changing China, 1880–1950[M]. Grand Rapids, Michigan: Wm.B.Eerdmans, 1976: 236.

② 徐则陵 . 美在中先生与基督书院 [J]. 金陵光 (美在中纪念专号), 1914(8 月临时增刊): 2.

100 所学校，学生数 7 507 人，聘用的教师有 726 人，其中 662 人是中国教师，他们大部分在中国最好的教会学校受过教育，还有的留学过美国、英国和日本。此外还有 31 位日本教师，7 位来自欧洲的教师和 26 位美国的教师"[1]，而且"差不多所有的教会学校建立的都比近代中国公立学校早得多"[2]。南京优越的教育资源是吸引传教士办学的重要原因，到 19 世纪末 20 世纪初，南京的教会学校已占有很大的比重，其中最为著名的即金陵大学。

汇文书院、基督书院和益智书院在合并为金陵大学之前都已有多年的办学历史。汇文书院于 1888 年由美国美以美会创办于北门桥干河沿；基督书院于 1891 年由美国基督会创办于鼓楼西南；益智书院于 1894 年由美国长老会创办于户部街。在这三所书院中，"以美会所办之汇文书院，成立较早，规模较大，基督会所办之基督书院次之，长老会所办之益智书院又次之。"[3]

一、创办人与校园建设

汇文书院的创办人是美以美会的中国区驻区会督傅勒尔（Charles Henry Fowler，亦有译成傅罗）主教。据学者郭锋考证，傅勒尔与 19 世纪末美以美会在华发展新式高等学校教育关系密切，也直接指导和帮助了汇文书院第一任院长福开森（John Calvin Ferguson）在南京的办学活动。傅勒尔是出生于加拿大的美国人，是苏格兰－爱尔兰移民后裔，1837 年出生于加拿大安大略，童年随父母迁居伊利诺伊州，1859 年毕业

---

① LIU C F. Nanking as an educational centre[J]. The University of Nanking magazine, 1910, 1(2): 29-38.（注：《金陵光》杂志 1913 年第四卷第一期后改版为中英文合刊，但中英文版的内容并不完全重合，为作区分，凡英文版的内容一律使用英文注释，凡中文版的内容一律使用中文注释，下同）

② LIU C F. Nanking as an educational centre[J]. The University of Nanking magazine, 1910, 1(2): 29-38.

③ 洪润庠. 回忆清末民初时代的母校 [M]// 台北金陵大学校友会. 金陵大学创校七十周年纪念特刊. 中国台北：台北金陵大学校友会，1958: 17.

于纽约州的杰纳西学院（Genesee College，今锡拉丘兹大学），1861 年毕业于芝加哥的加勒特圣经研修所（Garrett Biblical Institute），之后在芝加哥多个美以美会教堂做牧师十二年。1870—1876 年傅勒尔任芝加哥美以美会创办的西北大学校长，这六年的治校经验为他之后推动我国的新式高等教育发展打下了基础。[①]

美以美会在华办有两所"汇文书院"，一所在北京，一所在南京，英文名分别是 Peking University 和 Nanking University，这是美以美会有计划地统一协调北京和南京办学活动决策的结果，而这一办学活动的策划者和决策者正是傅勒尔。他先在北京帮助创办北京汇文书院，再来南京帮助创办南京汇文书院，并在南京居住了一段时间，具体指导汇文书院建设。

傅勒尔在南京的办学活动主要做了两件事：一是选定并任命福开森为南京汇文书院首任院长；二是从学科建设、办学目标等方面出谋划策，具体帮助指导南京汇文书院的创办工作。学者郭锋研究了藏于耶鲁大学神学院图书馆的美以美会传教士信件档案，其中，傅勒尔于 1888 年 11 月 18 日写给美以美会海外传教理事会秘书的信体现了他对福开森的信任和器重。信中写道：

> Hykes 教士……表示要辞职……对于差会的和平稳定来说，这一步是决定性的。他将提交辞职信。差会毫无疑问处于这样的要求之中：任命福开森到差会办公室。我必须坚定地与此步骤保持意见一致。福开森在差会中虽然年轻，但是很有信心，很热爱传教事业，他已经可以流利地用汉语布道宣讲。他是一个细心而又勤奋做事的人，有着高度的荣誉感和正义感，这项事业掌握在他的手里，和掌握在 Hykes 教士手里一样安全，并且会以兄弟友爱精神管理。我认为对他的任命是最合适的，也是解决这里的困难问题所需要的。……我已经授权福开森教士负责南京的教育工作。他受过很好的培养，素质很高，他仍然会从事宣教工作。这一任命获得差会全体成员的热诚赞同。

从中可以看到，任命福开森为南京汇文书院院长的正是美以美会中

---

① 郭锋 . 福开森在华五十六年 [M]. 上海：上海交通大学出版社 , 2019: 69–78.

国区驻区会督傅勒尔，他对福开森非常了解和欣赏。实际上两人很早就认识，可以追溯到福开森在波士顿大学读书年代。傅勒尔不仅是任命福开森为南京汇文书院院长的人，也是最早推荐他来华工作并做出最后决定的人之一。

福开森生于1866年，也是加拿大安大略省人，与傅勒尔可说是同乡，1886年毕业于美国波士顿大学，获文学学士学位（1902年获哲学博士学位）。1887年3月，福开森在波士顿大学得到任命，接受了美以美会海外传教理事会的委派，开始为来华工作做准备。1887年8月14日，福开森携新婚妻子自马赛启程，经芝加哥、旧金山、横滨、上海，到达镇江。本来他们是被派往南京，但美以美会华中分会在九江年会上做出了改变任命的决定，让福开森暂缓去南京，先留在镇江。①

实际上福开森夫妇在镇江待的时间很短，自1887年10月25日从上海乘船到镇江，到1888年秋迁居南京，住了不到一年时间，但在镇江这段经历对福开森以后的发展非常重要。一是福开森在这里对清末社会形势、美以美会在华传教事业的情况以及将要做的工作有了初步的了解认识和感受体会；二是福开森在这里用功学习汉语，为未来的事业发展打下了良好的基础。后担任金陵大学第一任华人校长的陈裕光曾回忆道："此人（福开森）来华时不过二十岁左右，原是南京地区的一个传教士，操一口南京话，精通中文，活动能力很强。"② 福开森似乎颇具语言天赋，他学习汉语的方法也颇高效，聘请中国老师来教口语，纠正发音，他之所以说汉语带有南京味，可能中国老师是镇江或南京人。

1888年秋天，22岁的福开森带着妻子和不满一岁的儿子离开镇江，来到南京，住进估衣廊附近美以美会华中分会为他们购置的一所房子，开始了长达十年在南京的办学活动，将一所还是写在纸上的计划的大学办成了实实在在的南京第一所新式高等教育机构。

---

① 郭锋.福开森在华五十六年[M].上海：上海交通大学出版社，2019：51-53.

② 陈裕光.回忆金陵大学[M]//金陵大学南京校友会.金陵大学建校一百周年纪念册.南京：南京大学出版社，1988：8.

对于自己主持的这所教会学校，福开森有着怎样的教育理念和方法呢？1892年，福开森在《教务杂志》4月号上发表了《中国的高等教育》一文，文章反映了他对这几年办学的理解和认识。他写道：

近些年来，差会办的教会学校……要比官办学校建立得早一些，或许对于推动西学发展所起的作用也要大一些。教会学校不仅教授科学、数学、外语，而且传播基督教……迄今只有教会学校教授这方面的课程，教会学校也由此为智力生活的发展做出了很大的贡献。追溯中国教育的发展，我还对现在中国"高等教育"的（理想）结构有了比较清楚的了解。它应该包括文学、科学、数学、至少一门欧洲语言，还包括基督教知识。文学可以使学生在他的国家获得体面的地位，还可以增强学生的记忆力。科学和数学赶走迷信，使学生认识和理解自然。外语在开阔视野的同时，开辟了西方文学的广阔领域。基督教知识则不仅成为认识、了解西方文明的基础，也为学生认识、了解上帝做了准备。这几个部分的任何一个部分，都是我们思考什么是理想的中国高等教育时所不能省略的。

从中可以看出，福开森对于科学教育和教会教育在中国教育中的价值和作用，对于教育的内容和结构是有深刻思考的，也有自己的见解。经过几年的办学实践，年轻的福开森已经对现代教育理论和方法有所掌握，并能熟练应用于分析中国的传统教育和教会教育。

福开森刚到南京时，美以美会要建的南京汇文书院既无土地、校舍，又无学生，所以福开森先在家招生办学，把学校办起来。在自己家中设班课徒，学生数人，传授课程以《圣经》为主，英语、数学、国文为辅，主要由福开森夫妇授课，聘请中国教师教授国文，当时的教会学校大都讲授这几门课。[①] 到1889年，这所办在家里的学校有了15名学生。[②] 入学学生逐渐增多，福开森的家无法容纳，故筹建校舍势在必行。

---

① 王德滋. 南京大学百年史 [M]. 南京：南京大学出版社，2002: 567.

② LACY W N. A hundred years of China methodism[M]. New York: Missions Abingdon-Cokesbury Press, 1948: 150.

大约从 1889 年起，福开森就一边在家办学，一边在外奔波：选址、购地、筹款，联系建筑设计公司，着手校园校舍建设。在这个过程中，他曾为选址购地而不懈地与官府衙门打交道，为筹款而不懈地与各种团体和个人打交道，积极争取各种渠道的资源支持，做了大量的工作。1891 年福开森的努力已经初见成效，成功购置位于干河沿的一块面积为 8 英亩（约合 3.24 公顷）的土地作为校园。

汇文书院最具代表性的建筑是钟楼。该楼主体三层，前部钟亭为五层，在当时南京的平房中，可谓鹤立鸡群；又因为洋人所建，所以当时南京市民称之为三层楼洋行。"坐人车或马车时，呼到汇文书院反不为所知，如言到三层楼洋行，则无论路之远近，无人不晓。"[①] 钟楼采用四面开窗的方形平面，平面和立面都追求严谨的对称关系，尤其是主立面，连烟囱也是相互对应的。墙面处理简洁，以凸出的墙线脚来加强水平划分，这些做法都符合英国 16 世纪后半叶的文艺复兴时期的府邸建筑风格；而薄檐口、大开间、线脚装饰简化的高耸钟楼造型反映出北美殖民期的建筑式样特征。[②] 汇文书院以钟楼为代表的这组建筑群具有明显的西方色彩，与后来建成的金陵大学中西合璧的建筑风格是完全不同的。

二、学科与师资队伍建设

根据前述福开森的教育理念和学科建设构想，汇文书院建立起文科（博物院）、神学校（傅勒尔《圣经》学校，亦称圣道馆）、医科（医学馆）三个学科，以及一个相当于预科学校的成美学馆，理科课程如数学、物理、化学、生物、实验等虽然已经开设，但是是以文科附设课程和实验室的形式开设的，并没有独立设置理科。直到 1921 年金陵大学时期才将文科改为文理科。郭锋考证藏于弗里尔艺术博物馆的福开森档案，发现福开森起初还欲开设法律系，体现在他 1909 年在汇文书院毕业典礼上的

---

① 洪润庠 . 回忆清末民初时代的母校 [M]// 台北金陵大学校友会 . 金陵大学创校七十周年纪念特刊 . 中国台北：台北金陵大学校友会，1958: 17.

② 董黎 . 中国教会大学建筑研究：中西建筑文化的交汇与建筑形态的构成 [M]. 珠海：珠海出版社，1998: 96.

演讲中："我们一直惦记着要建立法律系，但是一直没有找到足够的经费支持。正是出于这样的原因，为文科、医学、宗教和法律的教师制订了课程教学计划……在南京这个城市的名字后面加上'大学'两个字，是因为这所学校是出于综合的目标在这个城市建立的第一所大学……法律课程建设不能再拖延了。现在的一个潮流是，比例很大的中国人到外国留学选修的是法律和相关专业。你们如果开设这类课程，就会成为基督教学校当中这一运动的领导者，如同你们曾经成为几个学科的领导者一样。"从中可见，没有充足的经费是导致福开森开设法律系的想法一直未能实现的原因，而建立一所综合大学正是汇文书院创建的初衷。

关于汇文书院创办初期学科建设和发展状况有一份较早和详细的资料，是傅兰雅在《中国教育指南》中对南京汇文书院创办和发展情况的介绍，他写道：

这所大学分为四个院系：神学院（School of Theology）、文学院（College of Liberal Arts）、医学院（School of Medicine）和预科学校（Preparatory School）。①神学院也叫"傅勒尔《圣经》学校"，院长为已故的 Leslie Stevens 教士，建立于 1891 年。现有 4 名学生，平均年龄 30 岁。课程三年，科目包括历史神学、《圣经》解释、理论与实践神学等。该大学一览介绍说：神学教学的目标是透彻理解经文，通过事工掌握有关教会的历史知识并与教义结合起来。②文学院建立于 1893 年，向学生提供充分的中文课程，以及英语文学、数学、科学和哲学课程。现有 4 名中国助教，16 名学生，平均年龄 19 岁。这所学院有很好的各科学分科的仪器设备。化学室提供良好的实验设备，可以进行普通化学和分析化学的全面训练。显微镜和升降设备可以满足植物学和动物学实验需要。还有一台很好的天文望远镜和传输装置，对学习天文学很有帮助。最近新添置的全套测量仪器，已经在这座城市的新建马路测量和绘制精确地图等方面发挥作用。物理课教室也已经准备好了，新项目还在增加当中。还有一套完整的气象学仪器设备，每两天进行一次天气观测并记录下来。矿物陈列橱窗正在丰富起来，其展示的样品有助于说明中国矿物构成的特殊性。所有科学分支设施设备的目的只有一个，就是实践。在这里，可以时常敦促学生独立地学习，对自己国家的物产矿藏做科学的调查研究。③医学院，院长师图尔，医学博士，开设于1888年，至今已招收12名学生。现有学生4人，平均年龄20岁。要完成的课程科目有解剖学、药物学，以及医学和外科实习等。有1名本地人助教。④预科学校与医科同时建立，至今已经招收了160名学生。现有中国助教6人，学生70人，平均年龄14岁。开设中国经典、历史、地理、初等数学、几何、自然科学等课程。①

这份资料详细地记录了汇文书院早期学科建设和办学情况，再现了汇文书院的教育成绩，也表明了汇文书院积极参与城市建设和为推动社会经济发展服务。

关于汇文书院创办的目标，《教务杂志》也有专门的一段记载："教授高级科学课程，以便在中国知识界获得一席之地。"②

汇文书院的师资队伍建设也颇具特色，体现为注重理科人才。到1891年汇文书院的师资队伍已经初步建立，除了福开森和教授英语的科利尔（Collier）小姐，还有6名中国教师。到1896年前后，中国人教师队伍和西人教师队伍都加强了。"穆尔为西文总教习，恒谟（W. F. Hummel）为西文教习；师图尔（George. A. Stuart）为医科总教习，马林（William Macklin）、比必（Robert Case Beebe）为医学教习。除上述西方教员外，聘李自芳为国文总教习，周岐山、李鑑堂为国文教习。书法家骆寄海也曾在汇文任教。"③这里所谓的"国文教习"并不是仅指专职教中文的教师，主要是指以中文为授课语言，教授英语及数理化等文理科课程的专任教师。西方教员中，马林是1896年合并鼓楼医院、设立医学馆时加入的；比必和师图尔则分别来自美以美会华中分会创办的金陵医院和芜湖医院，师图尔后来在医学馆总教习任上接替福开森，成为汇文

---

① FRYER J. The educational directory of China[M]Shanghai: Educational Association of China, 1895: 43–45.

② Central China Mission of the M.E. Church[J].Chinese Recorder, 1888, 19(12):590.

③ 张宪文. 金陵大学史 [M]. 南京 : 南京大学出版社 , 2002: 12–13.

书院第二任院长；恒谟毕业于芝加哥大学，是师图尔的女婿，1908年来华，先在汇文书院任教，1910年继续在三书院联合成立的金陵大学任职。

1896年，福开森受清政府官吏盛宣怀之聘，担任上海南洋公学（现在上海交通大学前身）监院，不再担任汇文书院院长。师图尔成为汇文书院的继任院长。师图尔，字书林，美国马里兰州人，生于1859年，其父是著名传教士，有子12人，师图尔排行最小。他于新布顿大学获硕士学位，后入哈佛大学获医学博士学位。1888年，师图尔偕夫人来中国南京传教。当时比必在南京传教、行医，获师图尔帮助甚多。两年后，师图尔去芜湖创办弋矶山医院，在芜湖待了八年。师图尔向以"救灵、浚智、医病"为人生三大志愿，在芜湖几年，救灵、医病工作颇有成就，但办学开智志向未尝实现，所以师图尔接受了南京汇文书院开设医科后请他任医科总教习的邀请。适值福开森去沪任职南洋公学，师图尔遂任汇文书院院长，以展平生抱负。

师图尔是位名医，素来热心教育与宗教事业，著述甚多，如《圣经研究》《美以美会教会例文》《贫血病与组织学形态学及血液化学之特别关系》《解剖学名词表》《医科学生之习练法》，他还把《本草纲目》翻译成英文，始终不断向中国介绍西方医学和向西方推广中医。在掌校汇文后，师图尔除在校主持学校行政并教授功课外，常按时往汉西门汇文所属医院，亲自为病人看病。他对于学生管教极严，重质不重量，各级学生卒业，必须门门功课及格。学生一进校门，除大学及特别班生外，凡属住校之本城学生，只准每周六下午外出半天；外地住校学生，隔周周六下午外出半天。平时学生上课、休息、就寝及吃饭，皆有定时。每逢周六上午八时至九时，师图尔都亲自检查各学生寝室内务。学生无课时，除每周一至周五下午四点至六点，周六与周日下午，可自由活动与运动外，其余一律集中自修，由中西文教习各一名临场监督，即使是周六周日晚，也不例外。点名未到者，以缺课论，记过公布处分。[①] 所以在

---

① 洪润庠. 回忆清末民初时代的母校 [M]// 台北金陵大学校友会. 金陵大学创校七十周年纪念特刊. 中国台北：台北金陵大学校友会，1958：17.

师图尔时代，汇文书院办学质量有了很大提升，师资队伍有所扩充。

此期汇文书院的西文教习还有威尔逊（Wilbur Wilson）、饶合理（Harry Fleming Rowe）、傅绍兰（John Rogers Fryer）等。威尔逊是福开森的内弟，1896年来华，在汇文教授英语，1910年转为金陵大学教师。饶合理毕业于德鲁神学院，1898年携妻来华，1904—1905年任汇文书院神学科长。傅绍兰是傅兰雅的长子，本科毕业于纽约州立大学，在加州大学读的化学和物理学研究生，1893年秋被任命为汇文书院英语和文学教师。

汇文书院招聘教师是有一定标准的，如福开森在1893年4月4日写给美以美会海外传教理事会保灵的信（藏于耶鲁大学神学院图书馆美以美会传教士信件档案）中写道："我们学院需要一个能上一门研究性课程的人……他应该大学毕业，如果是科学或数学方面的专家或两者的专家，就能更好地适应这个工作。我不特别考虑他是不是牧师或宣教士，但最好是一位宣教士，而且是神学院毕业的。他必须是一个文化人，能够帮助领导中国的教育事务。"由此可见具有高的学术水准是汇文书院聘任的首要条件，其次才是宗教属性。

20世纪初，美国各教会负责人以教会在华所办学校力量分散为由，将南北二京所办的汇文书院（北京汇文书院为燕京大学之前身）与当地教会学校合并组成联合大学，以将力量集中，合力从事扩充，力求完善。师图尔向来主张独立办学，反对联合办学，故辞去汇文书院院长职务，由包文（Arthur John Bowen）继任。

包文主持校务初期，三院尚未合并，一切仍沿用旧制，对教学重质不重量，各级学校学生毕业必须符合美国学校标准。

汇文书院办学21年（1888—1909年），大学部（1896—1909年）共毕业学生80名，其中圣道馆11人，博物馆56人，医学馆13人。[①]

---

① 南京大学高教研究所校史编写组.金陵大学史料集[M].南京：南京大学出版社，1989:210.

第三节 宏育书院的合建与发展

在汇文书院稳步发展的时候，在南京还有两所教会书院，一个是美国基督会创办的基督书院，另一个是美国长老会创办的益智书院。

一、基督书院的办学

基督书院的创办者为美国基督会传教士美在中（Frank E. Meigs）。美在中受美国基督教国外传教团的委派于 1887 年 1 月抵达南京，立志以身许中国，故自号"在中"。尽管南京当时"皈依耶稣者日益众"，但他认为"信仰虽新，知识仍旧"，生怕"无意识之信仰易生魔障，非灌输学术无以羽翼教旨"。[①] 于是美在中请求基督会捐款，于 1891 年在南京鼓楼西南建造了基督书院。书院落成后，美在中任校长，他把家安在学校旁边，以便随时尽职。当时基督书院学生仅 20 余人，美在中夫妇担任教学与管理。美在中对待学生"温而厉"，学生生病，他求医问药，或者在病榻前读小说，以减轻病人痛苦；但学生如果功课不用功，则不假辞色，往往一边哭一边打。由于管理有方，基督书院的学生很快发展到 200 人。[②]

基督会当时在南京的事业除基督书院外，还有基督医院（因院长为马林，又称马林医院，三书院合并后改称金陵大学鼓楼医院，现南京鼓楼医院前身）、基督女书院等机构，与美以美会经营的汇文书院、金陵医院等相比，无论在规模还是设备方面都稍逊一筹。

二、益智书院的办学及宏育书院的合建

益智书院是美国长老会所设，据后来金陵大学校长包文 1910 年给托

---

① 徐则陵 . 美在中先生与基督书院 [J]. 金陵光 (美在中纪念专号), 1914(8 月临时增刊): 2.

② 徐则陵 . 美在中先生与基督书院 [J]. 金陵光 (美在中纪念专号), 1914(8 月临时增刊): 2.

事部的校长报告所称，长老会的阿比牧师（Robert E. Abbey）早在 1887 年就开办了一所小规模走读学校。[①] 在三年时间里阿比牧师致力于发展入学学生的基督化品格，相信教育除了具有教育性，也有基督福音的功能。阿比管理学校到 1890 年，之后李曼（Leaman）接管学校，1892 年贺子夏（T. W. Houston）接手校务。在阿比夫人协助下，1894 年益智书院成立。贺子夏全心投入学校和教会的工作，和教师、学生们一起生活。文怀恩（John Elias Williams）于 1899 年来到南京接替院长一职。

文怀恩于 1871 年 6 月 11 日出生于美国俄亥俄州，祖籍威尔士，后移民美国。文怀恩童年和少年时代生活艰苦，曾跟随父亲当矿工下井。1890 年，19 岁的文怀恩进入坐落于俄亥俄州的玛丽埃塔学院（Marietta College），靠勤工俭学读书。毕业后，文怀恩在俄亥俄州一中学教了两年书，在此期间他决定成为一名传教士，于 1896 年秋入纽约奥本神学院读书，1899 年春毕业。1899 年 3 月，文怀恩向长老会海外宣教理事会提出的国外传教的申请被批准，文怀恩被派往中国华中教区。1899 年 8 月 2 日，文怀恩成婚，8 月 15 日携妻启程前往中国，9 月 6 日抵达上海。当时美国长老会华中教区的传教中心有宁波、杭州、上海、苏州、南京等。刚到中国的文怀恩夫妇参加了 1899 年 9 月 20 日教区在苏州召开的会议，会议决定派他们前往南京接手益智书院的工作。文怀恩夫妇到南京后，不但生活艰苦，而且不久即遇上义和团运动，各地排外活动此起彼伏。基督教各差会都安排传教士们避难，文怀恩一家躲避到江西牯岭，后又艰难辗转前往日本避难，直到事态平静后于 1901 年 3 月回到南京。1901—1906 年，文怀恩在南京主持益智书院的工作。[②]

从益智书院的发展过程看，由于主要负责人一再更换，学校的发展受到了一定影响。

汇文、基督、益智这三所基督教书院中，因汇文书院发展最快，规

①　Report of the President of the University of Nanking, Covering the First Year and a Half of Union Work, United Board for Christian Higher Education in Asia(以下简称"UBCHEA")College Files, RG 11, Box 195, Folder 3367.

②　谢金才. 金陵大学第一任副校长文怀恩琐记 [N] 南京大学报，2018-09-30(6).

模最大，办学水平较高，后来便将汇文书院的成立时间 1888 年作为金陵大学的历史开端。

20 世纪初，在华的教会学校普遍有发展高等教育、联合办学的想法。基督书院的美在中第一个倡议三所书院合并，认为："孤往则精力分而收效浅，共作则菁华聚而成功多"，而且都是美国教会集资办学，"当化畛域而屈群策，以最少经费谋最大功效，不然，则获罪于天矣"。[①] 文怀恩也认为美国各个基督教差会在华办学，资金和人力很分散，在艰难维持中还要相互竞争，不如集中精力联合办学，成效会好得多。[②] 由于想法不谋而合，1907 年，基督书院和益智书院合并，成立了宏育书院，由美在中任院长，文怀恩为副院长。宏育书院办学期间，因集中教学资源，发展良好，毕业生数量可观。

第四节　联合办学及金陵大学的创建

20 世纪初，在华基督教会实现联合已是大势所趋。在 1907 年的传教士百年大会上，"合一与协作"（Comity and Federation）的精神被写进了大会主题，成为大会的十二个主要议题之一。这种精神体现在教会教育方面，就是希望"各差会在同一地点所办的院校之间应加强合作，实现合一，以避免重复建设和资源浪费"[③]。大会还响应了部分传教士要求各差会联合创办一所高水平大学的呼声，肯定"在中国建立一所协和基督教大学（Union Christian University）应对帝国内基督教文明的事业具

---

① 徐则陵.美在中先生与基督书院 [J]. 金陵光 (美在中纪念专号)，1914(8 月临时增刊): 3.

② 谢金才.金陵大学第一任副校长文怀恩琐记 [N] 南京大学报，2018–09–30(6).

③ China Centenary Missionary Conference. Records of China Centenary Missionary Conference: held at Shanghai, April 25 to May 9, 1907[C]. Shanghai: American Presbyterian Mission Press, 1907: 479.

有极大益处"①。但教会学校合作办学还是引起了很多代表的争议，反对意见主要认为"协和事业可能损害宗派差会的自由，引起更多的摩擦，削弱和分散传教力量；规模庞大的大学未必就比小型的学院具有优势，特别是在塑造学生的信仰方面"②。师图尔就认为："成立联合大学是不成熟的，而且宗派间联合办学会导致宗教氛围的降低。"③

一、联合办学之趋向

师图尔的继任者包文（Arthur John Bowen）一直对联合办学持赞同态度。他认为"中国之困亟矣，非以教育新民智不足以自振救，而教育之宗旨宜纯正，规模宜远大，组织设备宜健全完美，然后始可以言得人才为社会用，今南京一隅设三校，其政不相谋，课程多重复，且为经费限不得备其设施，势必至于因循苟且，徒劳而无功"，指责三校分立的状况，说"吾不知其何益于中国，其亦大背吾人办学之旨矣"。④

美在中在传教士百年大会上将南京地区联合办学的情况作为特例，向大会作了报告。他说"最近一些年来我一直在考虑联合办学的事情，且已经正从事着这方面的实践。两年来我们已实施让南京长老会与我们基督会学校间的联合。在这种形势的鼓舞下，南京的美以美会出于同样联合的想法，也正与我们进行协商，接下来就等母会（Home Board）同意我们的联合了"，并且说"我们已经草拟了合并章程，并特别注意条

---

① China Centenary Missionary Conference. Records of China Centenary Missionary Conference: held at Shanghai, April 25 to May 9, 1907[C]. Shanghai: American Presbyterian Mission Press, 1907: 520.

② China Centenary Missionary Conference. Records of China Centenary Missionary Conference: held at Shanghai, April 25 to May 9, 1907[C]. Shanghai: American Presbyterian Mission Press, 1907: 487-488.

③ China Centenary Missionary Conference. Records of China Centenary Missionary Conference: held at Shanghai, April 25 to May 9, 1907[C]. Shanghai: American Presbyterian Mission Press, 1907: 503.

④ 包文先生传 [M]// 金陵大学 . 金陵大学六十周年纪念册 . 南京 : 金陵大学 , 1948: 14.

款以外的各宗派的教学，母会表示同意这个合并章程"。[①]

美在中提到的向母会提交的合并章程是指 1906 年 6 月美以美会、基督会和长老会三个差会委员会写信给差会董事会和母会，提议建立南京的基督教大学，并指出这个联合计划是基于以下几个方面的考虑：

（1）只有联合才有力量。

（2）联合能使校舍和设备方面的费用支出更经济实惠，建设一个小型学院的费用能用来做更多的工作。

（3）因为办学工作的重要性，以及没有哪一个团体的物力人力能够做到独立办学，所以联合是必须的。

（4）因为现在中国国内的趋势，尤其是教会方面，都倾向于联合，这种联合必然来临，只不过或早或晚，现在是最紧要关头，所以教育联合不仅是明智的，还是非常必要的。

（5）教会工作的重要性需要联合。不管教会将怎样加强在中国传播福音的力量，都必须依靠训练本土基督徒的力量，除了牧师，还有各行业基督徒工作人员，为此目的，必须建立强大的教育机构。

（6）其他没有教育工作的差会和教会将更愿意将他们的孩子送到联合教育机构，因此各差会合作办学会在中国教徒中扩大学校的影响。

（7）联合办学在募集捐款方面比单个差会办学容易。

可以看出，联合成立金陵大学正是为了抓住当时中国教育从传统教育向现代教育体制转型的有利时机。教会要想对中国施加更大的影响，必须提升办学质量，而联合办学无疑是集中人力物力、提升办学质量最好的办法。教会教育虽然仍从属于传教，但教育属性越来越彰显，更注重办学质量。正如校长包文在金陵大学成立初期所言"我们希望办成最好的基督教教育，但是它首先必须是教育。过分地强调教义会令人生厌，会让人产生一种良好的和完善的学问不是基督教机构主要内容的印象，

---

① China Centenary Missionary Conference. Records of China Centenary Missionary Conference: held at Shanghai, April 25 to May 9, 1907[C]. Shanghai: American Presbyterian Mission Press, 1907: 488.

这是非常不明智的"，需在"极端地强调物质的和世俗的事物，和不明智地强调宗教和教会事务之间，选择一条切实可行的路线"。①

在 1907 年传教士百年大会期间，三个差会董事会的代表及传教士于 5 月 1 日举行了一次非正式会议，对联合办学进行了自由讨论。美以美会出席的有比必、包文和师图尔等。长老会出席的有文怀恩等，基督会出席的有美在中等。讨论的问题主要涉及目前各个差会拥有的财产的价值，大约估计美以美会的财产价值 35 000 金元，长老会的财产价值 10 000 金元，基督会的财产价值 25 000 金元；目前各校的学生数为美以美会的汇文书院 250 名，长老会和基督会联合的宏育书院 100 名。最后达成一致意见"赞成南京的联合基督教大学计划实施"。②

二、联合办学之形式

三个差会已充分认识到成立联合基督教大学的重要性，但如何联合却不是一蹴而就的，这涉及财产、人事、学科规划等诸多问题。正如金陵大学 1915 级毕业生刘钟璐所言："以三校成绩、宗派、经济之参差，筹商合组之始，意见不一，争点孔多。"③

关于基督教大学联合的形式，传教士百年大会提出有三种可能的方式：第一种是现存机构真正有机的联合，有一个统一指导的董事会，如北方的山东基督教共合大学（后来的齐鲁大学）；第二种是联盟形式，各部分开进行，各差会只负责大学其中的一部分；第三种可称为"英国式大学体系"，各差会还是独立经营，但各个学校的代表会组成一个考

① Report of the President to the Board of Managers, University of Nanking, for the Second Half Year, Union Work, UBCHEA College Files, RG 11, Box 195, Folder 3367.

② Meeting prior to formation of Nanking University, UBCHEA College Files, RG 11, Box 188, Folder 3312.

③ 刘钟璐 . 美在中先生墓志铭 [J]. 金陵光 (美在中纪念专号), 1916(8 月临时增刊): 4–6.

试董事会，主持毕业或获取文凭的考试。[①] 最终的联合模式采用第一种方法。

1906 年 6 月三个创校差会拟定了《金陵大学章程拟稿》，经过不断的探讨和完善，1909 年，三差会达成了共识，对章程进行了最终修订。

1909 年 12 月 21 日，新大学理事会成立暨第一次例会在汇文书院包文院长的办公室举行，与会代表共 12 人，美以美会、长老会和基督会各派 4 名代表参加。会后，福开森以《教育工作的联合》为题，写了一篇文章，发表在《上海时报》（英文）上，《教务杂志》1910 年 2 月号转载了这篇文章。从文章中可知，此次会议确定了位于南京的这所基督教联合大学的英文名称为 University of Nanking，中文名称为金陵大学，汇文书院和宏育书院合并的生效时间为 1910 年春节过后即 1910 年 2 月 24 日；原南京汇文书院院长包文当选为校长，两所学校的全体教员继续留任，包括 12 名外籍教师和 18 名中国教师；将南京汇文书院校址作为金陵大学的中心校址，统筹规划原有校舍的使用，建造新校舍；等等。

三差会在美国纽约联合组成托事部（Board of Trustees），托事部是学校最高权力机构，掌管大部分行政权力，学校的重要决定均需得到托事部的批准，职责包括持有和处置金陵大学拥有或借来的财产、任命校长和副校长、为本校发展筹措经费等；与此同时，在南京成立理事会（Board of Manager），相当于托事部的驻南京办事机构，由大学校长、有关行政管理人员联合公会的代表组成，职责包括监察审议本校所有事宜，包括任命大学行政管理人员、起草学校年度预算报托事部批准、任免中国教职员、批准学校开的课程等。起初理事会完全由外国人组成，理事会章程修改后，中国人逐渐增加，如当时任驻德公使的黄荣良、任绥远省实业厅长的韩安、任东南大学教授的陶行知均以校友身份担任金陵大学理事会的理事。[②]

---

① China Centenary Missionary Conference. Records of China Centenary Missionary Conference: held at Shanghai, April 25 to May 9, 1907[C]. Shanghai: American Presbyterian Mission Press, 1907: 71.

② 王德滋. 南京大学百年史 [M]. 南京：南京大学出版社，2002: 573–574.

三、金陵大学之创建

金陵大学堂于 1910 年 2 月 24 日正式成立。大学部设于干河沿汇文书院院址，附中设于鼓楼宏育书院院址，小学设于户部街益智书院院址。校名"金陵大学堂"五个大字由当时两江师范学堂监督李瑞清（字梅庵）书写。这块石碑现保存在南京大学鼓楼校区校史博物馆楼前的"二源壁"。三书院实现合并，办学力量得以集中，为金陵大学以后的发展奠定了稳固的基础。

合并三书院建立金陵大学，旨在建成一所完备的高等学府。但要想成为一所完备的大学，还需获得政府认可，这样在社会上才能拥有地位。当时教会学校独立于中国教育体制之外，在行政上与中国政府毫无关系。清政府一向认为外国教会在中国设立的学校是依靠条约权利而设，非国内教育事业，因此采取不干预态度。正如金陵大学校长包文所言："中国教育行政机关尚未有大学授予学位的规定，而私立大学之立案尤无明文可遵。故当时本校董事会议决暂在美国纽约省立案，并由该省政府授予学位。"[①]

"在美国纽约省立案"是指 1911 年 4 月 19 日，金陵大学得到了美国纽约州教育部部长瞿伯迩（A. S. Draper）和纽约大学校长马克威（Mckelway）签署的特别许可证，正式同意金陵大学在美国纽约教育部立案，并承认金陵大学为一完全大学，得以享受"泰西凡大学所应享之权利"。自此，金陵大学学生的毕业文凭改由纽约大学校董签发，转致金陵大学堂监督，再发给毕业生，"此后凡在本学堂毕业者，即无异在美国大学校毕业也"[②]。金陵大学在美国立案一方面说明金陵大学游离于中国教育系统之外，是一种特殊的治外法权的扩充；另一方面，获得国外立案认可对金陵大学今后招收更优质生源、提高知名度、提升办学质量

---

① 包文. 金陵大学之情况 [J]. 教育季刊 , 1925, 1(4): 167.

② 纽约大学承认 [M]// 南京大学高教研究所校史编写组 . 金陵大学史料集 . 南京 : 南京大学出版社 , 1989: 15.

都十分有益，金陵大学在十几所教会大学中也属于获得执照较早的一所。

金陵大学初创，无论课室宿舍、图书设备还是师资力量均简陋缺乏，不敷使用，而学生人数岁有增加，校务呈蒸蒸日上之势。因此，无论校舍之扩大、师资之补充还是设备之改善都十分紧迫。校长包文"勇于任事"，富有"卓识远见"，"凡事先立大计于胸中，规定其步骤，计虑周详，巨细无所遗，及计划定，即施行，无犹豫顾忌"。^①他派员携其手订之计划，回美国向托事部以募捐、增教授二事为请，为金陵大学购置土地重建校舍、延请名师充实科系。当时美国正处于第一次世界大战前夕的景气时期，募捐比较容易，慷慨解囊之富商不少。历数年之苦心经营，包文终于获得巨额资金，使金陵大学重建校舍的计划得以实施，文理农医专家也来者日多，学校气象逐渐更新。这为后来学校的发展和科系的增建创造了条件。

---

① 包文先生传 [M]// 金陵大学 . 金陵大学六十周年纪念册 . 南京：金陵大学，1948: 14.

第二章 金陵大学办学理念的突破

基督教大学在中国饱受诟病的原因主要有二：一是外国性，二是宗教性。从中国基督教大学设立的背景来看也确实如此。外国性体现在这些学校是由外国政府保护的传教士开办的，而且都是按国外法律得到特许状的，大部分教职员是外国人，学校主要由外国人负责管理。宗教性体现在基督教学校起初设立的目的为培养传教士或发展基督徒。

20 世纪 20 年代，在中国非基督教运动和收回教育权运动打击下，以金陵大学为代表的中国基督教大学或主动或被动在办学理念、科系设置、科学研究和师资配置等方面进行了一系列西式大学的中国本土化改革。抗日战争爆发后，中国基督教大学的本土化程度进一步加深。

第一节 金陵大学早期科系演变与发展

金陵大学创办初期，办学宗旨主要是为教会教育系统培养师资。1911 年的校长报告明确指出金陵大学的办学宗旨为"培养为宣传福音而接受训练的人，这是福音工作最迫切的需要。这所大学应该是而且必须是为日校和教会小学培训男性教师。"① 不仅如此，在学术与传教孰轻孰重的选择上，金陵大学曾明确表示"完全的学术不是教会学校的首要条件，原因是它把基督教降到了次要的和可忽略的位置上"②。因此，建校

---

① Report of the president of the University of Nanking to the Board of Trustees covering the first year and a half of union work, August 1911, UBCHEA College Files, RG 11, Box 195, Folder 3367.

② Report of the president to the Board of Managers for the second half year, UBCHEA College Files, RG 11, Box 195, Folder 3367.

初期，在西人直接管理下的金陵大学，传播基督教是其本质又直接的办学目标，而西学的各科知识虽然吸引生源，但无法弱化传教士通过教学传播基督教的本质目的。

此后，随着金陵大学专业化、正规化程度的加强，其办学理念也逐渐改变。1917 年，金陵大学的办学宗旨是"为中国的年轻人，包括基督徒和非基督徒，提供现代的基督教教育，主要任务是给男性健全的理想，广阔的人生观与一流的英语和汉语培训，让其有机会专攻科学、数学和社会科学"[①]。与此同时，金陵大学管理层也开始关注入学学生的宗教信仰问题和来源中学的性质问题，他们开始统计每学期来校新生中的非基督教徒人数、新生毕业中学是公立学校的概率以及来自南京以外地区学生入学的概率等，从此一阶段开始，金陵大学办学逐渐开放，不再局限于基督教徒的小圈子，而是希望招收更多的非基督徒和公立教育系统的学生。

关于科系与课程设置，金陵大学创校初期按科系划分教学单位。初建时，除最早的文科（文理科）外，金陵大学又陆续添设了四个科系，为医科、师范科、华言科（传教士培训学校）和农科（农林科）等。

一、文科（文理科）

文科是金陵大学设立最早的科目，除开设应授之科目外，还附设若干数理方面科目。1921 年，改文科为文理科。1930 年，改文理科为文、理两学院。关于金陵大学三院，杭立武言道："就三院的历史说，文学院无疑是老大哥，也可说是母校的基础，理学院是孕育于文学院，而农学院确是后起之秀。"[②] 这是对金陵大学三学院关系的精辟阐述。

1914 年，金陵大学改组文科，将文科所属科目分成四组，每组以系命名，有语言学系、社会学系、数理学系、宗教学系。其中语言学系包

---

① Report of the dean of the college of arts of the University of Nanking, 1916–1917, UBCHEA College Files, RG 11, Box 195, Folder 3368.

② 杭立武. 文学院的人和事 [M]// 张宪生. 南大，南大. 南京：南京大学出版社，2002: 324.

括国文、英文等科目；社会学系包括历史、哲学、心理、教育、政治、经济、宗教等科目；数理学系包括数学、物理、化学、生物、天文、矿质等科目。[①]1915 年，由美籍教授夏伟思（G. R. Sarvis）任文科科长。

文科虽设立最早，但早期发展并不尽如人意。1921 年教育部派员视察金陵大学，在报告中称，金陵大学文科"然内容既欠充实，组织复多凌乱，故就一般而论，殊无成绩可言。所谓内容尚欠充实者，如言语学在该校列为首组，而除英文外，他种文字并无相当设备，又如哲学、历史、政治经济等科，在文科中皆为重要科目，而各科教员或由他科兼任，或尚付缺，如算学、物理设科虽多，正任教员亦仅 1 人，恐难胜任愉快，教育学科情形亦同。中国文学、历史等科，虽有中国教员 2 人，亦仅教授浅近文学，于重要文学历史科目未能顾及"；又指出"所谓组织多凌乱者，如文科科目，计分四组（另有教育一组近于师范专科亦列文科中），每组之下系以专名曰语言学系、曰社会学系、曰数理学系、曰宗教学系，此种分类方法，殊无正当理由。如以社会学概括宗教、哲学、心理、历史等科，当世无此类别。科学之中，天文、数学、物理虽可勉强以数理学系之名概之，而生物矿质诸科则截然不类，而该校亦合二为一，殊嫌未妥"。教育部因此建议："各组中所有科目如国文、英文等均应改为系，以关系较密切之系合为数组，学者选课应以一系为主，而以同组或异组中他系之科目副之。"[②]

根据教育部的建议，金陵大学撤销四组，改科目为系，设国文、英文、历史、哲学、社会学、政治学、经济学、教育学等系，数理各科目仍附设于文科之中。

1921 年，经过多年发展，文科中的数理学科力量稍见充实，金陵大学将文科改为文理科，其中理科方面设化学、数理二系和医学先修、工

---

① 王德滋.南京大学百年史 [M].南京：南京大学出版社,2002: 579.

② 教育部视察金陵大学报告 [M]//南京大学高教研究所校史编写组.金陵大学史料集.南京：南京大学出版社,1989: 22.

业化学二科。① 以夏伟思为文理科科长。 1926 年夏伟思返回美国，陈裕光继任文理科长。

金陵大学文科的发展中最重要的变化是改进国文的教学，并提高国文水准。教会学校对中国文化向来较为忽视，但金陵大学在中国爱国主义运动的促使下，在学校领导层和教师的推动下，适时、主动地提高国文办学水平。1924 年，金陵大学国文系主任程湘帆（C. C. Chen）向理事会财政委员会提出扩建国文系的建议。他指出："中国基督教化的过程中需要医生、农业科学家、教师和传教士，这是毫无疑问的。但是，我们也需要至少是同样多的好的作家，通过他们的想象力、忠实和技巧将基督教的美好的真理和基督的伟大人格再现在中国人民面前。各个基督教教会大学，如果是服从于使中国基督教化这一目的的话，应该在培养医生、传道士等的同时也培养好的作家。为了做到这点，一个师资雄厚的国文系是必要的。"程湘帆还以现身说法指出："作为这个大学的毕业生，我的经历使我不得不承认，由于对中国的传统文化知之较少，对中国文学的欣赏能力低，缺少语言表达能力方面的训练。我们科的毕业生的工作在许多方面受到影响，他们对社会、对民族、对教会的贡献在许多方面受到限制。站在毕业生的角度来说，学校没有给毕业生提供一个中国绅士所必要的文化修养，一种作为中国领导人物的必要工具。"他还举了几个由于国文水平差而失去工作的毕业生的例子，坚决地认为"切身体验告诉我们，必须有一个师资力量雄厚的国文系"。②

1925 年，金陵大学决定成立国学系，由文学家胡小石和陈中凡出任主任，"本系预算除同学会资助 1.5 万元基金外，另增至一倍有余。国学教授之待遇地位一律与其他各科教授之资格最老者同等，一洗从前畸轻畸重之弊。中文参考书籍骤加至 4 万余册。课程教法大加革新。新旧学

---

① 　理学院概况 [M]// 南京大学高教研究所校史编写组 . 金陵大学史料集 . 南京 : 南京大学出版社 , 1989: 176.

② 　程湘帆 . 扩建本校文理科国文系之建议 [M]// 罗庆春 , 译 . 南京大学高教研究所校史编写组 . 金陵大学史料集 . 南京 : 南京大学出版社 , 1989: 23–24.

生对于国学兴味极为浓厚，全校空气为之一变"①。

据 1924 年金陵大学编写出版的《金陵大学国学系学程表及说明书》，扩建后的国学系不但课程内容得到很大扩充、完善，而且教师阵容强大，都是学有专长的饱学之士。课程主要分为以下四大类：

公共学程——各体文选、中国文学史大纲、中国文字学大纲、读书法、中国近百年史。

文学组——中国韵文一古今诗选、韵文二历代赋选、韵文三词选、韵文四曲选、韵文五歌谣选、专家诗选、专家词选、中国散文一叙述文、散文二小说文、散文三抒情文、专家散文选、文学概论、中国修辞学、中国文艺批评、中国文字学、训诂学、中国声韵学、和声学、艺术论、中国诗学概论及诗史、中国词学概论及词史、中国曲剧概论及曲史、中国小说概论及小说史、诗经研究、楚辞研究、说文研究、广韵研究、作文法、国文教学法。

史学组——中国历代大事记、中国古代文化史、中国近代文化史、历史研究法、近代中日交涉史、中国法制史、印度史、现代世界史、世界史研究、中国地理、世界地理、地人学、考古学、古代甲骨金石文研究、人类学、政治学、经济学、社会学、社会问题、历史教学法。哲学组——中国哲学论文、中国古代哲学史、中国近代哲学史、先秦诸家哲学、魏晋玄学、宋元以来理学、印度哲学、老子研究、孔子研究、墨子研究、庄子研究、孟荀研究、先秦名学研究、心理学、论理学、社会心理、人生哲学、西洋哲学史、宗教哲学、教育哲学、美学、中西哲学问题、西方研究中国哲学论文、近今哲学问题、哲学方法论。

国学系教职员包括包文（美，校长兼西洋文学教授）、文怀恩（美，副校长）、夏伟思（美，文理科主任兼社会学教授）、胡小石（代理主任兼中国文学教授）、程湘帆（原系主任）、陈钟凡（中国哲学、文学教授）、易树声（国文教员）、方聂（中国史学教员）、周槃（国语教

---

① 包文. 金陵大学之近况 [M]// 南京大学高教研究所校史编写组. 金陵大学史料集. 南京：南京大学出版社, 1989: 29.

员）、刘继宣（实习指导员）、计国宾（实习指导员）、单根贤（教务管理）、克乃文（美，图书馆主任）、陈长伟（图书馆副主任）、刘崇本（西洋史、政治学教授）、贝德士（美，西洋史、政治学教授）、韩穆敦（美，西洋哲学教授）、白德（美，西洋文学教授）、束世澂（国文助教）。国学系的大部分中国教师有留学国外或毕业于国立大学的经历，师资水平得到很大提高。

二、医科

医科是金陵大学的传统学科，马林、比必、师图尔等人均有贡献。在师图尔创汇文书院医学馆之前，马林建有基督医院，比必建有金陵医院，他们在医治病人之余，也办学收徒。师图尔将两者合为一体，成立汇文书院的医学馆。三人及助教员共同负责医科教务，使汇文医学馆力量大为增强。

但师图尔离去后，汇文书院医学馆日渐衰落。1910 年 4 月，教会感于医学对于宗教事业的帮助，在上海举行会议，决定在南京建立一所医科大学，由各教会协力进行。到 1911 年 3 月，共有 7 个教会表示赞成，于是成立了中国东方医科大学。1911 年，此大学迁入金陵大学，由金陵大学划出房屋，为医学教室及膳宿舍。1912 年 1 月，南方浸礼会的易文士（Philip Saffery Evans）从扬州来到南京，这样中国东方医科大学的力量大为加强。政局甫定、医学复开时，报考者达 40 多名，但因程度参差不齐，仅录取 20 人。

最初，中国东方医科大学一切事务均归医学理事部（各教会协助医学的代表）管理，与金陵大学不相属。但因校址与金陵大学接近，当时相关管理者已有想法将中国东方医科大学划入金陵大学。1913 年 11 月15 日，医学理事部常委取消了中国东方医科大学的名义，一切事务移交金陵大学理事会管理，正式成为金陵大学医科。同时，金陵大学购进鼓楼附近的基督医院，作为医科学生的实习医院。

金陵大学医科由史尔德（R. T. Shields）任科长，预科两年，正科五年，毕业后授予医学博士学位。"凡入本医科正科第一年级者，须具本大学高等科毕业之资格，或具有相当之程度者亦可，但必须已习化学、生物及物理学方为合格，倘有已具相当之程度，而于以上三科尚未尽习者，则本堂特设预备一科专授之，一年后升入正科。至本科课程，均依美国纽约大学规定之正科五年卒业。"① 金陵大学医科课程如下：

第一年：活物学、化学、较体学、体学、目周学、胚学；

第二年：体学（完）、体功学、解剖学、病理学、化学（完）、药科学药效学；

第三年：病理学、临诊显微、外科小术包裹术、外科学、疗学毒药学、解剖学（完）、内科学、察体诊断；

第四年：外科学（完）、内科学（完）、产科学、妇科学、儿科学、热带病学、皮肤学、阴阳尿具学、临诊；

第五年：眼科、耳鼻喉科学、脑科学心灵学、卫生及公共卫生学、医律、临诊。②

此外，还有圣经科，每星期一次；为让诸生毕业后能够自读英文医书及医学报，设有英文一科；每周还有一次汉文论说课，国文有根底的可免修。若以上课程都学完并考试合格，并且在金陵大学认可医院完成了实习，可得到金陵大学颁发的美国纽约大学医学博士文凭。

金陵大学设置医科的目的主要是医治民众病痛。中国从古至今发生过多次瘟疫，夺走了成千上万人的性命，民众缺乏医学知识，对于如何预防和治疗疾病，民众大都束手无策。西方来华的医士向中国介绍了现代医学，金陵大学医科的建立正是为了将有用的医学知识教给中国人以贡献于社会，医科每年培养众多训练有素的医生，帮助中国人减少身体上的病痛和折磨，这正是医科设置的意义。在传教士看来，医病与救灵是一体的，挽救身体的病痛与拯救灵魂的痛苦是并行不悖的。当然对于当时的中国，教会学校开设医科的治病救人的作用是主要的，这也是教会教育应受到肯定的原因之一。

---

① 侯铗. 金陵大学医科简章 [J]. 金陵光，1914, 2(1): 26-29.

② 侯铗. 金陵大学医科简章 [J]. 金陵光，1914, 2(1): 26-29.

虽然金陵大学医科开端良好，但之后教会在中国开展医学教育的计划有所更改。1916 年 6 月，中华博医会在上海召开会议，决定用中文提供第一流的医学教育。为此差会要求放弃华中和华东地区的医学院，集中力量发展济南的医学院。1917 年的毕业生卒业之后，金陵大学医科即被裁去。1917 年 2 月，金陵大学 14 名医科学生前往济南。但金陵大学的医预科及医院继续办理，鼓楼医院仍为金陵大学的附属单位。1918 年，金陵高级护士职业学校成立，附属于金陵大学鼓楼医院，故又名金陵大学鼓楼医院护士学校。

三、师范科

1912 年 9 月，在与北浸礼会的合作下，金陵大学成立师范科，培养小学教师，范围虽小但要求较高。蒲洛克（Archibald Bullock）为该科科长。

师范专科设立之主旨如下：

（1）灌输小学教员应具之学识；

（2）灌输间接关于小学课程之学识；

（3）使生徒明夫稚子之智力、能力及所以发展之方法；

（4）使生徒明夫教育原则、教授方法，并在模范小学中试验之；

（5）使生徒明夫组织学校及管理学校之方法；

（6）使生徒明夫关于小学之学史；

（7）使生徒明夫国立小学之状况；

（8）使生徒明夫学校法律；

（9）使生徒毕业后能在小学充任适当之教员。[①]

师范专科课程共分三级，有四年制、二年制与师范选科三种。四年制毕业后颁发师范专科文凭，其程度相当于高等学（High School）毕业。二年制为无力学四年课程者而设，毕业者颁发二年级师范证书。师范选科课程为高等学学生而设，凡已读高等学课程一部分而想做教师者，可

---

① 聂甫．师范专科之主旨及今后之方针 [J]．金陵光，1913(8): 8–9.

入此科。其中四年制师范科课程前两年注重小学各学科的学习，后两年注重教学法和教育原理的学习。具体如下：

第一年级：中文、修身、算学、英文（选课）、生理卫生学、地理、图画音乐；

第二年级：中文、修身、算学、英文（选课）、代数或几何学、世界史、图画音乐；

第三年级：中文、修身、英文、化学或生物学、商业地理市政学、教育心理学、教育学；

第四年级：中文、修身、英文、物理学、教育史、学校管理法、试教。[①]

1917年，金陵大学改组师范专科，将之分为优级师范和初级师范，并以附属中学和两等模范小学为师范生实习之地。

师范科一大特色是设有手工课程，而且制造品可以出售，此可视为金陵大学实用主义教育思想的体现。

1923年，师范科并入教育学系，成为文理科之一部分。

四、华言科

金陵大学的华言科开办于1912年10月，为来华的西籍传教士学习汉语所设，科长为钦嘉乐（Charles Scull Keen）。该科前身是由27个差会在上海创办的华言学堂。

19世纪到20世纪前半期，数以千计外国传教士来华从事传道、教育、医疗以及其他社会事业。但大部分传教士来中国之前，并没有接受针对中国传教工作的培训，对中国的历史、社会、文化习俗知之甚少，更缺乏对在华工作的最基本工具——汉语的熟练掌握。因此，传教士初到中国时，大都只能边工作边学习。20世纪初，一些差会意识到这种方式效率太低，为了适应快速发展的传教运动，他们呼吁建立正规的语言学校。

---

① 金陵大学.金陵大学章程汇编 [M].南京：金陵大学, 1917: 70–71.

1910年，爱丁堡传教大会设立了多个专门委员会，其中第五委员会专门负责调查研究"传教士的预备"问题。该委员会认为，传教士的准备很不充分，尤其在语言方面，新传教士学习语言的机会很少，且在传教地建立语言学校比在母国建立语言学校更有效果，如汉语中的一些口语或俗语更适宜在汉语语言环境中学习。因此，爱丁堡传教大会两年后，中国第一个正规的传教士语言学校——金陵大学华言科就成立了。

金陵大学华言科的筹组很顺利。美在中负责华言科的筹备，他经验丰富，且有较好语言能力。美在中不仅负责学校的管理，而且教授汉字的罗马音标、中国地理以及中国历史等课程。此外还有一群中国教员，他们都有多年教授外国人的经验。由贾福堂负责管理中国教员，他在牯岭语言学校和上海临时学校都教过书，富有教学经验。他负责选聘了33位中文教师，并监督教学工作，教授汉语对话。金陵大学华言科于1912年10月15日正式开学，第一届的学员共有45名传教士，来自江苏、江西、四川、河南、浙江、安徽、湖南、湖北8个省份的15个差会。

1914年，在华工作长达12年的美国浸信会传教士钦嘉乐被金陵大学任命为华言科永久校长。在他掌校的十年中，华言科学制从一年延长为五年；学生人数大幅增长，在1912年该科有学生45人，到1921年增长到90人；办学条件也得到很大改善，该科初创时只有金陵大学拨的几间房子，并没有专属的永久教室，也没有学员宿舍，学员只好住到南京传教士的住所，经过钦嘉乐的努力，1918年建成了专供单身女性居住的宿舍，以学校创办人美在中的名字命名（美在中堂）。但男学员宿舍一直没能解决，而学员却不断增加，给借住的传教士家庭带来很多困扰。经过钦嘉乐多方呼吁，纽约的金陵大学托事部批准了12万元预算用于修建新校舍。但不幸的是钦嘉乐于1923年5月去世，没能看到新校舍的建成启用。

华言科初创时只提供一学年的课程。第一届学生不分学期，在校学习时间为7个月（1912年10月15日—1913年6月3日，中间有两周的圣诞节假期）。在课程安排上，华言科借鉴以往各差会经验，最终确定的必修课有标准罗马拼音、鲍康宁编的《官话初级》前20课、214个部首、中文圣经《约翰福音》四—九章、默写祈祷词或 20 个以上常用成语以及书写和分解 50 个以上常用部首等。每日课程安排都很固定，包括发音、成语（语法）、对话练习、作文、汉字分析、结构等。另外还有关于中国语言以及传教士一般培训的系列讲座，提供包含中国知识的英文读物指导等。1913 年 6 月，华言科第一届学员结束课程学习，经考试后毕业。所有学员都必须参加考试。考试题中有一道是要求学员默写祷告词和 20 首诗，几乎所有学员都能用汉字写出来。学员能在七个月的时间内取得如此优异成绩，受到了广泛赞扬。

1918 年华言科开始实行五年制，在课程学习方面引入大学的学分制。第一年是全日制住宿上课，第二年也是必修课，但学员可以选择住宿或函授。最后三年都是选修课，以函授方式进行。第一年必修课完成以后，必须由华言科认可的当地考官主持考试。学生每学完一年课程，学校都发结业证书。如果修完五年课程，累计得到 23 个学分，就能获得文凭。①

华言科力图把经过实践证明有效的各种教学方法运用其中。比如，发音方面，要求学生从第一天就开始听中国老师正确的发音，直到能听懂而且看见这个汉字就能正确发音并掌握其意思，然后才可练习写汉字。华言科强调语言的实际应用能力培养，每天至少安排 45 分钟与中国老师的对话练习，练习时严禁讲母语。华言科的各种课程设计，如新词课、复习、个别辅导、小组对话、写作、演讲等，都是为了把学生置于一个类似孩子学习母语时所处的环境中。

金陵大学华言科的成功标志着在华传教士延续近百年的语言学习模式有了根本性的转变，即从传统的个体自学方式演变到系统化的课程学习。这一转变提高了传教士语言学习的效率，而且正如华言科作为语言学校，也是培训传教士的学校，是要为在华传教服务的。只有让传教士更熟练地掌握中文，熟悉并理解中国历史与文化，才能找到适应中国社

---

① 刘家峰. 近代来华传教士的中文学习：以金陵大学华言科为中心 [J]. 上海大学学报 (社会科学版), 2008, 15(6): 112–117.

会与中国人心理的传教方法。从传教士人才培养的角度看，在华语言学校发挥了他们母国神学院不能发挥的重要作用。

华言科一直办到 1928 年。由于受 1927 年南京事件的影响，很多传教士撤到上海或回国，华言科的教学工作受到直接冲击。最后华言科完全关闭，参与创办华言科的差会被建议今后自己为自己的成员提供语言培训。金陵大学华言科办学十六载，致力于沟通中西，为文化交流做出了一定的贡献。

五、农科（农林科）

农科是金陵大学最富特色的学科，1914 年由裴义理（Joseph Bailie）创设。裴义理是英国人，生于爱尔兰岛，父亲务农，家境贫困，但裴义理勤奋好学，后赴美研究神学，"对救世拯民，早具宏愿"[①]。

1890 年，裴义理来到中国，初就职于苏州长老会。1910 年，裴义理受聘于金陵大学，担任数学教习。1911 年，裴义理承办我国北部以工代赈工作，常在农村和灾民相处，看到我国农民生活困苦，认为要改善人民生活，必须从改良农林事业着手。1913 年，北洋势力攻入南京，纵兵抢掠，南京人民遭受巨大苦难，裴义理联合当地士绅，组织了义农会，极力向各方呼吁，集资救济灾民，并得到了孙中山、黄兴、张謇等人的帮助，实行以工代赈，召集贫民垦荒造林。裴义理深感农林人才缺乏，考虑设立学校招生训练，于是便有了金陵大学农科的设立。

1914 年，金陵大学适应社会需要，由裴义理创办农科，采用半工半读制度，造就实用人才。1915 年春添设林科，以培养林业专门人才。1916 年，金陵大学将农、林两部合并而成立农林科。当时国内大学设有农林科的只有金陵大学，而且也是"我国大学农科四年制之最早者"[②]。因此，鲁、皖、滇、赣四省均送官费生来金陵大学求学。

① 本校农学院创办人：裴义理 [M]// 南京大学高教研究所校史编写组.金陵大学史料集.南京：南京大学出版社,1989: 18.
② 章之汶.金陵大学农学院之成就 [C]// 李扬汉.章之汶先生纪念文集.南京：南京农业大学出版社,1998: 42.

金陵大学创办农林科的宗旨是解决当时的实际困难。因此，农林科成立时规定了两条原则。第一，注重实际教材，学以致用，用有所本。例如，开垦土地、栽树、播种、耘草、收获等工作，都由学生亲自操作。裴义理认为只有在实践中体验在书本上学到的理论，才能求得真知，才对国计民生直接有益。第二，提倡从大处着眼，小处着手。农林科初创时，只有经费5 000元，教员二三人，学生十几名，然因方针正确，办法合适，管理者有计划、有毅力，所以得到了快速发展，奠定了后来农学院的永久基础。[①]

经过几年的发展，到1917年裴义理离开金陵大学时，农林科已开设了作物学、植物学、动物学及昆虫学等专业。农林科教师阵容逐渐壮大，如下：裴义理、克乃文（Harry Clemons，文学硕士，英文）、芮思娄（John Henry Reisner，农学硕士，土壤学、作物学）、伍恩（Louis James Owen，英文）、瑞实（Harvey Curtis Roys，科学硕士，物理学、测量学）、邹秉文（科学学士，植物学、植物病理学）、邹树文（农学硕士，生物学、昆虫学）、卫思娄（Victor Wisner，林学硕士，森林学）、吴伟士（Charles W. Woodworth，科学硕士，昆虫讲师）、应尚德（文学硕士，生物学，生理学）、李寅（科学硕士，化学）、刘经庶（哲学博士，中国文学、哲学）、麦开斐（Kenneth McAfee，文学硕士，物理、英文）、石平治（森林学）、吴守道（文学士，英文）、杨国锐（本科书记员）等。[②]

1916年，裴义理辞职，专事以工代赈。农林科由芮思娄接任科长。从1917年芮思娄执掌农林科到1927年南京事件发生，金陵大学农林科处于快速发展的时期，经费日益充足，师资更壮大，课程设置也更完备。

1918年，农林科筹设蚕桑系和蚕桑特科，聘请美国加利福尼亚大学昆虫系教授吴伟士（C. W. Woodworth）来校任教。

1919年，美国农商部派专家来我国考察植棉事业，曾来金陵大学参

① 墨妮. 记金陵大学农学院创办人裴义理[M]// 金陵大学南京校友会. 金陵大学建校一百周年纪念册. 南京：南京大学出版社, 1988: 57-58.

② 金陵大学. 金陵大学章程汇编[M]. 南京：金陵大学, 1917: 38-39.

观，提倡植棉和改良棉种，同时金陵大学引进了美国棉种，设棉作改良部，而后成立棉作系，由郭仁风（John B. Griffing）任主任。

1921 年，农林科建农业经济系，由卜凯（John Lossing Buck）任主任。

1922 年，为造就农业实用人才，金陵大学开班农业专修课，修业期限为三个学期，由章之汶任科长。

1923 年，在校长包文和农林科科长芮思娄共同努力下，农林科获得了美国对华赈款委员会剩余救灾资金约 70 万美金的拨款。这笔钱作为培养人才、研究防灾的基金，为农林科的发展奠定了坚实的基础。1924 年春，金陵大学又得到了美国洛氏基金社之中国医学委员会对华赈款委员会与美国友人之资助，建筑了农林大楼，为了纪念裴义理创设农林科之功，该楼被命名为"裴义理楼"。

合作办学的四差会，即美以美会、基督会、长老会及浸礼会各聘专门教授来金陵大学担任职务，其中大多数为农林专家，这为金陵大学农林科的发展提供了重要的师资保障。从《1925 年农林科简章》教职员一览表中，可以看到农林科师资之优良。当时农林科的西籍教员有芮思娄（科长）、卜凯（John Lossing Buck，农业经济及农场管理系主任）、史德蔚（A. N. Steward，植物系主任）、祁家治（G. E. Rictchey，农艺系主任）、易立克（J. T. Illick，生物系主任）、郭仁风（John B. Griffing，棉作系主任，推行乡村教育）、唐美森（J. C. Thomson，化学系主任）、韩谷（Hencock，园艺学教授）、罗德美（Walter Lowdermilk，森林系研究部主任）、洛夫（H. H. Love，农艺系交换教授）、龚士（Ernest V. Jones，化学系教授）等，他们都是在各自研究领域颇有名气的专家。当时的中籍教员有王绥（农艺系助教）、任承统（森林系研究部助教）、朱毓新（蚕桑系助理）、李继桐（森林系教授）、李德毅（森林系研究部助教）、沈学礼（森林系研究部助教）、邵德馨（农场主任）、周明懿（农业推广员兼棉作系助教）、周惕（农林新报文牍）、林刚（森林系助教）、俞大绂（植物病理系助教）、徐澄（农业经济及农场管理代理主任）、郝钦铭（农艺系助教）、孙枋（乡村师范科主任）、孙文郁（农业经济及农场管理系助教）、章之汶（农业专修科主任）、章元玮（农业专修科教员）、乔启明（农业经济及农场管理系助教）、焦启源（植物系助教）、顾鋆（蚕桑系主任）等。这些中籍教师大部分毕业于金陵大学农林科，后来大都成长为金陵大学农学院各科系的当家人，这也是金陵大学农科学术传承的体现。

鉴于金陵大学农林科优良的办学成绩，1921年，金陵大学农林科在北洋政府教育部立案，1925年北洋政府教育部又正式认可立案。

金陵大学农林科之所以办学成绩斐然，获得政府认可，除了经费充裕、人才汇集，更重要的是实行特有的农业教育体制，即教学、研究、推广"三一制"教学体制。后来担任金陵大学农学院院长的章之汶回忆说："教学、研究、推广三一体制之树立，实为母校农学院能有卓越成就之最重要原因……盖高等农业教育，必须加强研究工作，则教学始可日新月异，推广始有实际材料。"[①]

农林科创办之始，即重视研究工作，一年经费中用于研究工作的约占一半，所有专任教授均参与研究工作，高年级学生也以研究工作为其设计实习及编著论文之资料，这样教授可以达到教学相长的目的，学生也可习得专门研究之技术。农林科研究工作约分为下列三种：

（1）调查研究。例如，农业经济、农业生产及森林果树类方面之调查研究工作，目的在于了解现实，加以改进。

（2）采集研究。例如，昆虫与植物标本之采集，目的在于确定农林生物之分布与品种之鉴定。

（3）试验研究。例如，作物品种之改进，目的在于应用育种方面，产生质量兼优的品种。

推广为农林科主要事业之一，创办之初亦着重于此，教员率领学生田间实习，协助农民从事树艺，此乃推广活动之滥觞。但教员受教职所限，不能常到乡间，故特设农业推广员。农业推广员之责任不仅在于传

---

① 章之汶. 金陵大学农学院之成就 [C]// 李扬汉. 章之汶先生纪念文集. 南京：南京农业大学出版社, 1998: 42.

达专家研究结果于农民，还在于采风访俗，慰劳问苦，抉择农村及农业上之问题，备专家研究之参考、教学之资料。推广的方法分为演讲、开展览会、实地试验及短期教育四种。

农学院成立时本科设有 8 系 2 部，即农艺学系、森林学系、蚕桑学系、农业经济学系、园艺学系、乡村教育系、植物学系、动物学系、农业图书研究部、农业推广部，但动物学系在行政上属于理学院。这些科系在很长时期内稳定发展，形成农学院本科教育的主干。此外，1918 年成立蚕桑速成科，1921 年为蚕业特科，1924 年停办；1922 年成立农业特科，1923 年成立乡村师范科，1924 年农业特科改为农业专修科，1927 年乡村师范科与农业专修科合并为农村服务专修科，后仍称农业专修科。①

金陵大学是中国最早开设四年制农业本科的大学，其毕业生支撑了中国农科教学科研的半壁江山，是中国农林教育的金字招牌。

六、商科

商科在金陵大学开设时间很短，从 1921 年开设到 1923 年结束，犹如昙花一现。其设立的背景与 20 世纪 20 年代中国重视实用教育的思想有很大的关联，也与金陵大学校友会的推动有关。早在 1919 年，金陵大学校友已有发展商科的计划。"校友会发起为大学募捐的运动，180 名校友共认捐了 30 000 元，将来将达到 50 000 元，在三年内将支付用来建造校友会大楼，此楼并将用于商科教学。"② 计划中校友会大楼一楼用于校友交际，其他楼层用于商科教室。另外，金陵大学商科的创办与美国波士顿大学宁友社的倡议也有关系。波士顿大学的商科很有名，在波士顿大学宁友社成员的帮助下，金陵大学决定与波士顿大学开展国际化联合办学，合作开设一个商科。

1921 年 9 月商业专科开办，课程包括两年程度相当于中学三、四年

---

① 张宪文. 金陵大学史 [M]. 南京：南京大学出版社，2002: 306.

② SIE C H. University notes[J]. The University of Nanking magazine, 1919, 10(4)15–19.

级的中等商业科和两年程度相当于大学预科的高等商业科。并打算将来逐次扩充，再增设大学本科三个学年的商科，因上海比南京有更多机会进行商业实践，或许金陵大学以后会在上海与他校合办商科大学。但是，金陵大学目前"希望先致力于中等商科和高等商科的发展，以获得经验和指导，再考虑大学商科的发展"①。中等商业科和高等商业科可以各自独立进行，无须课程衔接。

中等商业科以造就普通商店之人才为宗旨，只有修毕金陵大学认可的中学一、二年级课程，又有充分英文预备者才能报考，毕业发给中等商业科毕业证书，可以继续进入金陵大学大学预科或高等商业科继续学习。中等商业科课程也是分两学年。第一学年课程有簿记学、商业算数、商用英文、打字、市政学、国文、英文、伦理、速记。第二学年有簿记学、商业法律、商业地理、速记、打字、国文、经济学、理化博物等科目。

高等商业科以培植实际之商业人才为宗旨，使学生出校后即能投身商界担负职任，并使本科能与商业界发生密切关系，正如法律学校或医药学校与其本职业发生密切关系一样。此科并非研究高深学术之专门学院，故入学资格与中等学校及大学预科相同。毕业学生给予高等商业科毕业证书。第一学年课程为会计学、经济学、英文、数学、伦理。第二学年课程有会计学、商用国文、商业史、贩卖学、英国实业发达史、美国经济史、外国贸易等科目。②

20世纪20年代金陵大学开办商科的动机除了重视实用教育，帮助想进入商界的年轻人获得此方面的训练，另一个重要的动机在包文对托事部作的报告里有所体现："可以给他们带来基督的理想和行为标准，指导他们对社会做出更大贡献……基督的原则适用于所有商业交易，如果我们能帮助中国商人培养诚信、公平的道德理想和行为，我们将对国家

---

① Report of the President and the Treasurer for the Year 1920–1921, UBCHEA College Files, RG 11, Box 195, Folder 3370.

② 金陵大学 . 金陵大学商业专科章程 [M]. 南京：金陵大学 , 1921: 6.

做出重大的贡献。"[①] 包文这段关于商科的报告一方面说明了金陵大学作为教会大学出于宗教目的办学的宗旨，另一方面也是一种应对创办人的策略。教会大学课程侧重于人文和基础学科，差会一般不赞同发展职业教育，如金陵大学最具特色的农科一开始也遭遇了被砍掉的危险。[②] "在大部分传教士看来，职业教育是世俗的，对基督教在中国发展并不会有什么用处，教会学校用差会的钱来培养工程师、农业家、律师等等是毫无理由的。"[③] 深知差会办学意愿的包文为了说服托事部同意金陵大学发展商科，也只能对办学宗旨做出符合创办人意愿的表述，这样才能获得后续的经费支持。

1922 年 6 月 17 日，金陵大学校友会大楼奠基仪式举行。前汇文书院院长福开森来校出席仪式并讲话。他盛赞校友们爱护母校的心意，并鼓励大家继续关心母校发展。[④] 但校友会大楼的资金筹备并不顺利，原来校友们认捐的数额由于种种原因没能兑现，导致大楼迟迟未能动工，校长包文在给托事部的报告中称"到底何时大楼能够建立看来是个问题"[⑤]。

商科仅仅存在了两年就结束了，仅培养了一届学生。1923 年高等商业科毕业了 13 名学生，中等商业科毕业了 11 名学生。[⑥] 其中原因除了上述创办人的意见，最主要的因素还是学科发展不符合当地实际。这一时

[①]　Report of the President and the Treasurer for the Year 1920–1921, UBCHEA College Files, RG 11, Box 195, Folder 3370.

[②]　此事是指 1916 年金陵大学托事部提议专办文科，取消农林科，时金陵大学校董张伯苓其弟张彭春出席会议，反对此议，说中国以农立国，农林科最为中国需要，不仅应继续开办，还要设法扩充之。南京大学高教研究所校史编写组 . 金陵大学史料集 [M]. 南京：南京大学出版社，1989：19.

[③]　卢茨 . 中国教会大学史：1850—1950[M]. 曾钜生，译 . 杭州：浙江教育出版社，1987：166.

[④]　Report of the President and the Treasurer for the Year 1921–1922, UBCHEA College Files, RG 11, Box 195, Folder 3370.

[⑤]　Report of the President and the Treasurer for the Year 1922–1923, UBCHEA College Files, RG 11, Box 195, Folder 3371.

[⑥]　Report of the President and the Treasurer for the Year 1923–1924, UBCHEA College Files, RG 11, Box 195, Folder 3371.

期，国内多所教会大学发展了商学院，如沪江大学城中区的商学院成为最受欢迎的院系，之江大学和岭南大学也成立了商学院，这三所拥有商学院的教会大学地处东南沿海，经济本就发达，上海更是经济中心。相比较之下，地处南京的金陵大学发展商科则没有这样的地理优势。校友会当初也明了这一层原因，曾想在中、高等商科发展的基础上，在上海与他校合办商科大学，却不想没等发展起来就夭折了。

从金陵大学早期科系演变和发展中可以看到，科系的开设是因时而设、因需而设，废除亦因不合时宜，金陵大学在摸索中前行。金陵大学早期所设六科中，最终留存下来的是文理科和农林科，1930 年发展为文学院、理学院和农学院，确立了三院鼎立的格局。

第二节　立案后金陵大学的学术转向

1919 年，五四运动爆发，揭开了中国新民主主义革命的序幕，中国进入了爱国主义运动高潮迭起的时代。而基督教大学作为借助不平等条约的特权在中国出现的异质文化，首当其冲成为被攻击的对象，金陵大学当然也不能幸免。1922 年春爆发的非基督教运动以及由此引发的 1924 年的收回教育权运动，再到 1925 年五卅运动，斗争的对象越来越集中于基督教，这也迫使基督教大学在大发展之后进入改革时期。

1928 年 9 月，南京国民政府批准金陵大学立案后，金陵大学的宗教教育受到很大的限制，宗教课程由必修改为选修，从着重向学生灌输神学的教义，转向从较广阔的层面研究基督教，侧重于教育性及学术性的研究，以实现宗教课程学习从"以宣教为中心"到"以教育为中心"的转变。与此同时，金陵大学办学也更加中国化、学术化、世俗化。立案后金陵大学的学术转向主要有两个特点：一是大力发展应用学科，二是国学研究和教育加强。

一、大力发展应用学科

南京国民政府将高等教育视为国家建构的重要部分，加强了对大学院系设置和课程体系的管控，使高等教育服务国家建设需要，具体表现在以下两个方面。第一，规范、限定各大学的院系和课程设置，将其纳入国家教育体制的规范框架。南京国民政府颁布了一系列法令规程，规范大学院系的设置和管理。1929 年，南京国民政府教育部颁布《大学组织法》，规定大学分文、理、法、教育、农、工、商、医各学院，具备三学院以上者，方得称为大学，并对于各学院下设学系有着明确的要求。第二，扩充各校应用学科的规模，将大学建设与社会经济发展、国防建设紧密结合。1929 年 4 月公布的《中华民国教育宗旨及其实施方针》第四项明确规定：大学教育必须注重实用科学，充实科学内容，养成专门知识技能。这些都体现出南京国民政府对于发展实用科学的重视。1932 年，南京国民政府教育部长朱家骅在《九个月来教育部整理全国教育之说明》中将"文法科教育之畸形发展"视为今日大学教育之憾事，提出要"使现有文、法诸科教育不事扩张，而于现有农、工、医诸实科与理科则力求充实"。

课程是大学人才培养的核心。课程的设置、组织和教学的实施对于人才培养具有很强的规范性和导向性。大学课程的设置不仅是基于学术规训的需要，还深受外部环境尤其是政治环境的影响。如何对大学教育进行规范、施加影响，在大学的知识生产与传播中体现国家意志是政府对于大学人才培养的主要考量。这既反映了知识和学术的发展，又体现了国家和政治的需求。

立案后的金陵大学更加注重服务国家和社会的现实需要。1933 年 11 月，陈裕光在董事会的报告中便说："近年来本校颇竭力所能及，注意国内职业上及实际上之需要。"①1935 年编订的《金陵大学概况》历数了近

---

① 《金陵大学第 14 次校董会记录》(1933 年 11 月 24 日)，中国第二历史档案馆藏私立金陵大学档案，全宗号 649，案卷号 223。

三年来学校与政府、社会机关的合作："自奠都以后，南京为全国之重心，本校教育事业因各方之需求与督促，日行发展。以近三年而论，本校受政府及社会机关之委托，举办各种调查研究及实验工作者不下数十种之多。例如文学院方面，受南京市政府之委托，举办制呢机工之人才培训，教育部之指令，加开边疆课程，与中央农业试验所及各县政府之合作，举行社会调查及县政调查。理学院方面，遵照部令两度举行暑期理科讨论会，受江苏建设厅之委托，举行全省土壤肥料化验调查，并摄制及演放科学电影，以应各教育厅局及中等学校宣传科学教育之用。农学院方面，叠受中央及国府水灾救济会之托，办理全国水灾调查，及淞沪战区调查；受四省农民银行之托，举行农业经济调查；受全国经济委员会及上海银行之托，办理棉业合作训练班，及延请合作专家培植合作人才等等。"[①]

金陵大学农学院历史悠久，办学成绩突出，声誉卓著，在教会大学乃至全国大学中都可谓独树一帜。农学院实行将教学、研究和推广三者相结合的"三一制"，农业教学、研究和推广均依托于本土的农业试验。提高农民生活水平、改良农业科技、改进乡村社会一直是金陵大学农学院所致力的目标。农学院一贯非常重视实践推广和应用，这与南京国民政府的教育方针正相吻合。自创办以来，农学院就与各级政府机关和中国农村社会有着广泛密切的合作。金陵大学在农业研究、教育和推广上有着突出成绩，抗日战争前，金陵大学农学院和国内各级政府和社会机关的合作多达 20 余家，如与中央农业推广委员会合办乌江推广实验区，与鄂豫皖赣四省农民银行合作举办农场及四省农村经济调查；受国民政府救济水灾委员会委托进行江淮流域之水灾调查，受淞沪战区善后筹备委员会委托进行的兵灾调查，在当时都有着广泛影响。

工程教育与国家建设关系密切，为国民政府所重视。金陵大学未曾设置工学院，文、理两学院均属基础学科。但从 20 世纪 30 年代起，金陵大学理学院越来越强调将学科发展与国家社会的需求相结合，其工科

---

① 金陵大学.金陵大学概况 [M].南京：金陵大学，1935：14.

色彩日趋浓厚。早在 1921 年，金陵大学便成立了工业化学科（后改为化学工程系），有着鲜明的应用性，直接服务于化学工业和培植化学技术人才的需要。"本校为培植专门化学人才及灌输化学工业之基本知识，以便开发我国富源起见，特设工业化学科。盖化学为大多数工业制造所必须，化学技师尤为现在各地所需要之人才。本校有鉴于此，特设此科，以资造就。"①

为推动应用学科的发展，金陵大学理学院"鉴于目前电机事业之重要，为培植专门电机人才，及灌输电机工程之基本知识，以适应社会之需要起见，特设立电机科"②，聘请杨简初负责筹办并于 1931 年成立了电机科，就是后来的电机工程科。电机工程科与当时南京国民政府开展建设的急切需要相适应，创设之后发展非常迅速，与多家机构合作，为它们提供设计和工程服务，该科学生每年暑期派赴相关单位实习。

金陵大学对于应用学科的发展抱支持态度。1934 年 11 月，理学院在递交校董会的报告中称："应用科学类专业，在 1931 年的报告已强调，已经尝试设立一个学系（电机工程科），并且成效令人满意。今年电机工程系的首批毕业生已经为金陵大学留下一个不同凡响的记录。我们比之前更确信，纯科学和应用科学结合的专业，对本院的研究工作来说不仅更经济和必要，而且对国家需要来说也更实际。"③ 金陵大学重视发展应用学科既是对国家政策和社会需求的回应，又为学校在 20 世纪 30 年代初的经济困局中争取到了更多办学资源。南京国民政府教育部施行对于私立学校的补助计划，金陵大学是受益大学之一。工业化学和电机工程因与国家建设关系密切，成为金陵大学向政府申请补助的重要理由。

鉴于工业化学和电机工程两科的长足发展，教育部允其发展为系。1936 年 5 月，金陵大学向教育部报告称："工业化学及电机工程两科，已办理有年。该两科在行政组织系统之地位上，与系完全相同。就现有之

---

① 金陵大学 . 金陵大学文理科概况 [M]. 南京：金陵大学 , 1930: 69-79.

② 理学院消息之电机科学生人数增加 [N]. 金陵大学校刊 , 1932-04-01(1).

③ Report of the College of Science , November 23, 1934, UBCHEA College Files, RG 11, Box 193, Folder 3354.

师资设备，与学生人数而论，亦与其他学系无异。其初未用学系名称者，殆欲于应用科学与自然科学之间，有所区别。查科之名称，原与钧部所颁大学组织法不合"，因此金陵大学决定自 1936 年起，"将工业化学与电机工程两科，更名为系。"[①]1936 年 6 月，教育部鉴于金陵大学工业化学和电机工程两科设备及师资均有补充，准予两科改系。同时训令该两系"嗣后对于高深实验设备，仍应陆续扩充，并须与物理化学两系，谋密切之合作"[②]。

20 世纪 30 年代，民族危机加剧，边疆问题日趋凸显，边疆建设和开发成为国民政府迫切的战略需求。金陵大学文学院素抱研究本国实际问题之志愿，1934 年，文学院院长刘国钧有感于边疆问题的严重性，拟在金陵大学开设边疆史地讲座以推动边强研究的发展，委托徐益棠拟出详细的讲座计划，讲座的设立得到了南京国民政府教育部的补助。在政府资助下，金陵大学的边疆研究得以逐步开展。

抗战前，在徐益棠的主持下，金陵大学陆续开设的关于边疆的课程有中国边疆问题研究、中国边疆问题研讨课、中国西南边疆等。金陵大学开设边疆研究课程后，学生对于边疆问题的兴趣与日俱增。边疆问题班同学发起组织边疆问题学会，聘请刘国钧、徐益棠、马文焕等教授为顾问，拟对边疆问题做系统研究。边疆问题学会还请校外专家来校讲学，1935 年 2 月，瑞典探险家、边疆问题研究专家斯文·赫定（Sven Hedin）来校演讲四十年来新疆探险经过，会场座无虚席。[③]金陵大学利用南京国民政府教育部的补助进行了一系列实地调查、民物标本采集、相关图书资料购置等。这些人员积累和资料积累为金陵大学此后边疆研究的深入开展奠定了良好基础。

随着 20 世纪 30 年代民族危机的加剧，大学人才培养如何服务民族

---

① 《金陵大学复教育部稿》(1936 年 5 月 7 日)，中国第二历史档案馆藏私立金陵大学档案，全宗号 649，案卷号 4。

② 《教育部训令（廿五年发高私壹 7 第 8626 号）》(1936 年 6 月 18 日)，中国第二历史档案馆藏私立金陵大学档案，全宗号 649、案卷号 4。

③ 斯文赫定博士上周莅校 [N]. 金陵大学校刊，1935-02-25(1).

救亡便提上了议事日程。1935 年华北事变后，国家更是岌岌可危，大学教育也随之调整课程设置，以服务于国家需要。1936 年 4 月 28 日，南京国民政府教育部颁发了《专科以上学校特种教育纲要的训令》，要求各校增加与抗战相关的特种教学与研究课目。1936 年 6 月 6 日，金陵大学校务会议对于特种教育实施计划关于教学和研究方面，决议如下：第一，增置之特种教学科目及研究科目，依本校师资设备暂定为下列数项：边疆问题、外交问题、县政研究、食粮研究、农村组织、国防化学、细菌学及防毒之研究；现有课程之如何整理及特种教学之增置，计交三院院务会议详细规定之。① 关于实施特殊教学与研究，金陵大学教育委员会决定以特定课程代替每星期的演讲。其中文学院拟开课程有国防经济、民族英雄传略；理学院拟开课程有无线电和国防化学；农学院拟开课程有战时粮食管理、非常时期农业生产知识和非常时期乡村教育问题。

二、国学研究和教育加强

20 世纪 20 年代后，中国知识界、教育界对外来宗教的批判日甚一日，非基督教运动、收回教育权运动愈演愈烈，教会大学受到越来越大的压力，常有人指责教会教育通过削弱中国历史文化的学习，使学生忘其祖国。1926 年，杨程在《基督教教育之将来》中指出，教会学校要鼓励学生爱国，并提出要注重国学："教会学校虽然款自外来，也多系外人办理，但其受教育的学生，总是中国的青年；所以应当注重国学。注重国学，原非排斥西学之说法；不过主张国学比较西学特别注重一些而已。要注重国学，必从注重国文始；因为国文是研究国学的工具……我觉得今后高级中学的课程，除英文特科外，最好均以华文教授为妥；大学也宜采用中英参半的教授法，而不宜纯用英语也。"②

在社会压力和有识之士推动下，许多教会大学加快推进国学教育，

---

① 《校务会议常务委员会记录》(1936 年 6 月 6 日)，中国第二历史档案馆藏私立金陵大学档案，全宗号 649，案卷号 223。

② 杨程．基督教教育之将来 [M]// 李楚材．帝国主义侵华教育史资料：教会教育．北京：教育科学出版社，1987: 477–478.

金陵大学便是其中之一。前文提到的金陵大学国文系主任程湘帆于1924年向理事会财政委员会提出扩建国文系的建议正是在此背景下进行的。其实金陵大学与其他教会大学相比素来比较重视国学教育，这与历任校长的治校理念有关。金陵大学前身汇文书院创始人、后任校董的福开森对中国传统文化极为推崇，1929年在金陵大学发表演讲时赞叹中国文化"自秦统一文字，数千年来，文化事业，代有进步，就研究书画之书籍一端而言，合英美德法所有者，已不及中国一国之多，其他更无待论，中国古籍内容，甚注重道德"；他还对中国学生重英文轻中文的做法提出批评，"昔日学生英文程度皆佳，有能任意用英文作文谈话者，然若令其改用中文，则转病不能，是失其为中华民国之国民而不自觉其耻孰甚……诸君诚有幸福者，则当努力求学，为国家社会谋福利，中国非欲多添徒穿西服之青年也"。^①福开森对轻视国学的学生的批评不可谓不重，这对金陵大学的学生重视本国文化有很强的引导作用。更难能可贵的是福开森还将自己在中国40多年，耗费巨资收藏的约千余件古物捐赠给了金陵大学，作为教学与科研之用，这批文物对开展考古学的研究提供了良好的条件。

　　校长包文更是支持国文系的建设，针对外界盛传金陵大学以英语著称，包文闻之慨然道："金陵之所造就者专门人才也，英语不过其工具耳。"^②为让外界知道金陵大学非仅偏重英文，包文筹设国文系，继又成立国文专修科，增加国文必修课，广购国学典籍，其他教会学校注重国文"皆步趋先生之所为"^③。金陵大学华人校长陈裕光也强调，西方近代科学比我国发达是事实，但中国大学生要吸收西方的科学文化，必须以中国文化为主体；中国的历史和文化是中国一切精神、物质文明的总积累，要看重祖国固有文化，尊重祖国固有的立国精神，不能随意便抛弃而毫无顾惜，外来文化不能不加以选择而随便模仿，甚至全部西化；作为一

①　福开森向学生作讲演 [M]// 南京大学高教研究所校史编写组 . 金陵大学史料集 . 南京：南京大学出版社，1989：45.

②　包文先生传 [M]// 金陵大学 . 金陵大学六十周年纪念册 . 南京：金陵大学，1948：14.

③　包文先生传 [M]// 金陵大学 . 金陵大学六十周年纪念册 . 南京：金陵大学，1948：14.

个中国人，不能只是名、目、肤色是中国人，而思想、精神、情感、品德不是中国人的。①

金陵大学立案后在国学教育和研究方面最大的发展在于 1930 年设立了中国文化研究所。金陵大学加快发展中国文化的原因一方面在于认识上的突破，另一方面在于美国霍尔基金会提供的巨额资金。

霍尔基金主要由哈佛燕京学社进行管理分配，其中部分基金使用的宗旨是资助中国教会大学研究中国文化。中国的教会大学有六家获此资助，为燕京大学、岭南大学、金陵大学、华西协合大学、齐鲁大学、福建协和大学。金陵大学获得 60 万基金，其中 30 万元被指定用于研究中国文化。1930 年，金陵大学中国文化研究所正式成立，以金陵大学校友、教育家、历史学家徐养秋为主任委员，李小缘襄助办理，后李小缘任所长。

中国文化研究所是金陵大学最早建立的一个科学研究机构，实行科研与教学并重的方针，要求研究人员既致力学术研究、著书立说，又兼授本校文学院的课程，担负起培养人才的职责。因此，该所的研究员只有专任和兼任之分，没有不搞教学的所谓专职研究人员，而且专任与兼任是按照研究时间多少来划分的。研究时间超过讲课时间约两倍以上者为专任研究员；反之，则为兼任研究员。此外，中国文化研究所内还有特约研究员和助理研究员：从校外聘请的来中国文化研究所作研究的学者为特约研究员；协助研究员作研究的为助理研究员。

中国文化研究所的研究员各自都有所承担的研究题目，制订于 1933 年与 1938 年的课题研究计划及承担者如表 2-1 所示。

---

① 沙兰芳．陈裕光校长 [M]// 金陵大学南京校友会．金陵大学建校一百周年纪念册．南京：南京大学出版社，1988：142.

表2-1　1933年与1938年课题研究计划及承担者一览

研究种类	研究课题名称	承担者	职务
史学类	商周文化	商承祚	专任研究员
	周季迄秦代文化	陈登原	专任研究员
	中国一统政治之形成	贝德士	兼任研究员
	两汉文化	徐养秋	该所委员会主任
	本国史学家之史学方法		
	中国外来民族之文化	徐益棠	专任研究员
	西南民族史		
	本国历史地理		
	宋辽金交涉史	吴白匋	兼任研究员
	蒙古史研究	刘继宣	兼任研究员
	本国史学参考书目	李小缘	专任研究员
	本国史研究	陈恭禄	不详
考古学类	甲骨文字及金文研究	商承祚	略
	中国考古学史	徐益棠	略
	商辞	商承祚、徐养秋	略
	考古学名词辞典（青铜部分）	李小缘、徐益棠	略
哲学类	六朝思想史	刘国钧	兼任研究员
	颜习斋哲学思想	陈登原	略
东方学类	欧美学者研究中国学术概观	贝德士	略
	日本学者研究中国学术概观	王古鲁	专任研究员
	日本史学家关于中国史学之研究		
目录学类	六朝著述目录	刘国钧	略
	欧美东方学杂志论文索引	李小缘	专任研究员
	丛书子目索引		
	四川书目		
	书画书目提要	叶季英	绘画助理员
	本所藏书目录	于登	助理员
	碑目便检	黄玉瑜	助理员

续　表

研究种类	研究课题名称	承担者	职务
国画研究	画微	吕凤子	专任研究员
	新安画派	汪孔祁	兼任研究员

资料来源：①金陵大学秘书处．私立金陵大学一览[M]．南京：金陵大学，1933：42-44．

②徐雁平，何庆先．金陵大学中国文化研究所考述[M]//《杰出人物与中国思想史》编写组．思想家：杰出人物与中国思想史．南京江苏教育出版社，2000：421-422．

中国文化研究所也出版刊物。1931年5月《金陵学报》创刊，这是金陵大学发表研究学术著作的定期刊物，偏重中国文化研究，编辑、校对和发行等都由中国文化研究所主持，李小缘负责编辑。此外，中国文化研究所还出版丛刊，如陈登原的《天一阁藏书考》、商承祚的《福氏所藏甲骨文考释》、蔡祯的《词源疏证》、黄云眉的《邵二云先生年谱》和《古今伪书考补证》等。

除创设中国文化研究所外，金陵大学文学院于1934年开始招收国学研究生。鉴于社会上建设中国本位文化的声浪高涨澎湃，华东基督教会希望金陵大学能致力中国文史方面高级人才的培养，文学院毕业同学亦有数十人联名请求该院设立国学研究所，以获深造机会，文学院决定增开高等国学课程，招收国内各大学文史哲学系毕业生及国文专修科毕业生而有两年以上教学经验者；修业期限定为两年；研究方向为中国文学、文字学、史学、哲学四大类；研究方法除每周上课外，注重自力研习，学生各认专题，导师予以指导。①指导导师有胡小石、黄侃、刘国钧、胡翔冬、吴梅等。该研究班共举办两期，毕业生共30人。1935年，文学院根据南京国民政府教育部颁布的《大学研究院暂行组织规程》，在国学研究班的基础上，筹备成立文科研究所史学部和中国文学部。1936年，南京国民政府教育部核准成立文科研究所史学部，文科研究所所长由院

---

① 文学院中国文学系将增开高等国学课程，招收国内各大学文史哲学系毕业生[N]．金陵大学校刊，1934-06-04(1)。

长刘国钧兼任，史学部主任为李小缘，后因抗日战争爆发，到 1940 年才招收研究生。

总体来看，金陵大学是最早被国民政府授权招收研究生的大学之一，金陵大学国学研究虽起步较晚，但发展较快。金陵大学国学研究经费充裕，科研环境稳定、优越，特别是主持者李小缘，是唯一从建所到结束经历全过程的研究员，当时人都说，要办好一个文科研究所，确实需要一位像李小缘那样"一个懂得目录学、版本学、中国文史底子又好，谙熟国际情况通外文的认真负责的人"①。通过一些学者的努力，金陵大学国学教育在学界占有一席之地，金陵大学的国学教育也转向了课程体系的核心。

第三节　以"抗战建国"为宗旨

抗日战争爆发后，基督教大学和全国社会各界一样，立即行动起来，为抗日战争服务，各校迅速调整了教学计划和教学内容，以适应战时需要。福建协和大学在战争爆发后第一学年的年度报告中称："本校教育政策，向以研究高等学术，培植专门人才为目的。抗战以来，为适应需要，实施战时教育，增设有关抗战建国科目，尤以注重提高民族意识，养成爱国观念。一方面，本着政府维持高等教育之方针，从事于日常工作，一方面负起时代之使命，充实各院系教学与研究内容，提高教育效率，训练人才参加战抗工作及为将来战后建国之用。"这段话很好地反映了所有基督教大学在战时条件下调整其教学活动的基本宗旨。

抗战期间，基督教大学根据战时需要和国民政府教育部对课程的规定，进行学科调整，加强应用学科的教育。抗战爆发后，关于战时各级教育如何实施，国民党政府规定："对现行学制，大体应仍维现状，惟遇

---

① 李永泰.李小缘所长 [M]// 金陵大学南京校友会.金陵大学建校一百周年纪念册.南京：南京大学出版社，1988：158.

枸泥模袭他国制度，过于划一而不易施行者，应酌量变通，或与以弹性之规定，务使因事制宜，因材施教，而收得实际效果……对于大学各院科系，应从经济及需要之观点设法调整，使学校教学力求切实，不事铺张。"[①] 即在战时仍需维持"平时教育"的方针，同时在具体办学上要兼顾抗战的需要。抗战时期担任国民政府教育部部长的陈立夫在回忆录中就提道："我当时根据抗战与建国双管齐下的国策，认为建国需要之人才，教育不可中断。并且即在战时，亦需要各种专技人才的供应，有赖学校的训练……为适应军事需要，应加特殊训练以备随时征召。"[②]

　　中国大学服务战争的方式并非直接派学生参战，而是一方面发扬大学科研与教学的力量，解决一些服务战争的紧迫问题或发展后方经济等；另一方面则是培育更多的学生，以为赢得战争后的国家建设储备人才。这既是国民政府出于通过"抗战"以达"建国"的通盘考虑，又与中国实际大学生比例低、人才奇缺有密切关系。而在竺可桢看来，这也是第一次世界大战欧美惨痛经验带来的提示。第一次世界大战时，竺可桢正在哈佛求学，他发现自美国参加欧战后，大学里的学生是一天少于一天，有一些年级，90％的毕业生都参加了海军陆战队，只留下了眼睛近视、牙齿不良或两足不能远行的学生在校园里，而他们中有约三成最终战死沙场。这并非哈佛一校，而是美国高校的普遍现象。而英、德等因参战更久，高等教育人才牺牲得更多。一战后，英美等国反思认为这是极端失策的行为，使得很多顶尖人才白白牺牲在了战场。因此，当第二次世界大战来临后，虽然战事更大，美国也执行了 21 岁以上青年男子抽签入伍的政策，但特别规定大学中学习化学、化工、土木、矿冶、机械和电机等的学生可以免除抽调。竺可桢认为，这对美国保留专门技术人才较为有利。而美国大学生在人口中的比例为 15％，而中国只有千分之一，因此大学不应派学生上战场以服务战争。[③]

---

① 国民党临时全国代表大会通过之战时各级教育实施方案纲要 [M]// 中国第二历史档案馆 . 中华民国史档案资料汇编 : 第 5 辑 : 第 2 编 : 教育 : 1，北京 : 档案出版社 , 1997: 14。

② 陈立夫 . 成败之鉴 : 陈立夫回忆录 [M]. 中国台北 : 台湾正中书局 , 1994: 242–243.

③ 竺可桢 . 大学生与抗战建国 [J]. 星期评论 , 1941(39): 3–4.

虽然抗战急迫，但建国的责任更大。1939年6月国民政府教育部发布了《实施战时教程》的训令，规定：

> 现值抗战进入重要阶段，运用高等教育设施以协助抗战军事，尤为重要。本部为积极推进各校院实施战时教程增加抗战实效计，对于各校院战时科目之增设，曾交付战时教育问题研究会详加研究，经决议全国公私立专科以上学校，应依其科目性质，酌量增设下列科目：一、文科：民族文学，抗战史料；二、法商科：日本问题，战时经济，战时法令；三、教育科：战时教育问题，军事心理学；四、理科：国防化学，国防地理；五、工科：军事工程，军事电讯，汽车修造；六、农科：战时粮食问题；七、医科：战时救护。各校院得斟酌其人才设备及社会需要，增加其他有关抗战建国之科目，如各校教员学生对于是项学术技能有特殊发明或研究，应由校呈报本部给予奖励或转有关机关采择试行。[1]

一、三院战时课程及学科建设

金陵大学根据国民政府教育部《实施战时教程》训令，在文、理、农三院皆增设了战时课程。

文学院自1937年秋季起即行开设有关抗战建国之学程，1937—1939年各系开设战时课程列表如表2-2所示。

表2-2　金陵大学文学院1937—1939年抗战建国课程

系　别	学程内容及学分			
	1937年秋学期	1938年春学期	1938年秋学期	1939年春学期
国文	公文程式 1学分	公文程式 1学分	民族文艺史 2学分	民族文艺史 2学分

---

[1]　教育部订定之专科以上学校实施战时教程[M]//中国第二历史档案馆.中华民国史档案资料汇编：第5辑：第2编：教育：1[M].北京：档案出版社，1997: 704-705.

续 表

系 别	学程内容及学分			
	1937 年秋学期	1938 年春学期	1938 年秋学期	1939 年春学期
经济	交通经济 3 学分	所得税会计 3 学分	战后经济问题 3 学分	中国经济地理 3 学分
	战时财政 3 学分	战时经济 3 学分		
史学	日本史 3 学分	西南边疆 3 学分	边疆问题概论 3 学分	西南边疆 3 学分
	边疆问题概论 3 学分		边疆史地专题研 究 3 学分	
社会	人口问题 3 学分			中国民族通论 3 学分
哲学	战争哲学 1 学分			

资料来源:《文学院院长室函(1939 年 7 月 12 日)》,中国第二历史档案馆藏私立金陵大学档案,全宗号 649,案卷号 464。

理学院各学系实施战时教程情况如表 2-3 所示。

表2-3 金陵大学理学院战时教程情况

系 别	教程内容	附 注
化学及工业化学系	1. 本国工业资源;2. 营养化学;3. 专题研究	注意四川工业资源;注意士兵食粮问题;注意药品之制造
物理学系	1. 无线电学程;2. 专题讨论	注意电码学习;注意航空力学
电机工程学系	1. 电焊;2. 收音机件之修造	各种焊接技能
生物学系	1. 公共卫生;2. 专题讨论	鼠患之防除方法

资料来源:《理学院院长室函(1939 年 10 月 26 日)》,中国第二历史档案馆藏私立金陵大学档案,全宗号 649,案卷号 464。

农学院向来重视推广服务，关于战时教程的实施报告非常具体，详细地列举了各种增加农作物产量和改进农作物品质的工作，涉及的农作物有小麦、水稻、棉花、大豆、高粱、玉蜀黍等，努力增加粮食生产以适应战时需要。为增加农产品出口、换取外汇，农学院研究改良桐油品质、增加茶叶生产量、柑橘贮藏和运销方法、药用植物栽培等。农学院在四川温江、仁寿、新都建立了农业推广实验区，不仅从事改良作物种子及耕作方法之推广，还从事组织农民与训练农民各种活动。

农学院也增开了几门战时学程，如高级作物学、国际贸易学、运销合作学等，同时在农业经济系增加农业仓库制度研究，此与战时粮食问题有关。关于农学院报告过于"详细"，金陵大学秘书处解释称："农学院情形稍有不同，因该院各项研究工作，概经试验有年，略具成绩，一经推广，即可收实际增加生产效率。"[①]也就是说金陵大学农学院在国内早享盛誉，其农业研究与推广早在战前已颇有成绩，继续以往工作就有利于抗战，但农学院也根据抗战实际需要，增设了相关的科目。

除了增设战时学程，金陵大学根据国民政府教育部规定和自身发展需要，也增设了很多新的科系。战争期间发展较大的就是农学院，在成都时新增设的单位有农艺学部、园艺学部、植物病理学部、农业教育系、农业职业师资科和农业专修科。[②]金陵大学农学院学生数1937—1938学年为123名，以后逐年增加，到战争结束前的1944年，学生人数达到354名，位居三院学生人数之首。[③]1939年秋，金陵大学农学院园艺系增设园艺职业师资科，"每级名额暂定三十名，招收同性质之高级职业学校毕业生，四年卒业，除教师一切及设备由本校供给外，并由教部拨常年经费一万五千元"[④]。为了满足战时对于实用人才的需求，金陵大学农

---

① 《金陵大学秘书处呈教育部为呈覆遵照实施战时教程情形由(1939年11月3日)》，中国第二历史档案馆藏私立金陵大学档案，全宗号649，案卷号464。

② 附表：在蓉时期金陵大学院、系、科、所(部)设置表[M]//南京大学高教研究所校史编写组.金陵大学史料集.南京：南京大学出版社，1989：66.

③ 刘家峰，刘天路.抗日战争时期的基督教大学[M].福州：福建教育出版社，2003：127.

④ 教部委托本校代办园艺职业师资科[N].金陵大学校刊，1939-10-10(3).

学院通过各种方式发展农业与农业教育：与中国工业合作协会合作，训练技术人员，推广工业合作社运动；受国民政府农产促进委员会委托，研究四川橘柑品种改良及贮藏方法；受四川省农业职业辅导委员会委托，担任新都、丹棱等县八个农业学校之辅导；在新都招收青年农民，分编制试办农业推广基础学校、初级农业推广学校、高级农业推广学校及农业推广学院。

抗战期间金陵大学的工科也发展较快。由于工科教育所需费用较多，很多教会大学都没有设置，金陵大学也没有工学院，但金陵大学理学院向来非常重视发展应用学科。先是有化学工程系，后又增设电机工程系，1939年起，改授此二学系的毕业生工学士学位。抗战期间，国民政府教育部要求包括教会大学在内的高等教育机构，培养工程方面人才，参与西部省份的现代化发展。1938年，金陵大学理学院与国民政府教育部合办了电化教育专修科；1939年，理学院在重庆创办汽车专修科；1940年，理学院奉国民政府教育部令增办电机工程班，同年又奉令办理一年期的电焊职业训练班。[①] 可见此时金陵大学理学院工科力量已经很强，故理学院院长魏学仁说"是以我理学院实为理工学院"[②] 绝非妄言。理学院还颇为重视建教合作，抗战期间，除独立设立变压器制造厂及化学实验工厂外，理学院与国民政府教育部合作配制无线电收音机，与国民政府交通部合办中央湿电池制造厂，"此种种工作，一方面使学生有较充分之实习机会，一方面又应抗建艰苦阶段之急切需要"[③]。

抗战时期，出于战时需要，国民政府非常重视实用学科，如工程、医疗、农业等，但文科不是没有发展，此时金陵大学文学院有关科系也根据战时需要，进行扩充。1940年，哲学心理系成立。因抗战期间，心智学科可以启发学生思想，对于国家民族，可培育正确之观念，所以文

① 本校奉部令办理电焊职业科训练班 [N]. 金陵大学校刊, 1940–10–10(1).

② 魏学仁. 理学院对国家的贡献 [M]// 台北金陵大学校友会. 金陵大学创校七十周年纪念特刊. 中国台北：台北金陵大学校友会, 1958: 8.

③ 魏学仁. 理学院对国家的贡献 [M]// 台北金陵大学校友会. 金陵大学创校七十周年纪念特刊. 中国台北：台北金陵大学校友会, 1958: 10.

学院将原有哲学、心理学、教育学等课程合并成立哲学心理学系，1940年秋开始招生，所开设课程为适应抗战建国需要，除必修课程外，特设有军事心理，及应用心理、战争哲学及人生通论等课程。1940年成立的还有图书馆学专修科，以培养图书馆学专门技术人才，学制为两年。

二、发展国学教育与研究，以立民族之自信

因国学研究涉及保存民族文化精粹，国民政府在战时教育方针中特意提到"对于吾国固有文化精粹所寄之文史哲艺，以科学方法加以整理发扬，以立民族之自信"[①]，因此金陵大学的国学教育与研究在战时也得到了相当大的发展，以期发挥其对抗战建国的重要意义。

战前各教会大学特别是受哈佛燕京学社资助的教会大学，国学研究已有相当成绩，全面抗战爆发使各教会大学的国学教育受到了很大影响，但危机也孕育了机遇，战时成都华西坝会集了五所基督教大学，而其中的金陵大学、华西协合大学、齐鲁大学和1942年迁到成都的燕京大学都是得到过哈佛燕京学社巨额资助进行国学研究的大学，五大学联合办学，资源得以共享，再加上流亡该地的很多著名国学教授，如顾颉刚、陈寅恪、钱穆、吴宓、吕叔湘等都受聘于各教会大学，名师荟萃，成都一时成为战时国学教育与研究的中心。

抗战时期成都五大学的国学研究除原有的历史学、考古学等领域继续进行外，民俗学、民族学和边疆学等学科利用靠近祖国边陲的优势发展较快。五大学在纸张很困难的条件下仍出版了一批很有学术价值的国学期刊，如金陵大学的《金陵学报》、齐鲁大学的《齐鲁学报》、华西协合大学的《华西大学中国文化研究所论丛》等，特别是1941年起出版的由华西协合大学中国文化研究所、齐鲁大学国学研究所和金陵大学中国文化研究所（后来加上燕京大学）联合编辑的《中国文化研究汇刊》，

---

① 国民党临时全国代表大会通过之战时各级教育实施方案纲要 [M]// 中国第二历史档案馆 . 中华民国史档案资料汇编：第 5 辑：第 2 编：教育：1，南京：江苏古籍出版社，1997：13.

学术水准相当高，被认为"和中央研究院历史语言所的刊物同样重要"①。

金陵大学的中国文化研究所入川以来进行研究的门类仍然是史学、考古学、目录学等，但因地处大西南，也开拓了新的研究范围。

考古学仍是金陵大学比较重视的领域，在成都时考古学的研究内容主要有商承祚和刘铭恕的"长沙古物研究"、史岩的"西蜀壁画研究"等。②战争期间，由于图书、文物的缺乏，金陵大学中国文化研究所不得不从书斋转向田野考古，从事古物的调查与考察，几年间考古成果丰硕，共获得金石、拓片等约 2 680 种，特别是商承祚两次赴长沙考察收获很大，据此整理研究，撰写了《长沙古物闻见记》一书，以及《长沙古器物图录》和《楚漆器集》等文，在考古界颇负盛名。

在此后几年中，商承祚与刘铭恕等人不辞辛劳，实地考察石刻、碑刻、崖墓、汉阙、汉砖花纹等，足迹遍布四川，所得拓片甚多，并发现有字而未经著录之崖墓数处。经数年考察，共得古物、金石、印窑、汉画等达 1 000 余件，商承祚将其整理成《四川新津等地汉崖墓砖墓考略》等文。与此同时，史岩进行壁画调查，也发表了《古画评三种考订》。1942 年商承祚离开金陵大学后，未及整理的考古资料由刘铭恕继续整理，写成《崖墓嵇古录》《本所所藏之西蜀壁画研究》等论文。

民族学是金陵大学国学研究的新重点。四川是多民族地区，有利于开展民族学研究。金陵大学中国文化研究所从事民族学研究的主要是边疆学讲座教授徐益棠，他主持所里的"本国民族史研究"和"本国历史地理研究"。他还与卫慧林一同主持金陵大学社会学系的边疆社会研究室，多次深入西部少数民族地区，调查研究边疆民族的语言、生活习俗等，撰写了《广西象平间瑶民之生死习俗》《广西象平间瑶民之宗教及其宗教的文献》《广西象平间瑶民之饮食》《广西象平间瑶民之占卜符咒与禁忌》等文章。

文法学也是金陵大学中国文化研究所新开设的领域，原因在于 1942

---

①　陶飞亚，吴梓明 . 基督教大学与国学研究 [M]. 福州：福建教育出版社，1998：274.

②　金陵大学 . 金陵大学中国文化研究所概况 [M]. 南京：金陵大学，1943：2.

年吕叔湘离开华西协合大学到金陵大学中国文化研究所工作，开创了语言学的新领域。吕叔湘主持的研究内容包括"现代国语之语法研究""中国语句组织研究""国语虚助词研究""文言虚助词研究"；著有《现代国语之语法研究》等文。

金陵大学在抗战时还设立了中日战事史料纂辑委员会，由国文系和历史系负责，"纂辑范围则自卢沟桥事变起，至战事结束止。举凡战事经过、外交始末、各地方抗敌始末、各地方战事前后情况、抗战人员之事迹、死难烈士之行状，及匹夫匹妇忠义壮行等等，均在纂辑表彰之列"①。金陵大学这项研究把当代历史作为研究对象，不失为创新之举。同时在国难之际，对使国人及时了解战事、宣传抗战英雄事迹、培植爱国主义精神有很大的现实意义。

从上面金陵大学的战时教育发展来看，尽管受到战争影响，但在战时条件下，学科建设也有了长足发展，金陵大学在成都期间新发展了 9 个科系②，几乎每年都有新的科系开设，学生入学数由 1938 年春季学期开始时的 310 人发展到 1945 年的 1 114 人，大大超过了战前在校学生总数。③在学科迅速发展的同时，金陵大学与最初教会大学学院式的重文理、轻实用学科的教育模式越行越远，战时教育完全服务于国家和民族抗战、建国需要，这也标志着金陵大学教育本土化的进一步加强。

---

① 张宪文．金陵大学史 [M]．南京：南京大学出版社，2022：135．

② 附表：在蓉时期金陵大学院、系、科、所（部）设置表 [M]// 南京大学高教研究所校史编写组．金陵大学史料集．南京：南京大学出版社，1989：66．

③ 王德滋．南京大学百年史 [M]．南京：南京大学出版社，2002：630．

第三章　金陵大学治理结构的转变

金陵大学办学 64 载，其办学属性由最初的完全游离于中国教育系统之外的外国教会大学，经历 20 世纪 20 年代积极主动向中国教育部申请注册立案成为中国私立大学的一员，但其治理结构仍为"中外双重"体系。直到 1951 年与金陵女子文理学院合并成立公立金陵大学，金陵大学才最终脱离教会学校的性质，走上了公办学校道路。

第一节　金陵大学早期行政治理结构

金陵大学由南京的三个差会创办的基督教书院合并而成。从创校过程不难看出，金陵大学由西人所办，校内的教学与行政模式西化，与中国本土的教育体制几乎没有联系。在当时，这是所有中国教会大学的共性。

从金陵大学建校到 1927 年，包文长期担任金陵大学校长，他是校内最高行政领导。《金陵大学 60 周年校庆纪念册》关于包文的传记中这样记载："联合诸教会而组织托事部于美国，设校董会于南京"，而托事部和校董会成员"举任"包文担任校长，校中一切措置均由包文一手计划实施，遇有师资、经费上的困难，随即派员携带他制定的方案赴美国的托事部，"以募捐、增教授二事为请"。[①] 之后，校内组织（教授）聘请委员会，几年后又聘请中国籍教员，包文都要"请于托事部"。可见，

---

① 包文先生传 [M]// 南京大学高教研究所 . 金陵大学史料集 . 南京：南京大学出版社，1989：14.

金陵大学的行政管理结构，在校长之上还有一个上级机构"托事部"，它与金陵大学究竟是怎样的一种结构关系呢？

一、托事部与办学差会的关系

"托事部"（Board of Trustees），中文亦称"美国董事会"，设于美国。金陵大学的托事部与金陵大学同时建立，或更准确地说，先有托事部，再由托事部决定合并成立金陵大学及其组织构架。金陵大学早期历史与在美的托事部有根本性的关联。[①]

根据美以美会、基督会、长老会在并校前达成的共识，3个差会于1910年1月份各自派出3位代表共同组织托事部。在每个差会的3位代表中，第一位任期1年，第二位任期2年，第三位任期3年，到任者由各所在差会任命继任者，继任者的任期是3年。换言之，每个差会在托事部的成员任期3年，每年都会有1名到任者被同差会的代表接替（或续任）。3个差会的代表加入托事部后成为托事（Trustee）。[②]

并校后的校产包括金陵大学的土地、校舍和基本金（Endowment），由原三校合并而成。[③]原三校的校产分别归三个差会所有，并校后各差会与托事部签订协议，将校产转交托事部。[④]三个差会各向金陵大学提供价值40000美元的校产，每年各向大学拨款，各派遣3位教员并承担其薪水。[⑤]托事部的职责之一就是持有金陵大学拥有或借来的财产，投资和管

---

① 蒋宝麟．从"内外"到"中西"：金陵大学顶层治理结构的转变 [J]．史学集刊，2020(3)：61-74.

② 1909 Proposed Constitution of the University of Nanking, UBCHEA College Files, RG 11, Box 188, Folder 3315.

③ 1909 Proposed Constitution of The University of Nanking, UBCHEA College Files, RG 11, Box 188, Folder 3315.

④ Meeting of 26 June 1911, UBCHEA College Files, RG 11, Box 188, Folder 3316.

⑤ Historical Statement, UBCHEA College Files, RG 11, Box 188, Folder 3316; 包文．通论：金陵大学近十年的发达 [J]．兴华，1922，19(18)：5-8.

理基本金。① 所以说，金陵大学的校产所有者是金陵大学托事部，托事部对校产有充分的所有权和处置权。托事部曾特别强调，金陵大学校产的整体与所有学系均由托事部自身办理，校园建筑、教师宿舍的所有土地所有权归托事部，所有权不可分割。②

1909 年的《金陵大学总章程草案》规定，托事部的另一项职责是批准南京理事会（Board of Managers of the University of Nanking）的成员加入、提名理事会成员和任命校长、罢免不称职的校长。③1925 年修正的《金陵大学细则》明确规定托事部对金陵大学的经济和行政负全责。④

在并校前，3 个基督教书院由 3 个差会办理。并校后，金陵大学的办理主体和所有者为托事部。关于合作差会和托事部的关系，托事部有决议：托事部作为一个差会联合机构，同时也是一个独立机构，以促进金陵大学的利益和确保所需设备和经费；每一个差会均将金陵大学视作自身创办的教育机构，承担与并校前一样的责任。⑤ 这意味着，金陵大学治理的决策主体和所有者是单一的"托事部"，金陵大学也不是"联邦制"学校，但托事部的人员组成以及并校历史又使得金陵大学治理呈现差会共有共治的架构。

1910 年 3 月 2 日，金陵大学托事部召集非正式会议，法定参加者为三个创校差会（Original Boards）各派出的 3 名代表，共 9 名，其中出席者 5 名。这次会议讨论了组织托事部和并校工作事宜，因为基督会代表缺席，所以没有形成正式决议。这次会议暂时批准校长和理事会成员名单，校长由包文牧师担任，设于南京的理事会由 12 名成员组成，3 个

① 1909 Proposed Constitution of the University of Nanking, UBCHEA College Files, RG 11, Box 188, Folder 3315.

② Minutes of the Meeting of the Board of Trustees of the University of Nanking, December 12, 1912, UBCHEA College Files, RG 11, Box 188, Folder 3316.

③ 1909 Proposed Constitution of the University of Nanking, UBCHEA College Files, RG 11, Box 188, Folder 3315.

④ Minutes of the Executive Committee Meeting of the Board of Trustees of the University of Nanking, February 25, 1925, UBCHEA College Files, RG 11, Box 188, Folder 3316.

⑤ Meeting of 11 November 1911, UBCHEA College Files, RG 11, Box 188, Folder 3316.

差会各派 4 名代表，批准理事会于 1909 年 12 月 21 日制定的预算。[①]3 月 25 日，托事部召开第一次正式会议，史密尔（Robert E. Speer）被选为会议主席（Chairman）。此次会议认可非正式会议作出的所有暂定决议。[②]1911 年 6 月 25 日，托事部召开第二次会议，会议选举司范伦斯（L. H. Severance）担任托事部主席（President）[③]，并担任会议主席，同时选举了托事部副主席、秘书和司库（Treasurer）。[④]

合作办学以后，随着办学规模的扩大，金陵大学的师资、设备和经费需求不断增加。同时，金陵大学的办学成绩也吸引了更多在华东地区的差会加入其开展的教育工作。这样，金陵大学由 3 个差会合组托事部的格局将要有所改变。

1910 年，七个差会在南京合办东方医科大学（The East China Union Medical College），1912 年该校附属于（be affiliated with）金陵大学。1913 年 11 月 15 日，中华基督教医学理事会决定取消"东方医科大学"名义，改组董事部，将其交由金陵大学托事部管理。1914 年 1 月，金陵大学医科（Medical School）成立，正式成为金陵大学的一个学系（Department）。[⑤]

金陵大学医科的设立得到南浸信会（The Foreign Mission Board of the Southern Baptist Convention）、南长老会（The Executive Committee of Foreign Missions of the Presbyterian Church in U. S.）、监理会（The Board of Missions of the Methodist Episcopal Church, South）和北浸礼会（American Baptist Foreign Missionary Society）的支持。1912 年 12 月 12 日，金陵大学托事部决定，以上 4 个差会各派 1 名代表加入托事

---

① Informal Conference of 2 March 1910, UBCHEA College Files, RG 11, Box 188, Folder 3316.

② Meeting of 25 March 1910, UBCHEA College Files, RG 11, Box 188, Folder 3316.

③ Minutes of the Meeting of the Board of Trustees of the University of Nanking, December 22, 1913, UBCHEA College Files, RG 11, Box 188, Folder 3316.

④ Meeting of 26 June 1911, UBCHEA College Files, RG 11, Box 188, Folder 3316.

⑤ Historical Sketch, 中国第二历史档案馆藏私立金陵大学档案，全宗号 649，案卷号 2296；张宪文. 金陵大学史 [M]. 南京：南京大学出版社，2002: 20-21.

部。① 相较创校差会与金陵大学之间的"完全合作"（Full Co-operation）关系，后加入的 4 个差会之于金陵大学的是"部分合作"（Partial Co-operation）。当然，托事部欢迎其他差会与创校差会一样与金陵大学进行"完全合作"②。1917 年医科停办，南浸信会、南长老会和监理会随之退出合作。此后金陵大学的合作差会一直为美以美会、基督会、长老会和北浸礼会四家，各合作差会比较稳定，相互间的协作也较顺畅，没有出现重大的隔阂或矛盾。从学校治理角度看，这也是金陵大学健康、稳步发展的重要原因。

"完全合作"差会和"部分合作"差会与金陵大学的"合作基础"，是以差会提供的办学支持条件不同而定的。1925 年修正通过的《金陵大学细则》规定"完全合作"的基础是：①提供不少于 45 000 美元的财产或基本金；②提供 5 名教会教师；③每年向金陵大学拨款不少于 3 300 美金。"部分合作"的基础是：①在理事会中拥有 1 名代表，并在托事部中拥有 1 名代表的差会，须向金陵大学提供不少于 10 000 美元的财产或基本金，2 名教会教师，以及每年拨款至少 1 000 美元；②在理事会中拥有 1 名代表，并在托事部中拥有 1 名代表的差会，须向金陵大学提供不少于 20 000 美元的财产或基本金，3 名教会教师，以及每年拨款至少 2 000 美元。③ 从托事部历次会议记录和金陵大学历年经费收入情况来看，金陵大学各个合作差会，对其所承担的责任每年可能会有细微变动，有时某些合作差会并不完全"履约"。

最稳定的"部分合作"差会——北浸礼会，于 1911 年起加入金陵大学，与金陵大学合办师范学校（School of Normal Training）、医科（University Medical School）和华言科（Language School）。从 1914 年

---

① Minutes of the Meeting of the Board of Trustees of the University of Nanking, December 12, 1912, UBCHEA Archives, Box 188, Folder 3316.

② Minutes of the Meeting of the Board of Trustees of the University of Nanking, December 12, 1912, UBCHEA Archives, Box 188, Folder 3316.

③ Minutes of the Executive Committee Meeting of the Board of Trustees of the University of Nanking, February 25, 1925, UBCHEA Archives, Box 188, Folder 3316.

开始，北浸礼会参加金陵大学整体的工作，1920 年与金陵大学合作办理农林科（College of Agriculture and Forestry）。[①] 北浸礼会与金陵大学合作，双方协议的主要内容是：①北浸礼会将提供 35 000 美元用于建筑设施和设备引进，或另加 10 000 美元用于科学楼建设；②北浸礼会每年向金陵大学拨款 1 800 美元，其中 300 美元用于医学系的建设，另外 1500 美元用于 1914—1915 学年。③北浸礼会向金陵大学提供 3 位教员。④北浸礼会将在南京的理事会任命 3 位成员，这些成员由华东基督教会议提名任命。⑤北浸礼会将在美国的托事部任命 2 位成员。[②]

以上可见，依据在金陵大学所负经济和师资责任的多寡，各差会在托事部内拥有成员名额也是不一样的，这也决定了各差会在金陵大学"共有共治"体系中的责权比重。

托事部主要通过全体会议进行决策。在最初几年，托事部召开会议并不定期，每年开会次数也并不固定，多则如 1912 年召开 8 次，少则如 1917 年仅召开 1 次。1922 年底托事部修正《金陵大学细则》，明确规定托事部一年召集两次会议，分别定于 4 月或 5 月，12 月。[③] 此后，托事部会议基本一年召开两次。托事部的行政人员有主席、副主席、秘书和司库。托事部下设若干常设委员会处理相关事宜，其中最重要的是执行委员会（Executive Committee）和经济委员会（Finance Committee）。

二、理事会与"本地治理"

在金陵大学的治理结构中，除了在美国设置的托事部外，金陵大学在中国还设有一个本地治理机构——理事会（Board of Managers）。这是

---

① Agreement between the Board of Directors and the Board of Founders，中国第二历史档案馆藏私立金陵大学档案，全宗号 649，案卷号 2295; Historical Statement, UBCHEA Archives, Box 188, Folder 3316.

② Minutes of the Executive Committee Meeting of the Board of Trustees of the University of Nanking, March 24, 1914, UBCHEA Archives, Box 188, Folder 3316.

③ Minutes of the Annual Meeting of the Board of Trustees of the University of Nanking, December 9, 1922, UBCHEA Archives, Box 188, Folder 3316.

因为美国与中国相隔遥远，托事部决策的实效性可能减弱，这样就有必要在办学地点设置一个机构，以弥补空间上的缺憾。那理事会与托事部是什么关系呢？与金陵大学的关系又如何呢？

金陵大学理事会在金陵大学正式创校前就已成立并运作。1909 年 12 月 21 日，金陵大学理事会第一次常规会议召开，会议指定校长包文为理事会主席。① 根据并校前的学校制度设计，金陵大学的理事会和托事部同时设置。对托事部而言，理事会是其在南京的执行机构；而对金陵大学而言，理事会是其决策机构。

在最初的制度设计中，理事会的责任是向托事部负责，保持收支平衡和分配经费；负责管理来自托事部的经费；创建学系和批准新课程；任命除校长外所有校内行政人员和教师；决定非差会提供的教员的薪金标准等一系列学校的行政事务。② 不过，在具体执行过程中，理事会会有一些灵活处理，特别是涉及理事会与托事部的权责关系问题。

首先是经济责任。由于理事会在南京，对于金陵大学的经济状况和收支情况更为熟悉。所以，在创校后不久，托事部明确规定：理事会可以拟定金陵大学每年的预算，托事部有权修改和批准各年度预算，没有托事部的批准，金陵大学不能签订任何经济性质的契约；如遇紧急情况，经费不可预期发生短缺，由托事部承担，弥补经费不能超过正常的预算经费，理事会应与托事部齐心协力增加经费。③ 1925 年修正的《金陵大学细则》规定，理事会对所有渠道的经费支出情况对托事部负责，代表托事部对所有在华经费和校产的取得、管理和执行负责，每年向托事部

---

① The Minutes of the First Regular Meeting of the Board of Managers of the University of Nanking, UBCHEA Archives, Box 191, Folder 3331.

② 1909 Proposed Constitution of The University of Nanking, UBCHEA Archives, Box 188, Folder 3315.

③ Minutes of the Meeting of the Board of Trustees of the University of Nanking, January 27, 1912, UBCHEA Archives, Box 188, Folder 3316.

递交预算草案以获批准。①这就意味着理事会在金陵大学的预算拟定和执行上拥有更大的权力，而且还担负着在中国筹募经费的职责（托事部主要负责在美国筹款）。

学校的年度常规性支出由理事会执行，但特别性支出，如建筑费，需得到托事部批准。例如，在1915年3月30日召开的托事部会议上，关于金陵大学建造科学楼、学生宿舍和礼拜堂，理事会请示托事部并求款，托事部批准授权理事会建造，并落实宿舍、教堂和之前行政楼的建造经费。同时，理事会要求将预科（High School）的露天体育场的建筑经费增加3 000美元，托事部决定向理事会索取金陵大学当前所需的详尽清单，包括新建建筑、设备和教职员，如此托事部就可以对金陵大学当前各种所需作出明智的决议。②

其次，关于设置新的学系和课程，理事会也有相当大的主动权。金陵大学是近代中国农学教育和科学研究的重要场所，享有盛名。1912年，理事会向托事部提出创办农科，托事部对此意图表示衷心理解，并要求副校长文怀恩（John E. Williams）联系美国的农业大学或大学农学院。③金陵大学理事会之所以提议创办农学教育，与当时中国的农业发展状况密切相关，极大地体现了为中国社会服务的指向。金陵大学农林科缘起于1911年裴义理（Joseph Bailie）的赈灾活动，他致力培养中国国内的专业农学人才，之后他得到中国政商名人的资助，在南京和安徽等地创办义农会，此后金陵大学受其影响创办农科。④1916年，托事部曾建议取消农林科而专办文科，理事张伯苓委托其弟张彭春出席理事会，张彭

①　Minutes of the Executive Committee Meeting of the Board of Trustees of the University of Nanking, February 25, 1925, UBCHEA Archives, Box 188, Folder 3316.

②　The Semi-Annual Meeting of the Board of Trustees of the University of Nanking, March 30, 1915, UBCHEA Archives, Box 188, Folder 3316.

③　Minutes of the Regular Meeting of the Board of Trustees of the University of Nanking, April 9, 1912, UBCHEA Archives, Box 188, Folder 3316.

④　农学院概况 [M]//《南大百年实录》编辑组 . 南大百年实录 : 中卷 . 南京 : 南京大学出版社，2002: 253; Historical Sketch, 中国第二历史档案馆藏私立金陵大学档案，全宗号 649，案卷号2296.

春明确表示反对此议，称中国以农立国，农林科最为重要，不可取消。[①]
除了农林科，为了提升来华传教士的中文能力，理事会向托事部提出设
立华言科（Language School，即语言学校），托事部对此表示赞同。[②]

　　当然，金陵大学并非所有院系均由理事会提议创办，前述医科就是
在华基督新教整体医学事业的一部分，其合并、发展和废止，均体现各
相关差会的意志，并非一校之理事会甚至托事部可以决定。

　　与托事部的成员构成结构相似，起初理事会成员来自各合作差会。
金陵大学创校伊始，理事会成员由各创校差会派出，每个差会各拥有4
个名额，共12名理事。与托事部内各差会代表任期和轮替规则相似，在
理事会中，每个差会的4位代表中，第一位任期1年，第二位2年，第
三位3年，第四位4年，到任者由派出差会任命继任者，继任者的任期
是4年。换言之，每个差会在托事部的成员任期为4年，每年都会有1
名到任者被同差会的代表接替（或续任）。理事会考虑如有"完全合作"
差会加入，可向理事会派出4名代表；如有"部分合作"差会加入，根
据提供财产、基金、教师和年拨款之多寡，可向理事会派出1至3名代
表。在理事会中，校长为当然理事，并任理事会主席，无须经过选举。[③]
不过，这种人员构成架构没有维持多长时间。

　　金陵大学毕竟是设立在中国的学校，允许一定数量的中国籍理事加入
也是情理之中，这一提议得到托事部的赞成。[④] 新加入的中国籍理事分三
类：第一类是各合作差会所派中国籍代表；第二类是金陵大学同学会即本
校毕业生的代表，在1915年6月召开的理事会第十次例会上，同学会代

---

① 农林科创办之经过 [M]//《南大百年实录》编辑组 . 南大百年实录：中卷 . 南京：南京大
学出版社 , 2002: 23.

② Minutes of the Regular Meeting of the Board of Trustees of the University of Nanking, April 9,
1912, UBCHEA Archives, Box 188, Folder 3316.

③ 1909 Proposed Constitution of The University of Nanking, UBCHEA Archives, Box 188,
Folder 3315.

④ Report of the President to the Board of Managers of the University of Nanking for the Year
1912, UBCHEA Archives, Box 195, Folder 3367; Minutes of the Meeting of the Board of Trustees
of the University of Nanking, July 18, 1913, UBCHEA Archives, Box 188, Folder 3316.

表黄荣良加入理事会；① 第三类是理事会自行选任的中国籍人士作为理事。1915 年 3 月，托事部召开会议，正式批准理事会自行选任的 3 位中国籍理事——张伯苓、黄荣良和王正廷加入理事会。此时，理事会人员的构成是：长老会 4 人、基督会 4 人、美以美会 4 人、北浸礼会 3 人、南浸信会 2 人、监理会 1 人、南长老会 2 人，以及理事会自行选任的 3 人。②

张伯苓是南开大学的创始人和校长，在当时的教育界具有举足轻重的影响力。与张伯苓一样，王正廷也是基督教徒，曾担任基督教青年会全国协会总干事，又是民国政界和外交界的要人。黄荣良毕业于南京汇文书院，也是基督徒，是金陵大学校友，后留学美国，时在北京政府外交部任职。③ 之后，又有韩安、陶行知、程湘帆与许沅等政、学界人士成为金陵大学理事会成员。④

金陵大学在成立后不久，理事会有中国籍成员的加入，体现"中国化"努力之初步。这些中国籍理事有助于金陵大学校方加强与中国方面（包括政府、社会团体、教育机构、地方教会等）的沟通联系。例如，为使金陵大学农科各学系取得土地，包文曾请郭秉文、王正廷、张伯苓、黄荣良等六位理事组成专门委员会，代表金陵大学向中国政府请求土地补助。⑤

金陵大学理事会人员构成的基本趋势是中国籍成员比重逐渐增加。1918 年，托事部决议修改《金陵大学细则》中理事会的成员组成条款，规定理事会可自行选任 5 名中国人和 5 名外国人作为理事会成员，其中

① The Tenth Meeting of the Board of Managers of the University of Nanking, June 24, 1915, UBCHEA Archives, Box 191. Folder 3332.

② The Semi-Annual Meeting of the Board of Trustees of the University of Nanking, March 30, 1915, UBCHEA Archives, Box 188, Folder 3316.

③ 贝德士. 中国基督徒名录 [M]// 章开沅，马敏. 社会转型与教会大学. 武汉：湖北教育出版社，1998：414.

④ 包文. 金陵大学之近况 [J]. 中华基督教教育季刊，1925, 1(4): 33.

⑤ Minutes of Meeting of the Executive Committee of the Board of Managers, March 18th, 1916, UBCHEA Archives, Box 191, Folder 3332.

金陵大学同学会选出 5 名中国籍成员中的 2 名。[①] 此后，中国籍理事名额继续增加。1925 年 3 月 16 日举行的理事会会议决议，理事会向托事部提出同学会有权选任 4 位理事会成员；理事会可通过其执行与经济委员会直接或间接选任 5 位成员，作为由各合作差会和同学会选任理事会成员的补充。[②] 同年 6 月，此案获托事部会议批准，并在《总章程》中修改相关条款。[③] 而各差会向金陵大学理事会派出的代表也不再是清一色的西人，而是逐渐有了中国人的身影。理事会曾向托事部提议，各合作差会各派出一名以上能讲英文的中国人作为理事会成员。[④] 金陵大学理事会屡次增加中国籍成员。据校长包文言，在理事会中，中国籍理事将逐年增加，直至"中西各半"。[⑤] 这一方面显示金陵大学"中国化"的努力，另一方面也与 1920 年代中国民族主义情绪高涨和"非基督教运动"密切相关。

通常情况下，理事会每年召开一次例行会议。理事会下设若干常设委员会，最重要的机构是执行委员会（Executive Committee），负责在理事会会议前拟定议案，是理事会的代表，在紧急情况时可代表理事会作出决议。从 1924 年起，执行委员会和经济委员会合并，称"执行与经济委员会"（Executive-Finance Committee）。[⑥] 会议记录显示，理事会的执行委员会（执行与经济委员会）不仅处理理事会的日常性事务，而且议定学校的行政、教务及经济诸问题，像教员加薪之类的事务亦在该委

---

① Minutes of the Meeting of the Board of Trustees of the University of Nanking, December 6, 1918, UBCHEA Archives, Box 188, Folder 3316.

② Twenty-fist Meeting of the Board of Managers of the University of Nanking, 16 March 1925, UBCHEA Archives, Box 192, Folder 3338.

③ Minutes of the Semi-annual Meeting of the Board of Trustees of the University of Nanking, June 10, 1925, UBCHEA Archives, Box 188, Folder 3316.

④ Twenty-fist Meeting of the Board of Managers of the University of Nanking, 16 March 1925, UBCHEA Archives, Box 192, Folder 3338.

⑤ 包文 . 金陵大学之近况 [J]. 中华基督教教育季刊 , 1925, 1(4): 33.

⑥ Twentieth Meeting of the Board of Managers of the University of Nanking, Nanking, March 18& 19, 1924, UBCHEA Archives, Box 192, Folder 3337.

员会讨论之列，其职能颇似"校务委员会"。校长不仅是理事会的当然成员和主席，也是执行与经济委员会的主席，可见其地位和权重。

从制度上看，金陵大学理事会的人员构成严谨，权责明晰，议事决策颇有法度。但在具体实施过程中亦有诸多弊端。1922 年 11 月，金陵大学理事会经济委员会主席的报告称，理事会存在很多问题，当前学校的不佳状况部分归结于理事会没有充分负起责任。第一，理事会人员太多，在理事会的构成人员中，各合作差会有相对名额的成员来代表本差会的权利，同时理事会要顾及外国和中国人的代表权，这就造成理事会中人数太多，各位理事很难经常开会来处理大学的事务；第二，理事会开会太少，仅一年召开一次年会；第三，理事会并未切实履行职责，校外理事很难在理事会中起到作用，理事会应更多代表教师的利益而非捐助者的利益。[①] 此外，理事会虽然增加了中国籍成员的固定名额，但主要权力仍牢牢掌握在西人之手。前文已述，理事会选任张伯苓、黄荣良和王正廷 3 位中国籍人士加入，但他们都不能保证有充分的时间参加会议（三人均不居住在南京）。[②] 检视 1926 年前理事会执行与经济委员会（执行委员会）的会议记录，执行委员会人数一般在 10 名，中国籍委员仅占 1～2 名；执行与经济委员会的人数减少为 5～7 名，仅有程湘帆一位中国人于 1925 年出任委员。这些均反映了当时金陵大学理事会在实际运作过程中的一些缺憾。

托事部和理事会，共同构成金陵大学早期行政治理结构的"顶端"[③]。托事部授权理事会处理校务，但选聘校长及教授必须得到托事部的最后同意。[④] 在托事部和理事会之下，校长包文是具体校务的最高执行者，同时也是理事会的主席，掌握了在金陵大学的最高治理权。副校长文怀恩，

---

① Report of the Chairman of the Finance Committee of the Board of Managers of the University of Nanking, November 11, 1922, UBCHEA Archives, Box 192, Folder 3335.

② Twenty-first Meeting of the Board of Managers of the University of Nanking, 16 March 1925, UBCHEA Archives, Box 192, Folder 3338.

③ 蒋宝麟 .20 世纪 20 年代金陵大学的立案与改组 [J]. 近代史研究 , 2016(4): 106–122.

④ 刘廷芳 . 教会大学办学之困难 [J]. 中华基督教教育季刊 , 1939, 5(3): 18.

主要的职责是沟通南京学校与美国托事部及各合作差会的关系，并负责在美国为学校募款。文怀恩长期以"休假"的名义定居美国，最长的一次是连续三年在美国休假后才返回南京。[①] 而金陵大学和各院系的绝大部分行政权力均掌握在西籍教师之手，可以说是"西教士独掌校权"[②]。因此，学者蒋宝麟认为金陵大学初期的治理结构"呈现教会、外国人完全支配下的'内外双重'特征"。[③] 但之后在 1920 年代中国民族主义的挑战下，金陵大学的治理结构发生了重大变化：南京的校董会权责越来越重，本地教会和校友力量上升。这也是教会大学本土化倾向在行政治理结构方面的体现。

第二节　民族主义影响下的大学困局

金陵大学从 1910 年成立到 20 世纪 20 年代之前，由于较少受到战乱影响，办学经费又有保证，所以其教学秩序稳定，教学质量不断提升。但进入 20 世纪 20 年代，中国开始进入民族主义运动波迭浪涌的时代，而基督教大学作为借助不平等条约的特权在中国出现的异质文化，首当其冲成为民族主义攻击的对象，金陵大学当然也不能幸免。

一、收回教育权运动

1922 年春爆发的非基督运动以及由此引发的 1924 年的收回教育权运动，再到 1925 年五卅运动，民族主义运动斗争的对象越来越集中于基督教，这也迫使基督教大学在大发展之后进入改革时期。

---

① Twenty–first Meeting of the Board of Managers of the University of Nanking, March 16, 1925, UBCHEA Archives, Box 192, Folder 3338.

② 吴哲夫，于化龙. 教会学校移交行政职权之问题 [J]. 中华基督教教育季刊，1928, 4(2): 44.

③ 蒋宝麟. 从"内外"到"中西"：金陵大学顶层治理结构的转变 [J]. 史学集刊，2020(3): 61–74.

非基督教运动产生的背景有思想方面和政治方面的原因。思想方面主要是新文化运动，"在新文化运动范围内对基督教从事研究与批判的思想运动早在'五四'前后便已揭开序幕"，美国学者杰西·格·卢茨（Jessie G.Lutz）以及台湾学者叶仁昌认为，1920～1922年春这段时期为非基督教运动的第一阶段。① 新文化运动对于一切旧思想、旧伦理、旧制度、旧学说，皆加以价值上的重估，所以它不单影响到中国的文化，亦与基督教有莫大的关系。陈独秀的《基督教与中国人》，胡适的《不朽》，蔡元培的《以美育代宗教》等文章，都足以表现新文化运动对于宗教的态度。"少年中国学会"创办的《少年中国》出版了《宗教问题专号》，集中火力抨击宗教，而此时西方也正开展反宗教的批判。当时在中国作巡回演讲的美国学者杜威和英国学者罗素，都对宗教持否定态度，这无异于是对中国非宗教思潮的助长。政治方面主要是受了巴黎和会中国外交失败的影响，那时的中国人民认为西方国家都是帝国主义，都是不怀好意，而基督教同帝国主义、不平等条约联系在一起，传教士是帝国主义的帮凶。经过"五四"反帝反封建洗礼的中国人民，意识到只有将帝国主义及其帮凶赶出中国，国家才有独立和富强的希望。

而直接将这场对宗教的批判转化为非基督教运动的是1922年4月4日在清华大学举行的第11届"世界基督教学生同盟"大会。清华大学要举行"世界基督教学生同盟"大会的消息传出，引起了清华大学非基督徒学生的反对，这些学生于3月9日发表了"非基督教学生同盟宣言"，宣言指出，"世界基督教学生同盟为现代基督教及基督教会的产物"，是"污辱我国青年，欺骗我国人民，掠夺我国经济的强盗会议，故愤然组织这个同盟，决然与彼宣战"，并通电说"北京不乏耶教会场，清华为国校，非教会所立，又焉能供一教之用"②。3月21日，北京组织了"非宗教大同盟"，李石曾等79人还撰写了《非宗教大同盟宣言》，指出基督

---

① 杨天宏.基督教与民国知识分子：1922—1927年中国非基督教运动研究 [M].北京：人民出版社,2005:42.

② 上海非基督教学生同盟宣言及通电 [M]// 唐晓峰，王帅.民国时期非基督教运动重要文献汇编.北京：社会科学文献出版社,2015:534.

教是违反科学、束缚思想、麻醉青年的毒物。

这场非基督教运动因缺乏明确的斗争目标，1922 年 7 月以后就逐渐归于平静。但自 1924 年 4 月，基督教又一次面临非基督教运动的猛烈冲击，"1924 年兴起的运动不过是中断了一年之久的第一阶段非基督教运动的继续"①。不同的是，这次运动的参与者在抨击基督教时，纷纷集中于教会学校，明确提出了"收回教育权"的主张。这次运动的发生既有国人对教育社会功能有了新的认识，故不能继续容忍外国人办的没有中国法律认可的教会学校的存在这一原因；也有国人要求废除不平等条约、收回利权运动的影响。20 世纪初，国内各界废除不平等条约、收回利权的呼声此起彼伏，愈益高涨。从发展顺序上看，收回利权运动首先是提出收回路、矿权的问题，而后扩展到收回关税主权，接着是收回领土主权、治外法权等众多方面，而作为"民族生死荣枯之所系"的教育权问题当然不能置之不理。

收回教育权运动发生的原因也不尽在教外，在教会内部，"巴敦调查团"对中国基督教教育事业所作的调查对中国刺激尤大。1921 年 9 月，由美、英、中三国教育家、神学家、传教士组成的中国教育调查团受基督教差会和洛克菲勒财团资助，在美国芝加哥大学神学教授巴敦（Ernest D.Burton）团长的率领下，开始对包括教会学校在内的中国各级各类学校进行调查。调查工作于 1922 年初结束，之后调查团将部分调查报告编成《基督教教育在中国》一书发行，该书对基督教教育的目的和作用表述为"基督教教育对在华教会全部工作的特殊贡献在于运用教育手段实现基督教差会的目标，即通过引导人们直接与耶稣基督接触，缔造一个基督教社会秩序，以建立上帝之国"。而且针对当时基督教教育在中国面临的困境，该调查团提出了所谓改革基督教教育的措施，这些措施可以概括为一句口号，即教会教育必须"更有效率、更基督化、更中国化"，进一步解释为：在性质上彻底基督化，在气氛上彻底中国化，把

---

① 杨天宏 . 基督教与民国知识分子：1922—1927 年中国非基督教运动研究 [M]. 北京：人民出版社 , 2005: 189.

效率提到一个新的高度。这也说明"中国化"只是实现"基督化"的一种手段。《基督教教育在中国》一书的出版也使国人特别是教育界人士感到了某种威胁。

1923 年 9 月，余家菊在会报《少年中国》月刊上发表了《教会教育问题》一文，不但揭露了以宗教教育为核心的教会教育对中国的危害，而且提出了抵抗教会教育的原则和方法，同时也提出了"收回教育权"的口号，推动了非基督教运动向收回教育权方向发展。1924 年 4 月 22 日，广州圣三一学校发生学潮，以此为起点，以收回教育权为主要内容的第二阶段非基督教运动正式爆发。此后教会学校风潮不断，据统计，五卅运动以前教会学校的风潮共有 12 起，遍及广东、江苏、福建、河南、四川、湖南各省。[①]

1924 年秋，当教会学校学潮涌起之时，胡适应邀参加燕京大学教职员的聚餐会，并作《今日教会教育的难关》演讲。因是聚餐会，胡适讲话也很直率，说出了一段令教会人士颇感心悸的话："在我这个旁观者看来，今日的传教事业有三个新难关，不容易打进去。第一是新起的民族主义的反动。……这种反动是不可轻视的。他们的理由就是八十年来列强欺压中国人的历史。他们的证据就是外国人在中国取得的种种特权和租界。这些不公道一日不除，这些不平等的情形一日不去，那么这些反动的喊声一日不能消灭。……这是强权不能压倒、武力不能铲除的……"[②] 胡适所言，道出了问题的关键所在。正因为是受民族主义驱使，教会学校的学生才会发起学潮。基督教学者王治心也认为："基督教传入中国的时候，最大的不幸，就是与不平等条约发生了关系，因此，引起一般人的误会。要消除这种误会，非使基督教脱离不平等条约的关系不可！"[③]

"收回教育权"运动还没有平息，更大规模、更为猛烈的五卅运动又

---

① 舒新城．收回教育权运动 [M]．北京：中华书局，1927：81-82．

② 胡适．今日教会教育的难关 [J]．中华基督教教育季刊，1925，1(1)：7-8．

③ 王治心．中国基督教史纲 [M]．上海：上海世纪出版集团，2012：215．

爆发了，一浪未平一浪又起，正如金陵大学校长包文给托事部的报告中所言："在过去一两年的反基督教运动和反教会教育运动，好像已经减少了不少，原因，至少部分是因为，他们淹没在更大的由五卅运动引起的运动中。"[①] 五卅运动堪称是中国近代民族运动历史上一个重要的转折点，标志着国人在政治上新的觉醒，基督教及其在华的传教事业又一次遭受猛烈冲击，面临严峻考验。

五卅惨案发生后，中国社会各阶层反对帝国主义的声浪此起彼伏，基督徒概莫能外，而且中国的基督教人士首先对五卅惨案作出了强烈的反应，他们站在国家、民族和公理、正义的立场，谴责列强野蛮屠杀中国民众的罪行。1925 年 6 月 22 日，北京中国信徒大会为沪案通电，其中写道："……上举之各项不平等实况，足以代表列强对待中国之真实态度，此等违反基督教义之恶劣事实，殊足以使吾等对于年费巨量金钱遣派若许之传教士来华之基督教国，发生疑虑。"[②] 山西汾州基督徒沪案后援会特告英传教士的忠言中写道："你们传教士素日所大声疾呼的，讲些基督教义的空话，到了事实上，还是舍基督而崇拜帝国的武力啊！""你们的传教和立学校，反成了帝国主义的先锋，至少也是无意识的举动。"[③]

除了基督教团体，一些著名的基督徒个人也表达了自己对五卅惨案的强烈愤慨，如中华基督教教育会副总干事程湘帆（金陵大学校友，曾担任金陵大学国文系主任，1924 年调任中华基督教教育会副总干事）所言："我们深信基督教实为今日中国所需要，但宣传教义须用光明手段。以枪炮兵舰的威力，压迫弱国缔结条约，外交道德尚不许可；安能依此

① Report of the President and the Treasurer for the Year 1924–1925, UBCHEA College Files, RG 11, Box 195, Folder 3372.

② 基督教各团体对于沪案的宣言 [M]// 唐晓峰，王帅 . 民国时期非基督教运动重要文献汇编 . 北京 : 社会科学文献出版社 , 2015: 545.

③ 基督教各团体对于沪案的宣言 [M]// 唐晓峰，王帅 . 民国时期非基督教运动重要文献汇编 . 北京 : 社会科学文献出版社 , 2015: 548.

权力，宣传救世大道？此实我基督教之大耻，亦我中国信徒之奇痛。"①身为基督徒的冯玉祥也发表了《告全世界基督徒书》："……更不知各国传教于中土者所为何事？岂非具基督教之名而无基督教之实乎？况基督教乃世界之宗教，无国界无种界，不能以沪案为中国之事，遂漠不关心也，宜本乎教旨，生切肤之痛，同情援助，尚何待焉！不然则传教之事，岂非别有用意耶？非基督徒辄谓教士来华假布道之名，行侦探之实，言之啧啧，其将何以辩之？"②五卅惨案发生后，一些西方传教士对此表现出的蛮横、冷漠或毫无同情心，大大挫伤了中国基督徒的感情，不得不使中国人对其宣传的基督教存在大大的疑问。燕京大学教授吴雷川说得好："如果外国传教士继续以不平等条约为护符，如果他们继续高谈阔论政教分离而不促其政府改变对华政策，那么，中国就不应该继续为他们提供活动的空间。"③

在教会学校里，学生与教职员也充分表达了他们的民族主义情感。五卅惨案消息传开，教会学校师生义愤填膺，群情激荡，各级各类教会学校再度兴起学潮，且不绝如缕。据不完全统计，从 1925 年 6 月到 9 月中旬，因五卅惨案而直接引发的教会学校风潮多达 44 起④。上海圣约翰大学因校长卜舫济侮辱国旗事件，校中大部分中国师生愤然离校，组建光华大学。在广州，岭南大学校长白士德因阻挠学生示威游行，被迫离校，校园中还出现了"要求中国人接办岭南大学，驱逐一切帝国主义分子，以及清除基督教的传单"⑤的声音。有些教会学校被迫提前放假，另一些学校则因学生自动离校而面临困境。

---

① 程湘帆.基督教人士之反对帝国主义及不平等条约宣言 [M]// 唐晓峰，王帅.民国时期非基督教运动重要文献汇编.北京：社会科学文献出版社，2015: 551.

② 冯玉祥.告全世界基督徒书 [M]// 唐晓峰，王帅.民国时期非基督教运动重要文献汇编.北京：社会科学文献出版社，2015: 552.

③ 吴雷川.社论：沪案与中国基督教的前途 [J].生命（北京），1925, 5(9): 16-20.

④ 舒新城.收回教育权运动 [M].北京：中华书局，1927: 82-86.

⑤ 杰西·格·卢茨.中国教会大学史 (1850—1950)[M].曾钜生，译.杭州：浙江教育出版社，1987: 231.

金陵大学在五卅运动期间也受到运动的影响。五卅惨案消息传来，金陵大学学生愤慨不可遏抑，立发通电："闻报惊悉英捕惨杀工人学生，痛正义之无存，伤同胞之惨死，凡属人伦，孰不发指，祈沪人士，一致抗争，学生等誓联合南京各界为后盾，不达目的不止，南天在望，悲愤填膺，临电泪流。不知所云。"① 随后金陵大学学生会成立沪案后援委员会，1925 年 6 月 3 日委员会正式成立，即日大会议决罢课，校中顿呈严重忙迫之象。4、5 两日，全体同学加入南京市民示威游行，沿途散发传单，露天演讲，虽天气酷热，精神不因之少懈。值得注意的是，金陵大学学校领导层不像圣约翰大学校长卜舫济那样固执、专断，而是对学生运动持"热烈同情"的态度，包文校长还写了几封信给金陵大学沪案后援委员会表示对他们的支持。② 为支持学生参加示威游行，金陵大学还"适时地从 6 月 3 日到 6 月 23 日停课，允许学生参加各种游行、集会和其他的游行示威"③。在运动期间，金陵大学的学生也保持了理性，没有发生过激之举，"幸运的是一群开明的中国教师能够与高年级的、起领导作用的学生合作，通过他们与其他学校包括公立和教会学校的中国开明教师和学生，使得南京的运动保持在一种合理的范围内，所以我们的学生和大学的立场和名誉，在大学的合作运动中得到很大的提高。因此我们的中国教职员赢得了很好的声誉。"④ 此外，为抗议圣约翰大学校长卜舫济侮辱国旗，解散学生团体，压迫学生爱国运动，南洋大学提议取消圣约翰大学为华东八大学体育联合会会员的资格，金陵大学首先同意，全校同学一致投票赞成。⑤ 以此表达金陵大学学生爱国的立场。

但在当时中国整个反基督教、要求收回教育权的大环境下，金陵

---

① 本校沪案后援运动记事 [J]. 金陵光，1926, 15(1): 83.

② 本校沪案后援运动记事 [J]. 金陵光，1926, 15(1): 84.

③ Report of the President and the Treasurer for the Year 1924–1925, UBCHEA College Files, RG 11, Box 195, Folder 3372.

④ Report of the President and the Treasurer for the Year 1924–1925, UBCHEA College Files, RG 11, Box 195, Folder 3372.

⑤ 本校新闻：抗议圣约翰大学校长卜舫济 [J]. 金陵光，1926, 15(1): 86.

大学作为在社会上有一定影响力的教会大学，意料之中地受到了冲击。1926 年春季学期，社会上就普遍流传金陵大学有 100～120 名学生转学去了东南大学。尽管包文校长后来在理事会上解释说事情的真相并非如传言那样，说"上学期有 28 名学生，这学期有 30 名学生转学去了东南大学，但这是正常数字，而且大部分学生是高年级的学生，主要是由于我们学校资金不足和不能提供充分的可供选择的高级课程的缘故。"[1] 尽管包文做如是解释，但还是从侧面证实了金陵大学学生转学东南大学的事实，尽管数字没有传言中那么大。

关于 1925 年多数教会大学的学生踊跃响应爱国主义号召这一现象，著名教会大学史研究学者杰西·格·卢茨分析："他们并不准备在民族主义运动中起带头作用，要使他们从同情的支持者转变成积极的组织者还需要有某种额外的因素……否则的话，多数学生只是暂时地参加一下示威游行，然后又回校上课，要么他们就接受学校的关闭，各自回家。"[2] 这样民族主义者就批评说，教会大学的学生常常不参加示威游行。这种状况加深了青年对教会学校的反感，在他们看来，这是教会学校破坏民族感情的一个新证据，因此，收回教育权运动来势更加凶猛。此时收回教育权运动也从知识界的鼓吹倡导变为一般公众的认识，形成一种群体压力，迫使北京政府采取进一步行动，于是便有了 1925 年 11 月 16 日北京政府教育部发布的第 16 号公告，即"外人捐资设立学校请求认可办法"，这个公告使得教会学校不得不重视向中国政府立案的问题。

二、应对北京政府的"立案"法令

教会学校向中国政府立案被看作中国收回教育权的重要标志。关于教会学校立案注册问题早在清末就已经出现，1906 年即有在华基督教徒组织"中华教育会"出面向清政府提出立案，之后，清朝学部颁布了《咨

---

[1] Twenty-second Meeting of the Board of Managers of the University of Nanking, March 18, 1926, UBCHEA College Files, RG 11, Box 192, Folder 3338.

[2] 杰西·格·卢茨 . 中国教会大学史 (1850—1950)[M]. 曾钜生 , 译 . 杭州 : 浙江教育出版社 , 1987: 231-232.

各省督抚为外人设学无庸立案文》，规定：除已设各学堂暂听设立，无庸立案外，嗣后如有外国人呈请在内地开设学堂者，亦均无庸立案，所有学生，概不给予奖励。①清政府的消极限制政策有国弱无力掌控的无奈，但其对教会学校概不承认也为后来中国历届政府收回教育主权在法理上留下了依据。

1913 年 1 月 16 日北洋政府教育部公布的《私立大学规程令》②并无明确针对教会学校的规程，只是一般性要求所设立学校须报告目的、名称、位置、学则、学生定额、地基房舍、经费及开校年月，对于课程及设立人资格没有详尽的规定。同年 12 月颁布的《取缔私立大学之布告》③也没有专门提到教会大学，教会学校始终被冷落一旁，既不取缔，也不准立案注册，这种做法仍然是清政府消极限制政策的延续。

在当时环境下，教会大学还没有像后来那样被定性为"私立大学"，仍沿用清政府"外人所设学校"的说法。中国政府开始考虑教会大学的立案问题，起于 1917 年 5 月北洋政府教育部发布的第 8 号公告《中外人士设专门以上同等学校考核待遇办法》，④其中规定"此项学校办理确有成绩者，经本部派员视察后得认为大学同等学校或专门学校同等学校"。但此公告对教会大学的宗教课程与宗教活动，没有进行明文限制，这不能不说是疏漏。还有一种可能，就是这个公告本来就不是专门针对外人所设学校而论的。

北洋政府教育部发布的专门针对外国人所设学校的法令，是 1919 年 3 月 26 日公布的第 6 号布告，全文如下：

> 查外国人在内地所设之专门以上学校，虽学科编制不无歧异，本部为广育人才起见，深冀其毕业学生得与公私立各校毕业生受同等之待遇，兹特订定办法。凡外国人在内地所设之专门以上学校，不以

---

① 朱有瓛、高时良 . 中国近代学制史料：第 4 辑 [M]. 上海：华东师范大学出版社，1993：26.

② 中国第二历史档案馆 . 中华民国史档案资料汇编：第 3 辑 教育 [M]. 南京：江苏古籍出版社，1991：141.

③ 舒新城 . 中国近代教育史资料：中册 [M]. 北京：人民教育出版社，1981：661.

④ 中外人士设专门以上同等学校考核待遇办法 [N]. 政府公报，1917–05–14.

传布宗教为目的，且不列宗教科目者，准其援照私立专门学校规程或私立大学规程及专门以上同等学校待遇法，呈请本部查核办理。①

此 1919 年公告是最早涉及要求教会大学不得进行宗教宣传的法令，但似乎教会方面未予理睬。在 1920 年 11 月 16 日，北洋政府教育部又发布了一个第 11 号公告，内容大致为："外国人士在各地设立专门以上之学校者，所在多有……惟是等学校，大半未经报部认可，程度既形参差，编制时复歧异，以致毕业同学，不得与各公立私立专门学校毕业学生受同等之待遇，滋足惜焉。兹为整理教育、奖励人才起见，特定外国人之在国内设立高等以上学校者，许其援照大学令、专门学校令以及大学专门学校各项规程办法，呈请本部查核办理，以泯畛域，而期一致。"② 这个 1920 年公告比起 1919 年公告语气上更为和缓，甚至都没有提及"不得传布宗教的目的"，但教会学校方面仍然没有大的响应举措。

对于上述中国政府的政策，教会方面并非没有一点反应。之江大学是教会大学中较早考虑向北京政府申请注册的学校，其早在 1917 年 5 月就召开了校董事会会议，指定一个委员会调查注册问题的可行性③，但最终不了了之。

北洋政府教育部除了针对教会大学或专科以上学校的法令，1921 年 4 月 9 日还发布了针对教会中学的法令《教会所设中等学校请求立案办法》，也明确提出了"关于学科内容及教授方法，不得含有传教性质，对于校内学生，无论信教与否，应予以同等待遇。"④ 应该肯定的是，从 1912 年中华民国成立到 1922 年非基督教运动爆发前这十年间，中国政府对教会学校立案问题做出了积极的努力，尽管有禁止传教的限制，但总的来说是极具诚意且立案条件是相对宽松优厚的。但教会方面显然未

---

① 朱有瓛、高时良.中国近代学制史料：第3辑(上册)[M].上海：华东师范大学出版社，1990: 599.

② 教育部布告第十一号 [N].政府公报，1920-11-19.

③ 胡卫清.普遍主义的挑战：近代中国基督教教育研究（1877-1927）[M].上海：上海人民出版社，2000: 369.

④ 教会所设中等学校请求立案办法 [N].政府公报，1921-04-12.

能体会到中国政府良好的诚意，大多表现得不是很积极，也未预见到不立案会给自身带来的一系列不利后果。所以有学者说："丧失民初立案注册的大好时机，是教会方面的最大失策。"①

金陵大学对立案的态度还是比较积极的，在1920年公告颁布后，金陵大学主动呈请立案，故1921年2月北洋政府教育部派员视察金陵大学，视察两日，并提出对该校之意见，认为"该校农科成绩较著，教科设备均较完备，不特为该校之特色，亦国内此项学校之翘楚""应许暂准备案"，以示"本部提倡实学，一视同仁之意"。至于文科和林科，教育部视察人员认为"内容既未充实，办法亦欠妥善"，应由该校添聘教员，对组织、功课两方面力加整顿，"至科目完备，符合大学程度时，再行呈部核办。"②可见在1925年较为完备的立案法令颁布之前，北洋政府教育部对教会大学的立案条件的确很宽松，主要从大学办学条件，以及是否符合《大学令》的角度进行考察，关于宗教教育的问题，只是在最后附加了一句，"至预科本科有必修之宗教科目，亦应改为选科，以符部议"。1921年8月，金陵大学农林科获北洋政府教育部核准立案。③到1925年，北洋政府教育部又正式认可包括金陵大学在内的五所教会大学的立案。④

金陵大学农科的立案，情况比较特殊，属于"部分立案"，这在当时的教会大学中应是少见的。应该说在1925年之前，中国的教育部关于教会大学立案的政策没有引起教会大学很大的响应，尽管中国政府"苦口婆心"地陈述了教会学校立案的好处，但教会大学还是迟迟没有

---

① 杨思信，郭淑兰.教育与国权：1920年代中国收回教育权运动研究 [M].北京：光明日报出版社，2010：61.

② 教育部视察金陵大学报告 [M]// 南京大学高教研究所.金陵大学史料集.南京：南京大学出版社，1989：22.

③ 教育部对全国专科以上学校调查一览表（金陵大学部分）[M]// 南京大学高教研究所.金陵大学史料集.南京：南京大学出版社，1989：25.

④ 教育界新运动：教部法令与计划：教部正式认可五大学 [J].中华基督教教育季刊，1925，1(4)：77.

实质行动。这一现象的主要原因还在于教会不愿意轻易放弃不平等条约所赋予的特权，尤其不愿放弃宗教教育，宗教教育将是教会学校难以顺利获得中国政府承认的一个焦点问题，正是这种矛盾的心态使不少传教士"在理论上支持教会学校向政府立案注册，但在实际行动上又顾虑重重"①。所以当金陵大学得知北洋政府教育部令其将必修的宗教科目改为选修后，也不再谋求进一步的立案了。

如果说在民初十年中国政府对教会大学立案的政策还算是消极、宽松的话，那么随着20世纪20年代中国民族主义运动的不断激荡席卷，中国政府对教会学校的政策势必会越来越严厉。前文中我们提到从非基督教运动到收回教育权运动，教会学校被视为帝国主义的侵略工具，越来越成为众矢之的，1925年的五卅惨案更是将反帝运动推向高潮，教会学校被视为帝国主义侵略势力的形象更加牢不可破，在各方面压力之下，政府不得不采取进一步的措施。

1925年11月16日，北洋政府教育部发布第16号公告，宣布之前的1917年布告第8号、1920年布告第11号及1921年4月发布的《教会中等学校请求立案办法》均即废止，统一执行新的《外国人捐资设立学校请求认可办法》，②共六条：（一）凡外人捐资设立各等学校，遵照教育部所颁布之各等学校法令规程办理者，得依照教育部所颁关于请求认可之各项规则，向教育行政官厅请求认可。（二）学校名称应冠以私立字样。（三）学校之校长，须为中国人，如校长原系外国人者，必须以中国人充任副校长，即为请求认可时之代表人。（四）学校设有董事会，中国人应占董事名额之过半数。（五）学校不得以传布宗教为宗旨。（六）学校课程，须遵照部定标准，不得以宗教科目列入学校必修科。

1925年公告公布后，却受到了来自反教人士和教会方面的批评。双方关注的焦点在于公告中的第五点和第六点——规定学校不以传布宗教

---

① 胡卫清.普遍主义的挑战：近代中国基督教教育研究（1877-1927）[M].上海：上海人民出版社，2000：365.

② 政府公报[N]//朱有瓛、高时良.中国近代学制史料：第4辑.上海：华东师范大学出版社，1993：784.

为宗旨和不以宗教为必修课。这里实际上涉及两个原则，一是教育自主原则，即教育必须是教育，而不是宗教的附属品；二是信仰自由原则，它废弃了强迫的宗教教育。应该说这两个条款比起1921年《教会所设中等学校请求立案办法》中规定的"关于学科内容及教授方法，不得含有传教性质"要缓和得多，刘廷芳就说过："此中出入，关系甚大，往日之严厉的束缚不啻无形解除了。"① 也正是因为这一点，新公告受到激进的要求收回教育权人士的尖锐批评，他们认为该法令"违反教育界的公意，过于偏徇基督教学校，使基督教学校过于容易获得政府的承认"，并进一步说"一旦基督教学校获得政府承认之后，人民对于基督教学校的信仰益发加深，基督教学校的根基益发稳固，于是学校中的宗教宣传永无休止之时，因此不能不反对教育部公布的办法。"②

西方差会人士普遍对注册问题比较反感，不愿意在当时的条件下申请注册。他们关心的主要问题，一个是学校管理权问题，一个是基督化教育宗旨问题。关于让渡学校管理权给中国人，西方人士担心"在民族主义热情高涨的时期让中国人管理学校，会导致爱国主义而不是基督教义成为教会大学的指导原则，从而辜负了国内支持者的信托。"③ 至于基督化教育的宗旨，差会人士更是紧抓不放，华西大学副校长吴哲夫指出："俗语说'尾上有针'，果然，基督教学校注册的困难，就在这末一条，……教育部禁授宗教科目的法令，不但违反宗教自由的原则，并且违反教育自由的原则，……此举与其他民治主义的国家教育趋势不合。"④沪江大学校长魏馥兰虽赞成向华人移交学校管理权，主张"基督教学校

---

① 刘廷芳. 会长的使命：为注册事致基督教教育界书 [J]. 中华基督教教育季刊, 1926, 2(1): 11.

② 刘廷芳. 会长的使命：为注册事致基督教教育界书 [J]. 中华基督教教育季刊, 1926, 2(1): 11.

③ 杰西·格·卢茨. 中国教会大学史 (1850–1950)[M]. 曾钜生, 译. 杭州：浙江教育出版社, 1987: 234.

④ 吴哲夫. 基督教教育当前的问题 [J]. 中华基督教教育季刊, 1926, 2(1): 22.

当完全为华人管理，照华人的策略进行，愈速愈妙"①，但他又强调，"学校若不基督化，则虽为中国学校，亦无价值……基督教学校设立的宗旨，是要以基督教之原理而有特殊价值者，贡献于中国人民，俾得改造其生活而丰富之"②。传教士的身份和使命使他们难以完全接受中国政府的要求。

与之相比，中国教会人士赞成者居多。他们与西方差会人士不同，能直接感受到中国政府的压力，置身外人机构而又不被本国政府承认的尴尬，对他们来说无疑是一种重压，但他们又因与教育部官员沟通比较多，因而能从双方立场来考虑问题。中华基督教教育会会长刘廷芳说"曾数次与教育部员作非正式的会议"，与各方采访意见的结果是"觉得此项办法，乃是基督教学校所能向政府获得的，最有利益的承认条件"。他建议"投身基督教教育事业的人们，对于教育部公布的条例应有精密考虑的义务。若对于此项办法或无动于衷，或踌躇不决，或故意延搁，皆当对于基督教学校的将来，负完全责任。中国政府已尽量迁就，使基督教学校有获得政府承认的可能，俾在法定教育系统中，有个永久的地位。基督教教育家究应取怎样的步骤，当然由基督教教育本身取决。不过从此以后，不能再怨中国政府的苛刻了"③。

中华基督教教育会副总干事程湘帆认为，自1917年以来，中国政府对教会学校一直是"宽大为怀""不分中外，一视同仁"，但由于教会方面一直无动于衷，所以才有了1921年的严格限制政策。④关于向华人让渡学校管理权，他指出，差会向中国教会移交各项事业包括教育事业无疑是"责任重大"，因很多人分不清"教会"和"差会"的区别。他解释说："差会是西国教士被差遣到我国传道的各宗派的团体，譬如美以美会，内地会，圣公会，长老会等等是也。教会是我们本国信徒，各按其

---

① 魏馥兰.怎样贯彻基督教大学之中国化[J].中华基督教教育季刊，1926，2(2): 22.

② 魏馥兰.怎样贯彻基督教大学之中国化[J].中华基督教教育季刊，1926，2(2): 25.

③ 刘廷芳.会长的使命：为注册事致基督教教育界书[J].中华基督教教育季刊，1926，2(1): 7–12.

④ 程湘帆.注册问题之经过及解决的焦点[J].中华基督教教育季刊，1926，2(3): 49–61.

信仰之宗派，成立之团体。所以教会是教会，差会是差会，不能混为一谈"。如果不移交"则中国本色教会将永无独立发展之机会，而我国外交上传教葛藤亦恐永无解决的时期。故移交之事无论其程序如何烦重，责任如何重大，实有不可不行之势。今日不行，必有行之之一日。与其留待将来，夜长梦多，不如今日排万难，披荆棘，毅然决然勉力行之。"① 程湘帆之意亦含管理权的移交，这也是中国教会本色化的重要步骤。

经中国教会人士与北洋政府教育部多次交涉，得到教育部的正式批件："系言设立学校，当以部定教育宗旨为宗旨，在校内，不应有强迫学生信仰任何宗教，或参加宗教仪式之举，于信仰及传教之自由，并无限制。"② 得此批示，基督教人士大为宽心，认识到教育部规定并无损于传教自由。

1925 年公告引起的波澜，使得中国的教会大学认识到他们不能再无动于衷，中华基督教教育会也敦促各校按具体情况行事，"已有相当一部分教会学校准许礼拜自由了"③。燕京大学早在 1923 年就使学生参加主日活动和日常礼拜成为自愿，宗教必修课也被削减为一门。到 1925 年政府发布高等院校立案的规定时，为了准备向政府立案，"燕京这时将所有宗教课程全部列为选修课"④。1926 年 4 月 13 日，燕京大学托事部做出决定，同意向中国的教育部申请大学立案。1927 年 2 月，燕京大学在教育部立案，不过立案的对象是北京政府。当国民政府在南京建立后，"又进一步加强了立案的要求，需要进行新的调整和新的谈判"⑤。据芳卫廉统计的"中国基督教大学获取执照与立案时间"显示，最早向国民政府立案的

---

① 湘帆 . 编辑小言：收回差会之教育事业 [J]. 中华基督教教育季刊，1926, 2(3): 3–6.

② 刘廷芳 . 会长通函：第三号：为解释部令第十六号第五条事 [J]. 中华基督教教育季刊，1926, 2(3): 10.

③ 杰西·格·卢茨 . 中国教会大学史 (1850–1950)[M]. 曾钜生，译 . 杭州：浙江教育出版社，1987: 235.

④ 艾德敷 . 中国教会大学史研究丛书：燕京大学 [M]. 刘天路，译 . 珠海：珠海出版社，2005: 105.

⑤ 艾德敷 . 中国教会大学史研究丛书：燕京大学 [M]. 刘天路，译 . 珠海：珠海出版社，2005: 122, 125.

基督教大学是岭南大学（1927 年），但立案的对象是广州国民政府，而最早向南京国民政府立案的是金陵大学（1928 年 9 月）。①金陵大学为何能成为最早向南京国民政府立案的基督教大学？其成功立案的经过又如何？

第三节　金陵大学的改组与立案

前文述及 1921 年 8 月，金陵大学农林科已获国民政府教育部核准立案。1925 年，北京政府教育部根据《私立专门以上学校认可条例》，认为"准予立案备案"与条例规定有出入，于是特训令以民国、平民、华北、金陵、协和等五大学一律改为正式认可。②但此时金陵大学实际上并没有完全立案，只是农林科的部分立案，而且宗教课程必修也不符合立案法令规定。

1925 年公告发布后，金陵大学领导层针对法令内容，进行了一定探讨和应对。1926 年 3 月 18 日，金陵大学召开了第 22 次理事会，在会上，校长包文指出学校的经济问题很严重，但"更为严重的问题，还是中国人领导的问题，这个问题很迫切，无论是中国还是差会董事会都强烈感到在这方面需要采取进一步的步骤，现在时间已经到来"③。包文还在会上公布了前一天（3 月 17 日）各外籍行政管理人员写给理事会执行与经济委员会的辞职报告，称："我们相信让更多中国人担任大学行政管理工作的时间已经到来，希望理事会慎重考虑这个问题。为了让理事会在更加合作的基础上、更加明智地考虑大学行政管理的人选，我

---

① 芳卫廉.基督教高等教育在变革中的中国(1880–1950)[M].刘家峰,译.珠海:珠海出版社,
2005: 252.

② 教育界新运动:教部法令与计划:教部正式认可五大学 [J].中华基督教教育季刊, 1925,
1(4): 77.

③ Twenty–second Meeting of the Board of Managers of the University of Nanking, March 18,
1926, UBCHEA College Files, RG 11, Box 192, Folder 3338.

们希望辞去我们的行政管理职务。"在这份辞职声明上签名的有校长包文（A.J.Bowen）、副校长文怀恩（J.E.Williams）、文理科科长夏伟师（Guy W. Sarvis）、农林科科长芮思娄（J.H.Reisner）、图书馆馆长克乃文（Harry Clemons）、鼓楼医院院长赫济生（A.C.Hutcheson）。这份辞职报告表明了金陵大学外籍管理人员愿意让渡学校管理权的态度。执行与经济委员会于是任命了一个委员会，由程湘帆（C.C.Chen）代表该委员会在理事会上做报告。经过讨论，理事会做出三项决议：

（1）理事会向行政管理人员，为他们能在短时间让出位置给中国人表示感谢。

（2）当能找到有充分能力的中国人服务大学时，理事会才会宣布让中国人担任行政管理岗位的政策。

（3）任命一个五人委员会来研究接下来的步骤，该委员会须向执行与经济委员会报告。

此外大会还有两个重要举措，一是成立了立案委员会（Committee on Registration），专事研究大学立案的整个问题，并向执行与经济委员会报告。这个委员会由五人组成：三位华人，两位西人。立案委员会的成立说明了金陵大学高层对立案问题的重视。二是成立了宗教教育委员会（Committee on Religious Education），该委员会的任务是研究大学宗教教育的整个问题。金陵大学在考虑大学立案的同时，成立宗教教育委员会，说明宗教教育问题是立案的关键，金陵大学在考虑如何既能完成向政府的立案，同时还无损于宗教教育的目的。由此可见，宗教教育的确关涉教会学校的本质属性。

此次理事会还同意任命中国籍教员过探先与芮思娄共同担任农林科科长。金陵大学从 1926 年下学期开始，聘陈裕光为文理科科长，聘过探先为农林科科长，聘胡小石和陈钟凡为国文系主任，聘张信孚为体育系主任。①之前中国的基督教大学，也包括金陵大学在内，因是西方差会拨款建立，故从校长、科长（即院长）到系主任，主要的行政岗位都是外

---

① 金陵大学当局总辞职 [N]. 申报 , 1926–07–05(11).

籍人士，华人只能担任普通的教学岗位。但从上述金陵大学的人事安排来看，此时金陵大学已将行政管理权让渡华人到院长的层级，幅度不谓不大，但与 1925 年公告要求的中国人为校长，或至少为副校长还有很大的距离，原因也可能在于校长人选责任重大，一时难以找到合适的、令各方满意的人选。据《申报》当时报道说，此次理事会上，包文校长认为东南大学前校长郭鸿声（即郭秉文）经验宏富，学术渊博，为继任最适当之人物。[1]但笔者在金陵大学理事会第 22 次会议记录中，并没有发现包文校长有这样的言论，而且以包文"稳健、诚笃和优容"的性格[2]，也不大可能随意指认继任者，此事很大程度上应是传闻。有研究者曾对中国 13 所基督教大学首任华人校长做过比较统计，他们大多有这样共同的特点：留学西方特别是校友出身，"使得教会感觉这些华人校长是可以信赖、掌控的，实质上还是体现了教会对学校控制权的争夺"[3]。但不管怎么样，金陵大学能及时让渡行政管理权给华人到院长、系主任层级，后来证明是非常有先见之明的。1927 年 3 月"南京事件"突发后，学校震荡飘零，几近关门，正是上述这群华人行政人员组成了临时校务委员会，让金陵大学平稳地渡过了非常时期。

一、"南京事件"加速立案

中国的形势发展没有给教会大学太多思考立案的时间，决定教会学校立案的已经不是传教士的愿望而是中国的政局了。1926 年 7 月，国民革命军从广东开始北伐，一路高歌猛进，连克长沙、武汉、南京、上海等地。伴随北伐，反对基督教及收回教育权运动也迅速推向高潮，并直接引发了教会学校内部爱国师生的强烈共鸣，从而形成对教会学校当局直接的压力。因此"教会大学发生学潮的时间与地点，同南方军队的进

---

[1]　金陵大学当局总辞职 [N]. 申报 , 1926–07–05(11).

[2]　杭立武 . 关于文学院的人和事 [M]// 台北金陵大学校友会编印 . 金陵大学创校七十周年纪念特刊 .1958: 5.

[3]　赵飞飞 . 论民国时期基督教会大学立案中的校长人选问题 [J]. 近代史刊 , 2015(2): 228.

军是有关联的"①。

　　1927年3月24日，伴随北伐军进入南京城，城内排外情绪高涨。当日南京各处发生多起外国人及其居所遭遇洗劫的事件，多名外籍人士受伤或被枪杀，而后英国军舰为报复炮击南京城，造成南京城多处人员伤亡，建筑被毁，此为"南京事件"（the Nanking Incident）。在此次洗劫事件中，南京的教会学校除了金陵女子大学外，几乎无一幸免，外籍传教士家中乃至随身携带的财物全被抢走。而金陵大学副校长文怀恩更是被乱兵开枪打死，贝德士也是死里逃生，被一群士兵拘捕，几乎被胡乱鸣枪的士兵击毙，幸亏得到红万字会的援救才幸免于难②。另外金陵大学有五幢住宅被烧毁，中学损失严重，语言学校的大楼也大面积遭劫③。金陵大学化学系主任唐美森（Thomson）的女儿后来回忆说："在我90岁的时候，也仍然记得（南京事件），当我看到一列大约10名士兵从操场走向我家时，我全身感到的战栗和恐惧。"当时革命军把唐美森和另一位金陵大学教授米尔斯（Sam Mills）当成了英国人（比起美国人，革命军更加反英），结果唐美森、米尔斯和皮肯斯（Claude Pickens）被士兵排成一排，马上就要被枪毙，"幸好这时一个陆军中尉赶到，用一条大鞭子控制住乱兵，把他们赶下楼，救了我们一命"④。3月25日，"几乎所有的教会团体都已经聚集到了金陵大学，总计有60个男人，40个妇女，20多个儿童"⑤，因时势动荡，外籍人员被迫全部撤退，先到上海，继而分为三路，一部分回本国，一部分去日本，一部分去朝鲜。"南京事件"也使中国其他地方的外国传教士纷纷撤离中国或离开内地。到1927年7月，

---

① 杰西·格·卢茨.中国教会大学史(1850–1950)[M].曾钜生，译.杭州：浙江教育出版社，1987: 236.

② 章开沅.鸿爪集[M].上海：上海古籍出版社，2003: 291.

③ H·G罗伯逊先生向美托事部报告金陵大学在"南京事件"中的遭遇[M]//南京大学高教研究所.金陵大学史料集.南京：南京大学出版社，1989: 32.

④ Nancy Thomson Waller.My Nanking Home (1918–1937): A Very Personal Memoir [M].Willow Hill Publications, 2010: 75–76.

⑤ 德本康夫人，蔡路得.金陵女子大学[M].杨天宏，译.王薇佳，校.珠海：珠海出版社，1999: 68.

在中国的 8250 名新教传教士，只剩 3000 名留在中国，其中 1500 名在上海，1000 名在其他口岸城市，仅有 500 名左右仍然留在内陆城市①。大批外籍传教士撤离使得教会大学只能交与中国人管理维持，这就为教会大学行政权的移交创造了条件。

金陵大学在"南京事件"之前已开始改组，前文提到，在金陵大学 1926 年 3 月 18 日召开的理事会议上，外籍行政管理人员向理事会发表声明打算辞职。由于局势逐渐混乱，包文写信给理事会，表达了他辞职的决定，并"选举中国人担任校长，或至少置大学于五到七人组成的管理委员会（the administration of a committee）的管理之下，只需一到二人为美国人即可"②。包文还给陈裕光、过探先、刘靖夫和刘国钧写信，告诉他们只要成立管理委员会，他们至少应为委员会成员，这便是最初的"四人委员会"，这既是包文出于对中国政局变动的考虑，也是为了委员会在某种程度上处理紧急事情做准备。当局势变得更加危急时，管理委员会在"四人委员会"基础上又补充了五人，形成了一个"九人委员会"，以过探先为主席。1927 年 3 月 24 日"南京事件"发生后，教职员中的美国人被迫离开，正是这个管理委员会，在过探先的领导下，负起管理大学、开展工作的责任。

为应对时局，1927 年 4 月 19 日，金陵大学第 23 次理事会③在上海传教大楼召开，校长包文首先报告了外国教职员的情况，很多人打算回美国，包文也打算 4 月 23 日离开，回美国休假。也正是在这次会议上，包文任命了一个"七人校务委员会"，成员包括：过探先、陈裕光、刘国钧、陈嵘、李汉生、李德毅和陈中凡。这个七人委员会就是后来的"大学部管理委员会"（the College Administrative Committee），芮思娄为

---

① 胡卫清. 普遍主义的挑战：近代中国基督教教育研究（1877-1927）[M]. 上海：上海人民出版社，2000: 426.

② Report of the President to the Board of founders and the Board of Directors, August 3, 1935, UBCHEA College Files, RG 11, Box 195, Folder 3373.

③ Twenty-third Meeting of the Board of Managers of the University of Nanking, April 19, 20, 1927, UBCHEA College Files, RG 11, Box 192, Folder 3339.

校务委员会顾问。与此同时，中学也成立了相同的委员会处理事务，这就是"干河沿校区管理委员会"（the Kan Ho Yen Schools Administrative Committee）。后理事会执行与经济委员会[①]决定从1927年9月起，取消幼儿园和初小班级，高小班级划入中学，故改为"中学行政委员会"（the Middle School Administrative Committee）。医院也成立了一个委员会，这样三个委员会一起组织成立了"大学管理委员会"（the University Administrative Committee），以处理与政府事宜，过探先为会议召集人。这个委员会一直工作到1927年11月9日陈裕光被理事会选举为校长为止。此次会议上，芮思娄当选为执行与经济委员会的执行秘书。

芮思娄是金陵大学在动荡期一位非常关键的人物，他也是"南京事件"发生后，金陵大学少数志愿留下来的外籍人士之一，因此被委以重任，既是校务委员会的顾问，又兼执行与经济委员会执行秘书。在校务委员会之外，他在上海还成立了一个临时办公室，以解决中外国教职员的需要，并保持金陵大学与美国托事部的联系。临时办公室起初设在传教大楼，后来搬到了青年会大楼（博物馆路20号），直到1928年2月[②]。后来，在1927年11月第一次校董会上，芮思娄还担任校长的外国助理，有很大的决策权。他的职位一方面是出于辅助中国籍教职员维持校务的考虑，另一方面也可视作外籍领导层的延续，是外籍人士留在学校的代表，代表外籍教职员和美国托事部的利益。

当时金陵大学面临的处境十分不利，由激进派所控制的南京市政府反对宗教，反对外国人在中国开办教育机构，有意接管金陵大学，实为没收，幸好主持校务委员会的过探先和李德毅与国民党的一些成员关系密切，二人申明市党部的意图实际上只会毁掉、拆散金陵大学。随后，江苏省政府成立，稳健派占了主导，政府建议大学继续在七人委员会主持下工作，这使得大学有可能在不受更多政府的干扰之下继续开展工作。

---

① Executive Finance Committee Meeting, May 20–25, 1927, UBCHEA College Files, RG 11, Box 192, Folder 3339.

② Report of the President to the Board of Founders and the Board of Directors, August 3, 1935, UBCHEA College Files, RG 11, Box 195, Folder 3373.

金陵大学的教学工作在 1928 年 3 月 24 日中断以后，于 4 月 10 日重新恢复。

关于金陵大学要不要继续开办，当时理事会有所讨论，理事会成员一致认为如果金陵大学关门，就会陷入许多资产调整的纠纷之中。继续开展教学主要出于两个原因：其一，若关闭学校将涉及大量的经济问题，许多学生会要求退还学费，教职员的工资也不得不支付，除此之外，职员也必须解散；其二，唯一防止学校建筑被士兵占领的方法就是让学校处于开办状态。

包文主要关心的是继续开办金陵大学能否保持原有的基督教性质。他说："美国的创办人会坚持大学明确的、强烈的宗教氛围和精神，如果这个做不到，我们将不能得到资金，或者也不会有外国教师到来。"而且他认为："美国人没有兴趣去支持一个在任何党派控制下的机构，也没有兴趣支持一个部分被学生操控的机构。但是，这个不是说，行政者不应该与学生充分合作，而是如果学生享有与教师同样的权利，那么这个机构将不会是有效的。"① 可见，能否继续进行基督化教育是其考虑金陵大学是否继续开办的关键。第 23 次理事会最终决定金陵大学继续开办。

二、选举校长与成功立案

立案被正式纳入议程是 1927 年 6 月在上海召开的第 24 次理事会② 上决定的。随着国民政府在南京的建立，关于私立学校的政策法规有很多谣言。有谣言称，如果学校不在 9 月 1 日之前立案，它们秋季开学就会很困难。另外江苏教育会颁布了新教育体系：一省只有一所国立大学，无疑这将影响教会学校的地位，会因此被中央大学（central universtiy）控制。如果东南大学成为江苏省的中央大学，那么也会影响到金陵大学。所以为了解决这个紧急事件，尽可能早地考虑立案问题是明智的。

---

① Twenty–third Meeting of the Board of Managers of the University of Nanking, April 19, 20, 1927, UBCHEA College Files, RG 11, Box 192, Folder 3339.

② Twenty–fourth Meeting of the Board of Manager of the University of Nanking, June 16, 1927, UBCHEA College Files, RG 11, Box 192, Folder 3339. 下文引用内容出自此次会议记录。

立案的事情迫在眉睫，其他的教会大学也在谋求向政府立案。葛德基（Cressy）在理事会上介绍了沪江大学、岭南大学申请立案的事例，他认为最初的步骤是征求立案的许可，接下来是立案。他不知道实现立案需要多长时间，这涉及财产等问题。他强调说，在中国的董事会必须有明确的权利，这样很多事情就不必往返美国征求托事部的意见。这个董事会需获得美国托事部的法定协定，如财产租赁、提供外籍教师、日常维护经费等。关于任命中国籍校长的问题，是必须予以考虑的，葛德基说，"没有人愿意接受一个职责并不明确的岗位，在校长的责任明确以前，聘用中国人为校长还是很困难的"。

此次会议最终决议，同意对立案采取措施，并任命了一个大学改组和立案委员会，专事负责大学改组和立案的问题。这个改组和立案委员会包括五名委员和一位当然委员，成员有：程湘帆、陈裕光（候补成员C.Stanley Smith）、葛德基、李明福（候补成员 C.A.Burch）、吴东初（候补成员 L.J.Birney）和当然成员芮思娄（候补成员过探先）。芮思娄是会议召集人。

1927 年 6 月 29 日，金陵大学理事会改组和立案委员会在上海召开会议，讨论大学改组和立案的问题。出席者有：程湘帆、陈裕光、葛德基、芮思娄、吴东初和 Burch（代替李明福），各位委员进行了开诚布公的讨论。会议首先讨论了关于大学改组的一些问题。芮思娄提出说大学细则中有一些变化，让中国人在理事会中占有大多数。芮思娄所说大学细则的变化，是指 1926 年 10 月 18 日广州国民政府教育行政委员会颁布了《私立学校规程》和《私立学校校董会设立规程》[①]，这 2 个规程中规定：

　　　　将外国人设立及教会设立之学校归为私立学校；私立学校校长不得以外国人为校长，特别情形下，得另聘外国人为顾问；私立学校一律不得以宗教科目为必修科，也不得在课内作宗教宣传；如有宗教仪式，不得强迫学生参加。

---

① 大学院公报 .1928(1)[M]// 朱有瓛、高时良 . 中国近代学制史料：第 4 辑 . 上海：华东师范大学出版社 , 1993: 785.

关于校董会，规定外国人不得为校董，但有特别情形者，得酌量充任，惟本国人董事名额，须占多数，外国人不得为董事长，或董事会主席。

可见，广州国民政府关于私立学校的法令比北洋政府 1925 年的要更严厉、系统。特别是对校董会的规定，使得教会大学不得不进行改组。芮思娄对此建议是"我们可以在现行大学章程和细则的基础上作一些改组的修改，而不是完全写一部新的章程。"① 他还进一步解释说大学的章程和细则一开始也是出于让中国人增加对大学事务的管理，如此小修小补，显然在避重就轻，无益于问题解决。

吴东初直言道，关键是理事会权利的范围应该扩大，原属托事部的一些权利应该让渡给理事会。他建议金陵大学必须有一位中国人校长，能与政府密切联系，同时也需是杰出的基督徒。程湘帆指出中国的基督徒现在面临很大的压力，他举例报告了胡汉民已经命令宣传部制作了打倒金陵大学的标语。他说低级别官员、学生和宣传者是最难处理的，立案可排除这些麻烦，因此他主张尽快立案。陈裕光说作为中华民国的国民，他认为立案比改组更应受关注，因为前者是最为重要的问题。他详细叙述了最近的经历，表明相当一部分中国人也包括有特别身份的人物，公开认为政府应该接管金陵大学。而且国民党高层人士钮惕生还以私人名义询问金陵大学是否考虑交与政府接办，校务委员会表示正在向教育行政委员会请求立案，委婉地予以拒绝。Burch 先生问托事部会采取哪些必要的举措，能让理事会继续进行立案。讨论后认为托事部绝大多数权利应该让渡给理事会，但是托事会仍保持财产的所有权和提供资金的义务。

会议最后决议，申请立案第一步就是组建董事会，董事会可以和托事部作关于财产租借等的合法协议，正如岭南和沪江那样。如果托事部

---

① Meeting of Committee on Reorganization and Registration, Board of Managers of the University of Nanking , June 29, 1927, UBCHEA College Files, RG 11, Box 192, Folder 3339. 下面各委员的意见均见于此次会议记录。

同意租借，中国的董事会将有充分的权利继续进行立案，并告知托事部在 1927 年 8 月 1 日前进行立案的紧迫性。在这次会议上，理事会就立案应拥有的权利，征求托事部的正式认可：

第一，理事会的名称改为校董会（Board of Directors）；

第二，校董会有权选举中国籍校长；

第三，托事部租借大学的财产给校董会五年；

第四，托事部让渡所有内部事务的管理权给校董会。

为加速立案，在 1927 年 7 月理事会第 25 次会议上，改组和立案委员会报告了为立案采取的如下步骤：第一，拍电报询问托事部是否准备将大学的管理权交给校董会和租借财产；第二，迫于实际，请求教育当局延长立案的时间；第三，准备立案的文件，一份关于校董会的，一份关于大学的。委员会也首次提出了选举的中国人校长应具有的条件：第一，基督徒；第二，获得创建人的信任；第三，具有学术地位，能获得教师和学生的尊重；第四，具有社会地位，有在目前变化的形势下处理大学事务的能力。

当选中国人校长的条件已经提出，那么谁最符合条件呢？ 1927 年 7 月 21 日，金陵大学召开了提名委员会会议①，出席者为吴东初、李厚甫、李耀东、Stanley Smith、葛德基。会议提名陈裕光为大学校长，同时提议作为紧急措施，选举一位荣誉校长，为期两年，职责是与校长合作，代表大学处理与政府的所有事务，筹款以及和校友会联系。但后来因为实际情况，并没有设置荣誉校长。第二天，7 月 22 日，葛德基写信给陈裕光，通知他被提名为大学校长，并说他是大家一致通过的首选人选，希望陈裕光能接受这个提名。葛德基还指出了陈裕光当选的原因，说他获得了中国不同的教会团体、西方差会、校友会和教职员所有团体的完全信任，同时陈裕光还是大学管理者、学者和基督徒。②综合各方面条件

---

① Minutes of the Meeting of the Nominating Committee the University of Nanking, July 21, 1927, UBCHEA College Files, RG 11, Box 192, Folder 3340.

② Secretary of the Nominating Committee to Dr. Y.G.Chen, July 22, 1927, UBCHEA College Files, RG 11, Box 192, Folder 3340.

考虑，陈裕光的确是校长的不二人选。他是金陵大学早年毕业生，是大学校友，熟悉金陵大学的情况，又是基督徒，还是北长老会的代表，这使他容易获得中国教会、西方差会和校友会的支持。他还留学美国，获得了哥伦比亚大学哲学博士学位，在学界享有威望。回国后在北京师范大学出任过理化系主任，兼任教务长、校务会议主席及代理校长，具有丰富的行政管理经验。正如当时金陵大学学生会所分析的那样："本校校长须兼备下列四种资格始克胜任：A. 与本校有长久历史并对于本校情形熟悉者 B. 有学识经验者 C. 为西人信仰者 D. 与同学会及各方感情融洽者。上列四者之中，独具一项者，校中固不乏人，但能备而有之者，则舍陈博士外实无其他最合宜之人。"[1] 陈裕光被提名金陵大学校长是众望所归。与此同时，1927 年 8 月 24 日，包文向托事部正式提出辞去金陵大学校长之职，9 月 14 日托事部召开会议，接受了包文博士辞去金陵大学校长之职的申请。包文的辞职，也为后面陈裕光的正式当选铺平了道路。

在 1927 年 9 月理事会召开的执行与经济委员会会议上，大学管理委员会又提出中国人任校长的问题，认为"学校行政在校长的领导下会比在委员会的领导下更有效率。而且为立案，有中国籍校长是必须的"[2]，因此委员会热切希望理事会能尽快任命中国籍校长。前面陈裕光只是被提名为校长，但还没有正式当选，大学管理委员会对中国人担任校长之事进行了催促。过探先和陈裕光向第四中山大学校长提出了立案的请求，但是没有收到回复。委员会认为尽可能快地完成立案是非常必要的。

对很多人最为关心的校长人选问题，在 1927 年 11 月初召开的第 26次理事会会议上，最终得到解决。李耀东作为校长提名委员会的主席，在会上公布了陈裕光被提名为金陵大学校长的决定，并说这是综合各方面情况考虑的结果。陈裕光的态度还有些推让，希望理事会能考虑其他人。随后芮思娄、过探先、刘国钧和与会其他人员都表达了对陈裕光当

---

① 本校学生会招待沪宁各报记者纪 [J]. 金陵周刊，1927(1): 67.

② Meeting of the Executive-Finance Committee of the Board of Manager of the University of Nanking, Sept.13, 1927, UBCHEA College Files, RG 11, Box 192, Folder 3341.

选校长的支持，特别是芮思娄还提到了包文对陈裕光的支持，包文称："我希望陈博士接受，告诉他托事部支持他，并希望他能接受。我将携所有人的信任，完全与你合作。"① 包文的表态实际上也代表了托事部的意见。

最后经会议表决，同意陈裕光当选金陵大学校长。这里有个问题，就是此时金陵大学并没有完成改组，符合《私立学校校董会设立规程》的新的董事会并没有产生，理事会实际上没有权利选举任何人担任校长，这里只是代行新董事会的职责。但由于陈裕光获得了教职员的全面支持（full backing），无论中国的、外国的，还是来自校友、差会和其他团体的，实际上其已具有校长职位之实，缺少的只是一个正式认可的程序。

对于当选校长，陈裕光认为既然这是理事会的决定，他会尽最大的努力履行职责，但他向来处事谨慎、低调，向理事会建议同意他只做代理校长，直到立案完成。另一个建议是因大学的范围扩大，须选举一个荣誉校长和副校长。关于陈裕光的建议，理事会首先不同意他做代理校长，因为理事会是让他享有全面的权力，这也是在与教育当局打交道时必需的。至于副校长，理事会承诺会考虑任命一个外国助理，帮助校长减轻事务压力，等同于副校长的职务，所以副校长是不必的。荣誉校长的事将等到下次理事会会议讨论。有了新当选校长负责学校的行政管理工作，金陵大学行政管理委员会就此解散，芮思娄担任的大学行政管理委员会顾问之职随之停止，但在理事会为校长任命一个外国助理之前，芮思娄继续担任理事会执行与经济委员会执行秘书。

关于金陵大学的改组，改组和立案委员会草拟了一份新董事会暂时的章程、协定和细则，并对这些文件作出了各种修订，以适应董事会的组织。1927 年 11 月 29 日，金陵大学召开理事会最后一次会议和校董会第一次会议。在最后一次理事会上，理事会成员投票决定，对与理事会相关的日常事务作出决断后，董事会将被组建，金陵大学理事会无限期

---

① Twenty–sixth Meeting of the Board of Manager of the University of Nanking, November 9–11, 1927, UBCHEA College Files, RG 11, Box 192, Folder 3341.

延期，即自行休会。在此次会议上，前改组和立案委员会主席葛德基报告有关金陵大学改组的各种步骤：在理事会 1927 年 6 月 16 日召开的会议上，成立了改组和立案委员会，来解决和筹划校董会章程、校董会入会协议、校董会细则、托事部章程的修改意见。这些文件被提交给 1927 年 7 月 12 日召开的理事会，理事会在此会议上提出了很多的修改意见。改组和立案委员会将材料一份呈给中国政府，一份送到美国托事部。在 1927 年 9 月 14 日托事部召开的会议上，表决：

第一，赞成和同意理事会的请求；

第二，接受包文校长的辞职，选举校长的问题交给校董会，并给予校董会完全的权利解决立案的问题和内部行政与经济的所有问题；

第三，保证让大学享有充分的宗教自由，维持大学的基督性。[①]

前两条内容是托事部让渡给校董会的权利，第三条是让渡的条件，也可以说是托事部的底线。

根据新修改的《金陵大学校董会章程》[②]，金陵大学校董会组成如下：浙江—上海浸礼会分会 2 人，美以美会华中分会 3 人，中华基督教会华东分会 3 人，中华基督教会 3 人；金陵大学校友会 4 人；卫理公会、圣公会华中布道团 2 人，美国长老会江岸布道团 2 人，中华基督教布道团 2 人，美国浸礼会国外布道团华东教区 2 人；增选委员 5 人；金陵大学校长是当然委员。校董会的大多数成员必须为中华民国公民，校董会每年举行两次。此次会议上，芮思娄被任命为校长的外籍助理，也是当然委员，这样金陵大学校董会成员共计 30 人，中国董事占全数的 2/3 左右。会议选举吴东初为校董会主席，选举陈裕光为金陵大学校长。1928 年 3 月 25 日，托事部发来电报，电文如下："南京，金陵大学，金陵大学托管会对选举陈裕光为金陵大学校长的公告表示欢迎。在这庄严的场合，

---

① First Meeting of the Board of Directors of the University of Nanking, November 29, 1927, UBCHEA College Files, RG 11, Box 192, Folder 3343.

② 金陵大学校董会章程 [M]// 南京大学高教研究所 . 金陵大学史料集 . 南京：南京大学出版社 , 1989: 103.

我们表示衷心的祝愿。"① 陈裕光担任金陵大学校长获得了美国托事部的承认。

金陵大学校董会改组完成，中国籍校长也已产生，陈裕光要完成的第一件事就是尽早为金陵大学争取立案。在第二次校董会议上，陈裕光报告了立案的进展：他已经向教育当局提交了立案的非正式申请。对金陵大学的立案申请，教育当局反应很热情，给了很多表格要求填写。大学院院长蔡元培还亲自致信陈裕光，写道："敬悉贵校方筹备立案手续，甚善。奉上私立大学立案用表式样一册，敬希台收，查照办理。"② 立案的第一步就是校董会的立案。③ 在 1928 年 6 月 28 日召开的校董会特别会议上，任命了一个新的立案委员会（Committee on Registration），制定了金陵大学进一步立案的细节。1928 年 8 月 6 日，大学院正式认可了校董会的立案，认为"校董会已经按照大学院公布的《私立学校条例》④组织，因此校董会被允许立案，金陵大学作为私立学校，允许立案"⑤，这个条文是通过国立中央大学（National Central University）送达金陵大学的。1928 年 9 月 20 日，金陵大学正式通过立案，内容如下："金陵大学经大学院派员调查，发现其组织符合大学院公布的关于学院和大学的规定。因此，允许金陵大学立案"。这两份官方声明，第一份是间接收到，第二份是直接收到，这样就完成了金陵大学的立案过程，金陵大学也成为向南京国民政府立案最早的基督教大学。

---

① Second Meeting of the Board of Directors of the University of Nanking, March 30、31, 1928, UBCHEA College Files, RG 11, Box 192, Folder 3343.

② 《私立金陵大学包文校长为立案一事给教育部的呈及南京市政府教育局要该校遵办立案手续的函》，中国第二历史档案馆藏私立金陵大学档案，全宗号 649，案卷号 62。

③ Second Meeting of the Board of Directors of the University of Nanking, March 30–31, 1928, UBCHEA College Files, RG 11, Box 192, Folder 3343.

④ 1928 年 2 月大学院公布了《私立学校条例》和《私立学校校董会条例》，内容大致与 1926 年 10 月颁布的《私立学校规程》和《私立学校校董会设立规程》相同，详细内容见大学院公报 [J].1928(3).

⑤ Minutes of the Fourth Meeting of the Board of Directors of the University of Nanking, November, 9, 10, 1928, UBCHEA College Files, RG 11, Box 192, Folder 3343.

金陵大学能成为第一个向南京国民政府立案的基督教大学，也有地处首都南京的压力。芮思娄就说过："很明显金陵比其他远离南京的机构更能强烈地感受到教育部的态度。金陵大学差不多在教育部的脚下，这也是很自然的。教育部试图执行这个政策，能如他们所期望的那样看到在我们的大学得到贯彻。"① 尽早完成立案，对金陵大学来说可免除在政治压力下被接管的危险。对中国政府来说，金陵大学积极立案的态度，对其他基督教大学又是很好的示范，加速了基督化大学向中国政府立案的进程，也有助于新政权统治威权的伸张。

第四节　金陵大学立案后行政治理结构的调整

一、创始人会和校董会关系

经历 1927—1928 年的改组和立案，金陵大学原托事部改组为创始人会（the Board of Founders），理事会改组为校董会（the Board of Directors）。这种改组不仅仅是名称上的变化，更涉及职权的调整。

从人员构成上看，创始人会延续了之前托事部的组织架构，仍然由合作差会合组而成。1929 年 4 月 22 日，金陵大学创始人会第一次会议在美国纽约召开，主席依旧由原托事部主席史密尔担任。但是在职权上，创始人会相对于托事部已大有缩减。第一，金陵大学的校产所有人依然是创始人会，创始人会负责保管金陵大学的基金。第二，创始人会不再拥有原托事部拥有的提名理事会成员和选任校长的权力，而只保留了"应校董会之请聘请和确保外籍常任教职员"的权力。第三，创始人会不再对金陵大学的经费负责，而由校董会对金陵大学的经济负全责，校董会向创始人会报告创始人会提供基金的用途。金陵大学的年度决算

---

① Summary of Information Relative to Christian Character of Staff and Student Body, and to Ratio of the Staff to the Students, 1930, UBCHEA College Files, RG 11, Box 202, Folder 3453.

由创始人会所指定的法定会计师进行稽核。在财务经费事项上，校董会拥有更大的权力。

与此相适应，创始人会和校董会呈现出一种所有者与承租者的特殊关系。校董会和创始人会签订校产租赁协议，金陵大学校产仍归创始人会所有，但校董会拥有使用权。"创始人会将学校的地产、建筑和设备租赁给校董会，租期自1928年7月1日起共5年，名义为1美元的中国货币。这个租借可以在双方同意的情况下续租。""如果金陵大学校董会不再作为金陵大学的管理者，创始人会将立即重占金陵大学财产；如果创始人会认为租借的财产没有用于金陵大学的目标，在任何一学年结束时双方均可取消这一租赁。"创始人会向校董会提出的承租目标是，"要在南京保持一所在基督教赞助下具有充分宗教信仰自由的私立高等学府，并将遵照教育效率的最高标准，鼓励社会福利以及为公民服务的崇高理想，按基督精神来造就人才。"①

新成立的金陵大学校董会不再是创始人会在中国的执行机构，而是金陵大学最高的校务立法和审议机构。根据1927年改组后制定的《金陵大学校董会章程》，校董会拥有金陵大学的实际控制权，并负有制定经费预算和校务运作的责任。校董会的职权包括如下：

第一，批准建立新的科系；

第二，批准学校开设的课程；

第三，选举任命校长和司库；

第四，任命学校行政人员和教学人员；

第五，决定由创始人会支付工资人员以外的其他教职工的工资数目；

第六，提供合适的校舍和办公教学设备；

第七，根据学校的财政预算，决定学费的金额，并通过学校的行政管理机构按预算收纳和分配学费；

---

① 金陵大学校董会与创建者委员会协议书（初稿）[M]//《南大百年实录》编辑组. 南大百年实录（中卷）. 南京：南京大学出版社，2002: 138.

第八，负责为学校提供足够的师资力量和办学规模，以及执行有利于提高学校管理效率的其他职责。①

除了职能范围扩大，校董会在人员构成上，中国籍成员的比例进一步增加。此前的金陵大学理事会，在成立之初，成员主要来自各合作差会，之后中国籍成员开始加入理事会。1925年，在理事会中的中西籍理事比例直至"中西各半"。根据南京国民政府关于"私立学校校董会中外国人校董不得超过半数"的规定，修改后的《金陵大学校董会章程》进一步增加了中国籍董事的比例。同时该章程规定，校董会中的大多数成员以及增选的校董会成员中的大多数必须是中华民国的公民。以1928年校董会人员构成为例，中国籍校董包括各合作差会的代表11名，校友会代表4名，校董会自身选任的5名校董均为中国籍，校长陈裕光为当然校董，共计21名；外国籍校董包括各合作差会代表8名，校长外籍助理芮思娄也是当然校董，共计9名。由此可见，校董会中中国籍校董占2/3以上。金陵大学校董会每年举行两次。根据1933年6月编订的《私立金陵大学一览》，兹列举该年度校董会成员名单如下：吴东初、洪章、赵士法、李耀东、查谦、德威廉、王正廷、康比礼、樊正康、文乐士、徐玉和、鲍哲庆、包文、马轲、华伯雄、朱经农、韦尔池、魏文瀚、朱继昌、陈光甫、罗金声、李厚甫、陈钟声、罗炳生、李汉铎、福开森、罗运炎、周孝成、葛德基。②

校董会的改组和中国籍校长的产生，是推动教会大学中国化的重要一步，被视为"收回教育权"的重大胜利。虽说此后"本校行政完全由华人主持"，但在大学的管理体系中，外籍校董和美国差会仍然有着重要的影响力。1927年11月，金陵大学校董会在任命陈裕光为校长的同时，还设置了校长外籍助理（Foreign Assistant to the President）的职务，由芮思娄担任。这一安排主要是为了保持美国差会在金陵大学校内的影

---

① 金陵大学校董会章程 [M]//《南大百年实录》编辑组. 南大百年实录（中卷）. 南京：南京大学出版社, 2002: 134.

② 校董题名 [M]// 金陵大学秘书处. 私立金陵大学一览. 1933: 11.

响。外籍助理是校董会的当然董事，在校董会上与校长平起平坐，这使陈裕光难以独立行事。芮思娄担任外籍助理一直到 1928 年夏他返回美国休假，其职务由另一位金陵大学教授贝德士担任。1928 年 11 月，包文重返金陵大学任教，被聘为校长顾问（ Adviser to the President ），贝德士乃辞去校长外籍助理职务。

在金陵大学校董会中，校长和校长顾问均为当然成员。包文在金陵大学虽未担任"实际职务"，但对于校务的"协助"起到重要作用。1937 年春，包文再次来到中国，当时金陵大学召开校务会议表示"欢迎包先生参加本会，并希望对于本校校务，时加指导。"① 对于包文的返校，陈裕光极为重视。他在报告中称非常希望借重包文在金陵大学长期的管理经验，来协调校内外的关系和矛盾，尤其是协调校长与外籍教员之间的关系。陈裕光在回忆中指出，"当时金陵大学美国教师人数不少，暴露出来的问题也不少，需要他（指包文）来帮助解决。他们夫妇两个回来后，固然帮了我不少忙。"②

中国籍校长们面对的一大难题是西方差会对于教会大学在经济和权力上的控制。③ 美国差会仍掌握着教会学校的经济命脉，金陵大学立案后的经费来源，其中 65% 来自创始人会，35% 由校董会负担（包括学费收入及各种捐款）。在 1935 年编与的《金陵大学概况》中，对于该校常年经费的构成有一个大致的划分。"本校常年经费，约需一百万元，计百分之六十五，出自美国基金之利息及捐助费，百分之三十五为学费收入及各种捐款。"④ 学校的基金由创始人会保管，每年息金由创始人会按期汇拨，用于指定支出。学校的预决算均需创始人会的法定会计稽核，金陵大学的主管财务人员由美国差会指派，金陵大学的财务管理系统不向校

①　《校务会议记录》(1937 年 4 月 9 日)，中国第二历史档案馆藏私立金陵大学档案，全宗号 649，案卷号 225。

②　陈裕光 . 回忆金陵大学 [M]// 金陵大学南京校友会 . 金陵大学建校一百周年纪念册 . 南京：南京大学出版社 , 1988: 19.

③　吴梓明 . 基督教大学华人校长研究 [M]. 福州：福建教育出版社 , 2001: 24.

④　金陵大学概况 [M].1935: 14.

长负责，而是向美国的创始人会以及校董会负责。

由于美国差会掌握着学校的经济命脉，对于学校管理实际上操有实权。校董会和创始人会签订有协议书，金陵大学的财产由创始人会租给校董会管理，校董会是"根在外国，实权在外人"，类于创始人会在中国的经纪人。诸如经费支配、校长变动、办学大政方针，乃至重要教师的任免，创始人会都有很大的发言权。在校董会中，代表创始人会利益的西籍校董也更有发言权和影响力。虽然校董会与之前的理事会相比，拥有了更大的职权，并且更加"中国化"，但它仍然代表美国差会的利益。

作为一校之长的陈裕光，在校务管理上权力有限。教会大学向政府立案后，中国人出任大学校长已是当时的通例。此前，外籍校长本身就是差会中人，他们与在美差会关系融洽。中国人担任校长后，即便美国差会对中国籍校长充满信任，但终究多有隔阂。陈裕光后来说："名义上中国人当了校长，实权，尤其是经济大权，依然掌握在美国教会手中，我这位中国校长，几乎无权过问。"① 陈裕光所言，代表了立案后在华教会大学的普遍状况，中国籍校长在校内外都受到外籍教职员和教会势力的掣肘。当时担任华中大学校长的韦卓民也曾说："有几个立了案的基督教大学，对政府讲，校长是中国人，而学校的行政权和财权，照旧操在外国人手里，一直到抗战胜利，各校复员之后，还是这样。以学校论，是阳奉阴违，以政府论，是明知不问。"② 即使有了中国人占多数的校董会，选举中国人担任校长，并向中国政府注册立案，但这仅仅在一定程度上维护了教育主权与民族尊严，并没有从根本上解决教育权的归属问题。

---

① 陈裕光.回忆金陵大学 [M]// 金陵大学南京校友会.金陵大学建校一百周年纪念册.南京：南京大学出版社,1988:14.

② 韦卓民.四十年来我国基督教的高等教育 [J].金陵神学志,1950,26(1、2 期合刊):53.

二、校内治理结构的变化

立案之后的金陵大学，其主管机关为国民政府教育部，学校的行政组织和校务管理均需遵守国民政府颁布的教育政策和法令。陈裕光出任金陵大学校长，在很大程度上提升了中国籍教职员的话语权，并在校内形成了一股新的力量。这些都推动着金陵大学在治理结构上的进一步调整。

1928 年 1 月，金陵大学根据国民政府大学院颁布的各项规程制定了《私立金陵大学组织大纲草案》。根据这份草案，金陵大学设校长一人，由校董会依法选举；设农林科和文理科，各设主任一人，由校长选聘并报告校董会；科下设系，各系设主任一人，教授、副教授、讲师、助教若干人，由校长延聘；行政下分教务、事务、会计、图书和工程五部。大学设校务会议，其职权包括：

第一，关于预算及决算之编制及经济之建议事项；

第二，关于各科系之设立、废止及变更之建议事项；

第三，关于建筑及设备之建议事项；

第四，议决大学内部规则之制定、废止及变更；

第五，议决关于学校之纪律事项；

第六，议决校长交议事项及各科教职员会提议或请求审议事项；

第七，关于校内其他重要事项。

大学各科设科教职员会议，以该科之全体教职员组织之，报告及商榷该科之进行事项。各部设部务会议。大学设全体教职员会议，报告关于校务事项，及选举校务会议代表，每学期举行一次。大学为进行校务便利起见，得酌设各项委员会，其常设者包括：风纪委员会、卫生委员会、群育委员会、娱乐委员会、宗教事业委员会、体育委员会、图书委员会、出版委员会、朝会演讲委员会、教务委员会。遇临时事务发生时，得酌设各种临时委员会。[①]

---

① 《私立金陵大学组织大纲》(1928 年 1 月 1 日)，中国第二历史档案馆藏私立金陵大学档案，全宗号 649，案卷号 61。

　　校长是金陵大学行政体系中至关重要的一环。校长是校董会的当然董事，是连接校董会和学校的重要桥梁。根据规定，校长还负有选聘院长、系主任、各部主任和院系教职员的权力。但在实际运行中，金陵大学的校务管理并不是校长负责制。陈裕光虽然受到美国差会和外籍教职员的制约，但是他在校内仍注重发扬"共和精神"，强调群策群力开展校务管理工作。其中最主要的组织是校务会议。

　　校务会议是金陵大学日常行使行政决策的主要机构。1928年4月，金陵大学全体教职员大会议决，大学部成立校务会，"以便处理校务"。校务会议以校长、文理科科长、农林科科长、图书馆、教务处、事务处、工程处、会计处主任为当然委员，另外再推举8人共同组成。① 参加第一次校务会议的有毕律斯、熊祥煦、张子高、陈裕光、芮思娄、过探先、贝德士、倪清源、陈嵘、张心一、徐澄、刘崇本、刘乃敬、沈宗瀚、刘国钧等15人，在此次会议中，推定陈裕光、过探先为校务正、副主席，刘国钧为校务书记。②

　　1929年7月，国民政府教育部颁布《大学组织法》，明确规定各大学应设校务会，由全体教授、副教授所选出之代表若干人，由校长、各学院院长、各学系主任组成，校长为主席。校务会议审议事项为：

　　第一，大学预算；

　　第二，大学学院学系之设立及废止；

　　第三，大学课程；

　　第四，大学内部各种规则；

　　第五，关于学生试验事项；

　　第六，关于学生训练事项；

　　第七，校长交议事项。③

---

① 校闻：本校校务会成立 [J]. 金陵周刊，1928(11)：29.

② 《大学部第一次校务会议》(日期不详)，中国第二历史档案馆藏私立金陵大学档案，全宗号649，案卷号225.

③ 国民政府颁布大学组织法 (1929年7月26日)[M]// 中国第二历史档案馆.中华民国史档案资料汇编：第5辑：第1编：教育 (一).南京：江苏古籍出版社，1994：172-173.

金陵大学此前的校务会组织办法系依照前大学院所颁之组织法组织而成，与国民政府教育部新颁《大学组织法》"颇不相合。"[1] 于是乃遵令改组校务会议，并由校董会在 1930 年 11 月通过。

改组后的金陵大学校务会议组成人员包括：校长（主席）、各学院院长、各学系主任、各处主任（当时金陵大学设有六处：①秘书处；②教务处；③会计处；④事务处；⑤校产管理处；⑥工程处）、各学院教授、副教授所选出之代表三人（任期一年，连举得连任）、直辖之各附属机关主任。校务会议的职权如下：[2]

第一，关于各学院系之设立、废止及变更之建议事项；

第二，关于建筑及设备之建议事项；

第三，议决关于学校之纪律事项；

第四，议决关于本校规则之制定、废止及变更；

第五，议决校长交议事项及各院务会议提议或请求审议事项；

第六，关于校内其他各重要事项。

与《大学组织法》关于校务会议的规定相比，金陵大学校务会议的职权略有变通，对"大学预算"没有提及。金陵大学的最高决议机构是校董会，所以校务会没有预算权，其对院系设废、建筑等重大校政也只有建议权。从校务会议的人员组成来看，该会参加人员众多，常达到 30 余人，在 1936 年秋季学期，金陵大学校务会议全体委员竟达 40 人之多。[3] 如此众多人数，召集会议实为不易。按规定，校务会议每学期开会一次，如有必要得由主席召集临时会议，但从实际情况看，金陵大学校务会议每学期一般召集两次。

负责校务会议日常运行的是校务会议常务委员会。根据规程，校务会议得设常务委员会，由校长、各学院院长、图书馆馆长、各处主任及附属中学校长、附属医院院长组织之，并由校务会议互选、公推教授代

---

[1]　校董会会议中零讯 [N]. 金陵大学校刊, 1930-11-28(1).

[2]　金陵大学秘书处. 私立金陵大学一览 [M]. 南京 : [出版地不详], 1933: 13.

[3]　《校务会议全体委员名单》（1936 年），中国第二历史档案馆藏私立金陵大学档案，全宗号 649，案卷号 65。

表三人加入常务委员会。1932 年 6 月，金陵大学校务会议推举贝德士、马文焕、李德毅三人加入校务会议常务委员会，校务会议常务委员会的组成人数约 10 余人。

据陈裕光回忆，当时"十多位常委几乎每周有一二次集会，讨论、研究校务，并对各项重大措施制定决策"。陈裕光称之为"共和精神"①。1936 年，金陵大学校务会议常务委员会成员有陈裕光、刘国钧（文学院院长）、魏学仁（理学院院长）、谢家声（农学院院长）、章之汶（农学院院长）、张坊、齐兆昌（工程处兼校产管理处主任）、粟宗章（事务处主任）、柯象峰（教务主任）、毕律斯、徐养秋（中国文化研究所委员会主任）、谈和敦、李方训（化学系教授）、陈宗一、马博厂（政治系主任）。② 由于金陵大学教职员队伍长期保持稳定，校务会常务委员会人员变化不大。

无论是校务会，还是常务委员会，其成员绝大部分是中国人。金陵大学校内的这种"共和精神"，使得学校运行和管理保持着较强的延续性和稳定性。在校长出缺之时，学校也能平稳运行。1935 年 1 月，陈裕光利用暑假出席国际扶轮社年会并考察南洋教育，校务会常务委员会便议决："在陈校长离校期间，学校重要事务，交由校务会议常务委员会办理，每次会议推请刘国钧先生召集之。每周朝令推请章之汶先生办理。"③

1936 年 6 月，陈裕光赴美参加会议并考察，历时半年之久。在此期间，金陵大学并没有设代理校长，而是由文、理、农三院院长毕律斯、柯象峰、张坊、袁观贤诸先生组织行政委员会。④ 三个学院的院长轮流担任校务主席，主持校务。

---

① 陈裕光.回忆金陵大学 [M]// 金陵大学南京校友会.金陵大学建校一百周年纪念册.南京：南京大学出版社，1988: 13.

② 张宪文.金陵大学史 [M].南京：南京大学出版社，2002: 64.

③ 《校务会议常务委员会记录》（1935 年 1 月 19 日），中国第二历史档案馆藏私立金陵大学档案，全宗号 649，案卷号 223。

④ 陈校长出国考察校务由行政会议负责 [N].金陵大学校刊，1936-09-07(1).

第五节　新民主主义教育政策下的全面整顿

从 1920 年代立案后，虽期间经历了抗日战争的颠沛流离，金陵大学"中西双重"的治理体系始终没有大的变化。但 1949 年随着中华人民共和国的成立，金陵大学面临"迁校"、向新政权申请立案、改变原有治理结构和办学属性等一系列重大问题。

一、拒绝迁校与民主改革

关于要不要迁校，当时校内主张迁向台湾者不乏其人，其中相当一部分人是出于对共产党政策的不了解。当时，农学院教师胡昌炽正在台湾进修，并与台湾大学、台湾省政府接洽，他们表示欢迎金陵大学迁台。陈裕光多次召开全体教职员会议和校务委员会讨论，最终校方做出了"绝不迁移台湾"的决定。1949 年 1 月 18 日，陈裕光回复胡昌炽，告知："本校在此扰攘时期维持至为艰困，前曾迭次召集全体教职员及校务会议，因经费无法筹措，新旧校舍亦不易有妥善办法，决定不迁。现仍举行招考新生，惟期勉尽心力以副职责。"[①] 金陵大学做出"不迁台"的决定是全校教职员共同的抉择，陈裕光也发挥了决定作用，他晚年回忆说："解放前夕，关心我去留的海外众多校友、亲友希望我去大洋彼岸。但最后，经过深思熟虑，我还是决定留下。因为我当时的想法是，我过去的'科学救国'和'教育救国'理想在旧中国既未实现，那么在共产党领导下能否实现呢？这问题就促使我带着积极企望的心情留了下来。"[②]

中华人民共和国成立初期，根据《中国人民政治协商会议共同纲领》关于文化教育的政策规定，"中华人民共和国的文化教育为新民主主义

---

① "陈裕光校长致胡昌炽函"，中国第二历史档案馆藏私立金陵大学档案，全宗号 649，案卷号 70。

② 陈裕光．回忆金陵大学 [M]// 金陵大学南京校友会．金陵大学建校一百周年纪念册．南京：南京大学出版社，1988: 22.

的，即民族的、科学的、大众的文化教育。人民政府的文化教育工作，应以提高人民文化水平，培养国家建设人才，肃清封建的、买办的、法西斯主义的思想，发展为人民服务的思想为主要任务"。① 教育工作也相应地提出了"有步骤地进行旧有教育事业的整顿和改革，争取一切爱国知识分子为人民服务"的方针。根据这一方针，金陵大学在中华人民共和国成立初期从行政机构、课程设置到教学工作进行了一系列改革和整顿，使自身逐渐转移到新民主主义服务的轨道上来。

行政组织方面，金陵大学改组了校务委员会和学生会，解散了学校国民党和三青团的组织，停止他们公开和秘密的活动；撤销训导处，废除训导制度，改设学生生活辅导委员会；取消总务处，改设秘书处。1950 年 2 月，金陵大学改属华东军政委员会教育部直接领导，实行校务委员会负责制，教授会、讲助会、职工会及学生会通过民主选举方式产生，产生代表 19 人组成校委会，陈裕光任主任委员。职工和学生以主人身份参与学校决策，这在金陵大学历史上还是第一次。1950 年 8 月，政务院颁布《高等学校暂行规程》《私立学校暂行管理办法》等法令，金陵大学又改行校长负责制，私立学校校长由校董会任命，学校行政部门负责人由校长任命，校务委员会在校长领导下成为学校咨询机构。之后，金陵大学成立了金陵大学工会，取消原教授会、讲助会和职工会，10 月，金陵大学校委会正式成立。

课程改革方面，取消与新民主主义精神相违背的课程，设置新民主主义论、政治经济学、辩证唯物论与历史唯物论等课程，并将这些课程列为全校学生的必修课程；1950 年 2 月，学校成立政治教学委员会，由校长、教务长、三院院长及政治主讲教师组成，聘请纵翰民任主任委员，加强对全校政治教学的领导；1950 年春季学期开学时，全校停课一个月集中学习"社会发展史"，之后便将其转入每周一次的时事政治学习；业务课程的改革按照国家建设需要及精简原则，不必要的取消，重复或相似的加以合并；除政治课外，取消全校公共必修课程的规定，但由各

① 何东昌．中华人民共和国重要教育文献（1949-1975）[M]．海口：海南出版社，1998: 1.

院分别依照需要自行修订，如理学院取消原定必修的社会科学，外语课新生英文成绩特优的得免修该课，原设初级俄文，又增设高级俄文，以适应学习苏联的需要。[①] 这样实际上过去设置的看上去似乎与专业无关的大量必修课程就取消了，"其结果是学生的知识面变得狭而深，事实证明这并不利于人才的成长。"[②] 宗教课程虽仍被列为选修课程，但选修人数日益减少，同时，全校主修人文科学及社会科学的人数也呈下降趋势。中华人民共和国成立初期，金陵大学仍然实行学分制：从1951学年第一学期起，开始改学分制为学年制，先在一年级新生中施行，二年级以实行学分制为原则，三、四年级仍维持学分制，要求在二至三年内，学年制全部取代学分制。通过学制和课程等方面的改革，教会学校在教学上的某些特点渐趋消失。

为实行新民主主义的教育政策，教会大学面临向新政权立案的问题。1950年8月，中华人民共和国教育部（以下简称"教育部"）公布了《私立高等学校管理暂行办法》[③]，相关的规定如下：

第一条 为加强领导并积极扶植与改造私立高等学校，以适应国家建设需要，特制定本办法。

第四条 私立高等学校的行政权、财政权及财产所有权均应由中国人掌握。

第五条 全国私立高等学校，无论过去已经立案与否，均须重新申请立案。申请时，由校董会详开下列各事项，报经大行政区教育部审查后，转报中央教育部核准立案：略

第八条 私立高等学校不得以宗教课目为必修科或强迫学生参加宗教仪式与活动。

第九条 私立高等学校的资金、资产、校地、校舍房屋与一切

---

① 本校关于"加强政治教育、改革业务课程初步进行草案"报请市高教处审查的呈文 [M]// 南京大学高教研究所.金陵大学史料集.南京：南京大学出版社，1989: 224-227.

② 王德滋.南京大学百年史 [M].南京：南京大学出版社，2002: 658.

③ 私立高等学校管理暂行办法 [M]// 何东昌.中华人民共和国重要教育文献（1949-1975）. 海口：海南出版社，1998: 47-48.

设备，其所有权尚未转移于学校者，应办移转手续。

其中第八条规定明显是关于教会大学的。

为此，1950 年 9 月 28 日，中华基督教教育协会召开了华东六大基督教大学（金陵女子大学、之江大学、东吴大学、沪江大学、圣约翰大学、金陵大学）校长会议，主要就"立案问题"和"资金、资产、校产、房屋等的所有权转移问题"进行了商讨。关于"立案"，校长们认为可能的手续为三个步骤：第一，先将校董会章程（草案）送呈教育部核准；第二，按照章程规定，提出校董候选人人选，报请教育部审查批准；第三，由校董会向教育部申请学校立案。故校长们也对校董的资格、人数、国籍和职权进行了讨论。关于《私立高等学校管理暂行办法》第九条所说的所有权转移问题，各教会大学不明确的转移对象，是指中国校董会？还是中国的某一教会？或者是转移给学校？至于地契和资产转移问题，由于各校情况不同，各教会学校的校长们并没有达成一致的意见。会议只是要求一方面中华基督教教育协会将教育部的法令规定告知美国托事部，看其反映；另一方面各校要加强与地方政府的沟通，并相互参考信息。[①]

1950 年 11 月 18 日，金陵大学召开了校董会紧急会议，因陈裕光1950 年 10 月参加华东人民革命大学政治研究院学习，由李方训代理校务。李方训向校董会报告了 10 月 23 日至 29 日的华东区教育部会议的情况，会议重申对于教会大学与私立大学、国立大学政策都是一致的——根据《中国人民政治协商会议共同纲领》规定，保证宗教信仰自由。会议上提出了关于私立学校立案的初步规定，以作为立案准备的指导，而最终的立案规则不久之后将予以公布。会议指出校董会需特别注意的两点：一是重组校董会，其必须达到指定的人数；二是将大学的财产转交给中国的校董会。

为申请立案和重组校董会，此次校董会任命了一个五人委员会，由

---

① 华东基督教大学校长座谈会纪录 [M]// 南京大学高教研究所 . 金陵大学史料集 . 南京：南京大学出版社 , 1989: 69-71.

四个合作差会和校友会各一位代表组成，研究制定校董会的章程以符合华东军政委员会的要求。

关于移交财产给中国人所有的问题，校董会决定先征求中国基督教大学联合校董会的意见，并使联合校董会明白现在正是考虑转交财产的时候，校董会也表示做好了接受应尽义务的准备。此外，《私立高等学校管理暂行办法》第四条规定，经济管理权必须由中国籍会计管理，所以校董会接受了毕律斯小姐的辞职申请，同时表达了对毕律斯小姐过去三十年来对金陵大学忠诚和高效的服务。[①]

金陵大学改组后的校董会，由 23 人组成，由洪章（即洪焕卿，金陵大学和江苏政法大学教授、南京基督教卫理公会理事）暂任校董会主席，接着办理立案事宜。1951 年 3 月，陈裕光学习结束返校，他感到自己在位时日过长，年事已高，精力不敷，不宜再担任领导职务，向校董会提出辞呈。校董会于 1951 年 3 月 3 日召开常委会，批准了陈裕光的辞呈，同时充分肯定了他在担任金陵大学校长期间的业绩，校董会成员一致认为"陈校长在本校苦心孤诣服务 20 余年，曾经若干次之艰危局面，不但从未气馁，且竭力扩展内部，如文理工农若干学系之添设，使理论与实际得有结合，抗战军兴，迁校成都。胜利后，领导复员，节节困难，均能奋力克服。本校所以能有今日之发展，实陈校长领导有方之所致。"[②]陈裕光辞职后，定居上海，担任上海轻工业研究所化学顾问，金陵大学校董会常委会同时做出决议，拥护华东军政委员会教育部的指示，赞成李方训任金陵大学校长。

随着学校民主改革的进行，金陵大学校园政治热情越来越高涨，金陵大学学生先后参加了"西南服务团"，进军大西南的战斗；参加了南京郊区和皖北的土地改革；开展了反侮辱、反诽谤控诉大会，"扫毒"展览会，宗教革新等一系列政治运动；积极报名参加军事干校学习，努力

---

① Minutes of the Emergency Executive Committee of the Board of Directors of the University of Nanking, November 18, 1950, UBCHEA College Files, RG 11, Box 194, Folder 3365.

② 私立金陵大学校董会常务委员会会议记录 [M]// 南京大学高教研究所 . 金陵大学史料集 . 南京 : 南京大学出版社 , 1989: 75.

按照新民主主义教育方针的新要求，通过思想改造加强政治学习，增强"为人民服务"的自觉性。总之，这一时期的金陵大学校园里，到处弥漫着革命的空气，涌动着高涨的热情，师生们为中国共产党带领全国走向胜利所鼓舞，由衷坚持中国共产党的领导。新中国的诞生也确实使师生们在金陵大学校园里找到了以往所未曾有过的"当家做主"的自豪感，这也为之后金陵大学一系列的变动和调整奠定了基础。

二、教会学校属性结束，转型公办教育

中华人民共和国成立初期，我国对原有教育文化机构按部就班的民主改革，因朝鲜战争的爆发而加快了步伐。1950年6月，朝鲜战争爆发，同年10月，中国人民志愿军赴朝参战，全国掀起"抗美援朝，保家卫国"运动，反对美国侵略的浪潮席卷中华大地。这场战争，给在华外国教会学校的命运带来了历史性的变化和根本性的转折，政治因素无疑是导致教会大学最终从大陆消亡的重要原因[①]。

除了战场上的较量，1950年12月16日，美国政府突然宣布冻结中国在美国的全部财产，并规定非经特别许可，将资金汇到大陆是非法的。针对美国政府的举动，中国政府采取了报复性措施。12月28日，中央人民政府发布命令管制美国在华财产，[②] 其中大多数为教会财产。29日，政务院作出了《关于处理接受美国津贴之文化教育救济机关及宗教团体的方针的决定》，该《决定》指出："凡接受美国津贴的文化教育医疗机关分别情况，或由政府接办改为国家事业；或由人民团体继续经营改为中国人民完全自办的事业；私人团体经营有困难者政府予以适当补助"，以期"把一百多年来美帝对中国人民之文化侵略，最后地、永远地、彻

---

① 马敏.艰难的蜕变：解放前后的华中大学与韦卓民 [M]// 章开沅，林蔚.中西文化与教会大学.武汉：湖北教育出版社，1991:319-338；史静寰.近代西方传教士在华教育活动的专业化 [J].历史研究，1989(6):28-37；刘方仪.教会大学的终结：从中华人民共和国建国初期基督教政策谈起并以金陵大学为个案研究 [J].基督教思想评论(第三辑),2006(1):366-377.叶张瑜.建国初期教会大学的历史考察 [J].当代中国史研究，2001,8(3):64-75.

② 社论：肃清美帝在中国的经济和文化侵略势力 [N].人民日报，1950-12-30.

底地、全部地加以结束"①。由于美国的封锁，使得一向依赖外国教会团体或个人资助的教会学校突然断了财政来源，特别是像金陵大学、金陵女子大学这样在美国基金比较多的学校。②这些学校在《决定》颁布后实在无力维持运转，加之师生受到新思想潜移默化的影响，要求结束私立地位，这些都使整个接办工作没有遇到太大的阻力便正式进入了大规模的实施阶段。

20世纪50年代，我国对教会学校的接收有着多方面的复杂原因，因美国的挑战而引起中国的反弹，美国负有直接的责任。当然，中国政府的主观愿望是将各类教育统一到新民主主义的大目标之下，允许私立学校、教会学校存在只是一时权宜，由于美国的介入，这一愿望提前实现也是事实。由此可见，教会学校在20世纪50年代被接办绝不是偶然的，而是一种历史的必然，其中，中美关系恶化是重要的原因，再加上教会学校自身存在一些不适应社会改革的因素，其最终结局便不可避免地被决定了。

其实在此之前，中国政府接收辅仁大学，已表明中国政府有接收自办教会大学的决心。辅仁大学的教会组织想利用减少补助经费的方法来阻碍学校的进步和发展，校长陈垣多次交涉无果，1950年8月，辅仁大学竟停发办学经费。之后，教育部报请政务院批准于10月12日明令将辅仁大学接收自办，但同时亦说明政府接收自办的是私立辅仁大学，与宗教无关。中国政府接收辅仁大学，可谓开启了接收教会大学的模式，教育部长马叙伦向辅仁大学教会驻校代表芮歌尼，阐明我国教育部关于教会学校的几点原则，其中第二条指出：外国人在旧中国所办的教会学校，因为它已经办了多年，所以必须在它真实的遵守中国人民政治协商会议共同纲领及教育方针与法令的条件下，可以暂时允许它继续办，但中央人民政府保有根据需要以命令收回自办的权利、更绝对不允许新设

---

① 关于处理接受美国津贴之文化教育救济机关及宗教团体的方针的决定 [M]// 何东昌 . 中华人民共和国重要教育文献（1949-1975）. 海口：海南出版社，1998: 72.

② 华东基督教大学校长座谈会纪录 [M]// 南京大学高教研究所 . 金陵大学史料集 . 南京：南京大学出版社，1989: 70.

这类性质的学校。①而抗美援朝战争爆发，中美关系恶化，这就为收回接受美国津贴的教会大学制造了条件。

1951 年 1 月 11 日，教育部颁布了《关于处理接受美国津贴的教会学校及其他教育机关的指示》，拟定了接收教会大学的处理方案，根据接受经费情况的不同分别拟定了处理原则，并对人事问题规定了处理原则。除此之外，《指示》还规定"在处理过程中，一律维持学校现状，不迁校，不合并，不调整院系；接收的学校，经费及教职员工待遇照旧；高等学校中的宗教学院或神学院，暂维持现状。"②这些处理原则使得执行教会大学接收的阻力减小，保证了教会学校改制的平稳过渡。1951 年 1 月 16 日至 1951 年 1 月 22 日，教育部在北京召开了处理外国津贴的高等学校会议，教育部长马叙伦重申了"新中国不允许外国人在中国办学校"的方针，副部长钱俊瑞强调"集中火力，肃清美帝文化侵略影响，夺取美帝在中国的文化侵略阵地"。经过讨论，会议拟定了对每个学校的处理方案，并呈请政务院批准，处理方案大致分为两种。一种是接收后改为公立的十一所，有燕京大学、浸沽大学（接受天主教会津贴）、协和医学院、铭贤学院、金陵大学、金陵女子文理学院（接收后金陵大学、金陵女子文理学院合并称为金陵大学）、福州协合大学、华南女子文理学院（接收后二校合并为福州大学）、华中大学（接收后调整为华中师范大学）、文华图书馆专科学校、华西协合大学（接收后改称华西大学）。另一种是接收后改为中国人民自办，仍维持私立，政府予以补助。这类学校共九所，有沪江大学、东吴大学、圣约翰大学、之江大学、齐鲁大学、岭南大学、求精商学院、震旦大学、震旦女子文理学院（后震旦大学与震旦女子文理学院接受天主教会津贴，接收后合并为震旦大学）。③

---

① 马叙伦部长为接办辅仁大学招待记者的书面谈话（1950 年 10 月 12 日）[M]// 何东昌 . 中华人民共和国重要教育文献（1949-1975）. 海口：海南出版社 ,1997:62.

② 关于处理接受美国津贴的教会学校及其他教育机关的指示 [M]// 何东昌 . 中华人民共和国重要教育文献（1949-1975）. 海口：海南出版社 , 1998: 75.

③ 教育部召开处理接受外国津贴之高等学校会议 [M]// 何东昌 . 中华人民共和国重要教育文献（1949-1975）. 海口：海南出版社 , 1998: 72.

金陵大学代理校长李方训及教师学生代表共三人出席了这次会议。在会议期间，美国基督教大学联合董事会电邀各校派代表去香港与该部代表商谈津贴费事宜，金陵大学接此电告后，全校师生举行集会，通过决议："不予回复，拒绝邀请。"① 从此，金陵大学便与外国教会断绝了一切联系。随后，金陵大学根据政务院关于《接受外国津贴及外资经营之文化教育救济机关和宗教团体登记条例》的规定，立即造具清册，于2月14日向南京市人民政府办理登记，并同时冻结存款，如需动用，须经审批。至3月存款告罄，教职员工4月份工资即由南京市文教局拨款2亿元接济。

金陵女子文理学院与金陵大学属美国教会的同一教派，在美国组织联合董事会，都是接受美国教会基金较多的学校，两校与美国断绝关系后，均无法独立办校，经协商决定两校合并，接受政府提供的经费，改为公立。1951年3月23日，成立金陵大学与金陵女子学院两校合并筹备委员会，华东教育部委派南京市文教局局长孙叔平参加该筹委会，主持筹备工作。在关于新校名的采用上，根据绝大多数群众意见，主张仍然以金陵大学为新校名，并说明该校名比较两校旧有的名称已抛弃"私立"及"女子"等字样，故在文字的形式上已具有不同以往的面貌，应毫无旧的意义，相反，它应该代表公立的、人民的、崭新的一个大学。且学生方面表示，在名称上保持金陵两字，毫不妨碍本质的改造，解放两年以来，本校名称毫无改变而本质已大有转变。至于少数人提出的，如毛泽东大学、抗美大学、华东大学、扬子江大学、紫金山大学等名称都被否定了。② 校名确定后，即组成公立金陵大学校务委员会，由李方训、吴贻芳、戈福鼎、樊庆笙、陈中凡、陈纳逊、高觉敷、钱且华、刘开荣、肖焜焘、郑今明、戴安邦、靳自重、熊子璥、庄瑞舫及学生代表共17人组成，任命李方训、吴贻芳为正、副主任委员。1951年9月1日，

---

① 王德滋.南京大学百年史[M].南京：南京大学出版社,2002:660.

② 金陵大学、金陵女子文理学院两校合并筹备委员会拟具的两校合并方案（1951年6月21日）[M]//何东昌.中华人民共和国重要教育文献（1949-1975）.海口：海南出版社,1998:79.

公立金陵大学校务委员会在金陵大学礼堂隆重举行公立金陵大学成立庆祝大会，南京市市长柯庆施及有关部门和兄弟院校负责人出席大会，全校师生在鞭炮和锣鼓声中欢庆公立金陵大学的诞生。[①] 从此，作为教会大学的金陵大学便消亡了，走上了培养新民主主义人才的公立学校道路。

1952年起，在教育部统一部署下，参考苏联高校设置的模式，对全国高等学校进行了有计划、大规模的院系调整。这次调整"以华北、华东区为重点"，调整方针为"以培养工业建设人才和师资为重点，发展专门学院，整顿和加强综合性大学"。遵此方针，华东高校院系的调整以上海、南京两市为重点，南京的院系调整又以南京大学（原国立中央大学）和金陵大学两校为中心进行，最终金陵大学和南京大学合并，组成新的南京大学。

---

① 金陵大学、金陵女子文理学院两校合并筹备委员会拟具的两校合并方案（1951年6月21日）[M]// 何东昌.中华人民共和国重要教育文献（1949-1975）.海口：海南出版社，1998：81.

126

第四章 金陵大学经费来源与本土化办学

近代中国有三类不同性质的大学：公立大学（含国立和省立）、国人自设的私立大学与教会大学，它们的经费来源渠道各不相同。其中，教会大学的经费起初主要来源于合作差会和学生学杂费。受爱国主义运动的冲击，中国的教会大学大多向国民政府注册立案，成为私立大学一员，经费来源渠道不断拓宽，呈现出多样化和本土化的特征，政府补助、各类企业、社会团体和个人的捐助越来越成为金陵大学的重要收入来源。不同的经费来源主体与金陵大学办学理念有关，影响了大学的办学定位，金陵大学后期的学科发展越来越与国家需求相契合，正是办学经费本土化的体现。

第一节 金陵大学早期经费来源与管理

教会大学的治理结构比较特殊，国外有合作差会联合组成的托事部，国内在校方行政层上面还有理事会，托事部是国内和国外私立大学最大的区别。托事部是大学的最高决策层，其"至高无上"的地位主要取决于其重要的经济地位，托事部是教会大学校产的所有者，对校产有所有权和处置权，当然其每年稳定的拨款也是教会大学能够持久健康发展的重要因素。

一、合作差会的拨款

美国的美以美会、基督会和长老会联合组成金陵大学托事部，托事部的职责之一就是持有金陵大学拥有或借来的财产、投资和管理基本金。托事部主要负责在国外为大学募集资金，每年按照预算拨给金陵大学合作差会的拨款、各差会派遣教师的薪资、基本金利息和国外其他机构或个人的捐款，金陵大学在办学早期，没有获得南京国民政府认可的情况下，这部分款项是金陵大学较为稳定的办学经费来源。

由于托事部掌握着大学的"经济命脉"，因此对大学的组织结构、学科建设、人事任免等有很大的决定权，金陵大学需要做好年度经费预算向托事部请款。而南京的理事会负责管理托事部的经费，确保经费收支平衡和分配经费。

金陵大学创建后不久，托事部明确规定，理事会可以拟定金陵大学每年的预算经费，托事部有权赞成、修改和批准各年度经费预算，没有托事部的批准，大学不能签订财务性质的契约；如遇紧急情况，经费不可预期出现短缺，需托事部承担，弥补经费不能超过预算经费，理事会应与托事部齐心协力筹集经费。理事会应尽全力吸引中国人为金陵大学提供设备和经费。1925年修正的《金陵大学"托管会"（创建人会）细则》规定，理事会可以代表托事部，对所有在中国的经费和校产进行执行管理，每年向托事部递交预算草案以获批准。这说明理事会因在中国可以募集资金，故在金陵大学的预算拟定和执行上也享有相当的权力。

托事部设司库（Treasurer）一名，负责保管学校的基金和证券。理事会设司库一名，同时担任学校的司库，主要负责经费的收支、金陵大学的本地收入（包括学费、学生缴纳的其他费用、农场和工场产品的

---

① 1909 proposed constitution of the university of Nanking, UBCHEA archives, box 188, folder 3315.

② 1909 proposed constitution of the university of Nanking, UBCHEA archives, box 188, folder 3315.

③ Minutes of the meeting of the board of trustees of the university of Nanking, January 27, 1912, UBCHEA archives, box 188, folder 3316.

④ By-laws; minutes of the executive committee meeting of the board of trustees of the university of Nanking, February 25, 1925, UBCHEA archives, box 188, folder 3316.

⑤ 金陵大学"托管会"（创建人会）细则[M]/《南大百年实录》编辑组.南大百年实录:中卷.南京:南京大学出版社,2002:126.

收入等）、建立收支账目表，保证专款专用。^①金陵大学的司库一直由外国人担任，第一任理事会及学校的司库是米尔沃德（W. Millward）^②，1914 年起由斯特华德（H. B. Steward）、罗斯（G. M. Rosse）、毕曼（Beaman）、伍恩（Lewis H. Owen）先后任该职。1927 年金陵大学立案与改组后一直由毕律斯（Elsie M. Priest）担任司库一职。金陵大学的财务管理系统不向校长负责，而是向美国的托事部以及校董会负责。用陈裕光的话讲，金陵大学的经济命脉掌握在美国教会手里。^③

各合作差会拨给金陵大学的经费主要有三方面：一是差会拨款，即各合作差会每年向金陵大学提供的固定经费；二是差会薪水，即各合作差会向金陵大学派出教职员每年由本差会提供的薪水；三是基本金利息，即各合作差会向金陵大学提供的基本金（包括动产与不动产）每年产生的利息（表 4-1）。

表4-1　金陵大学历年收入中的差会拨款及基本金利息^④

单位：墨洋

年　度	基本金利息	差会拨款	差会薪水	差会总拨款	差会总拨款占总收入百分比/%	总收入
1912	0	—	—	17 863.78	42.81	41 729.39
1913	0	22 519.68	3 732.32	26 252.00	38.54	68 109.79
1914	0	—	—	15 166.64	10.26	147 856.98
1915	0	—	—	55 083.55	28.51	193 199.87

---

① 　University of Nanking, general regulations，中国第二历史档案馆藏私立金陵大学档案，全宗号 649，案卷号 2296.

② 　Minutes of the eighth meeting of the executive committee of the board of managers of the university of Nanking, Oct. 25th, 1910, UBCHEA archives, box 191, folder 3331.

③ 　陈裕光. 回忆金陵大学 [M]// 金陵大学南京校友会. 金陵大学建校一百周年纪念册. 南京：南京大学出版社, 1988: 12.

④ 　蒋宝麟. 金陵大学的经费来源与运作研究（1910—1949）[J]. 中国经济史研究, 2018(4): 41–45.

续 表

年 度	基本金利息	差会拨款	差会薪水	差会总拨款	差会总拨款占总收入百分比/%	总收入
1916	0	—	—	72 508.07	30.81	235 349.74
1917	0	—	—	62 765.29	15.62	401 830.34
1918	0	—	—	35 410.25	10.15	348 791.55
1919	0	—	—	85 078.18	22.87	371 954.84
1920	11 243.77	65 767.69		77 011.46	13.94	552 311.34
1921	56 729.34	54 690.25		111 419.59	22.66	491 797.62
1922/1—6	12 673.23	7 236.00	24 950.00	44 859.23	23.97	187 171.07
1923/1—6	10 375.00	12 000.00	29 095.00	51 470.00	27.46	187 411.25
1923—1924	18 099.68	27 000.00	61 826.90	106 926.58	34.91	306 308.12
1924—1925	19 030.88	27 000.00	64 719.80	110 750.68	36.29	305 209.96
1925—1926	21 364.52	27 000.00	64 621.09	112 985.61	30.44	371 213.76
1927—1928	19 000.00	9 000.00	40 040.00	68 040.00	27.63	246 293.00

资料来源：金陵大学历年财务报告及决算表，UBCHEA Archives, Box 230. Folder 3886～3891；1922年上半年数据见私立金陵大学档案649～2389；1923年上半年数据见私立金陵大学档案649～2383。"差会总拨款"项数额为"基本金利息""差会拨款""差会薪水"三项数额相加之和。

差会拨款、差会薪水和基本金利息是金陵大学较具稳定性的三个经费来源，特别是在办学初期，是金陵大学的主要收入。合作差会为金陵大学提供的基本金由美国的托事部及之后的创始人会保管，基本金利息由托事部按期汇拨后由金陵大学会计主任发放。[①] 从上表可知，金陵大学的基本金利息在总收入中所占比例并不高，但收益数额比较稳定。1921年北京政府视察金陵大学，认为该校经费出于基本金者（即基本金利息）不高，但"教会团体之捐助尚属可靠"。[②] 教会捐助准确来说是各合作差会给金陵大学的拨款及为教师提供的薪水，体现了各合作差会与金陵大

---

① 教育部. 第一次中国教育年鉴 [M]. 上海：开明书店出版社，1934: 101.

② 南京大学高教研究所校史编写组. 教育部视察金陵大学报告 [M]//《南大百年实录》编辑组. 南大百年实录：中卷. 南京：南京大学出版社，2002: 26.

学直接的经济纽带关系。

二、学生学杂费及政府补助

除了差会拨款和基本金利息外，金陵大学的另一笔经费来源是学生的学杂费收入。将表4-2与表4-1进行对比可以发现，学生学杂费收入在金陵大学办学初期已成为其办学经费的主要来源，和差会拨款共同稳住金陵大学经费基本盘。影响学杂费收入的重要因素是招生规模，如表4-2所示，金陵大学在20世纪20年代，学生学杂费收入远超前10年，这是因为1920年是金陵大学快速发展时期，学科建设、人才培养取得很大成绩，教学水准有目共睹，故报考学生日渐增多，从经费收入中可以看出1923—1924年学生学杂费收入占学校总收入的一半以上。但时局也会影响招生规模，1927—1928年学生学杂费收入之所以突降到17%，是因为这期间中国政局动荡，特别是"南京事件"的发生，使处于风暴中心的金陵大学备受影响，很多学生不敢报考金陵大学，老生有不少也不敢返回学校。

表4-2　金陵大学历年收入中的学生学杂费[①]

单位：墨洋

年　　度	学生学杂费	学杂费占总收入百分比 /%	总收入
1912	8 945.18	21.44	41 729.39
1913	14 818.85	21.78	68 109.79
1914	18 832.96	12.74	147 856.98
1915	22 028.90	11.40	193 199.87
1916	38 727.41	16.46	235 349.74
1917	57 882.03	14.40	401 830.34
1918	42 596.54	12.21	348 791.55

---

① 蒋宝麟.金陵大学治理结构研究 [D].南京：南京大学,2016.

年　度	学生学杂费	学杂费占总收入百分比 /%	总收入
1919	71 797.33	19.30	371 954.84
1920	86 523.79	15.67	552 311.34
1921	126 741.14	25.77	491 797.62
1922/1—6	52 288.60	27.94	187 171.07
1923/1—6	43 920.00	23.44	187 411.25
1923—1924	174 166.60	56.84	306 308.12
1924—1925	143 280.15	46.94	305 209.96
1925—1926	145 895.23	39.30	371 213.76
1927—1928	43 516.00	17.67	246 293.00

注：资料来源及数据说明同表 4-1。

除了差会拨款和学生学杂费收入外，金陵大学的经费来源中还有来自中外个人和团体的捐助。而这类收入大部分具有指向性，即资助大学内部的某一学院、学系、研究机构或开展特定的科学研究计划，这对学校的发展取向产生了较为深刻的影响。

农学院是金陵大学三大学院之一。1914 年金陵大学创办了农科，1915 年创办了林科，1916 年两科合并为农林科，1930 年农林科改称农学院。在金陵大学的 3 个学院中，农学院受外界资助数量最多，范围最广。在建立之初，农林科的经费无着落，之后教会认识到高等农业教育在中国的重要性，到 1919 年农林科才进入大学的预算中。[1]

1919 年 9 月，美国驻南京领事偕包文校长谒见江苏督军李纯，请求改良种棉试验场经费补助，李氏答应捐助 1 万元，山西督军阎锡山也捐了 1 万元。[2]

---

[1] 南京大学高教研究所校史编写组 . 教育部视察金陵大学报告 [M]//《南大百年实录》编辑组 . 南大百年实录：中卷 . 南京：南京大学出版社，2002：26.

[2] 南京快信 [N]. 申报，1919-09-17(7).

1923 年，美国对华赈款委员会（American Committee for China Famine Fund）将对华赈济余款中的约 67.5 万美元（一说"约 70 万美元"）作为中国赈灾基金（The China Famine Relief Fund）资助金陵大学农林科，将产生的利息作为调查灾荒、救济以及在中国发展农林教育的经费。这笔经费连同美国对华赈款委员会资助燕京大学的经费，由美国特设的托管会保管，产生的利息供两校农学院专用。① 金陵大学在向南京国民政府立案后，农学院接受中外机构的捐款、资助和合作研究经费的名目就更多了。②

自晚清教会学校在中国创办之始，很长一段时间内与政府没有经济往来。不过，随着教会学校"中国化"的推进，以及其在中国拓展经费来源渠道，进入民国后，教会学校是否应该接受国民政府资助之议四起。20 世纪 20 年代初，巴敦调查团（China Educational Commission）来华考查教育及教会大学现状，得出的结论是，若教会学校受政府资助必须忠诚服务，但政府不能对该校的教学自由加以限制。③

作为教会大学，金陵大学在创校初期，与中国本土的教育体制几乎没有关系，但并不代表其不接受官方的资助。当时，金陵大学与北京政府和部分地方政府有零星的合作而获补助。农林科成立时，正值北京农商部设立的农业学校解散，遂由农商部与金陵大学农科商定，将该校的学生转入金陵大学农林科学习，并补助经费 3 000 元；山东、安徽、云南和江西四省政府送官费生到农林科学习，1920 年秋山西省派遣 19 名学生到农林科学习。④ 在当时，中央教育行政组织机构并未对未立案的外人办学机构给予制度性的经费补助。政府补助逐渐增加则是金陵大学在南京国民政府"立案"，以私立大学身份正式成为民国时期中国一所十

① 过探先 . 金陵大学农林科之发展及其贡献 (摘要)[M]// 《南大百年实录》编辑组 . 南大百年实录 : 中卷 . 南京 : 南京大学出版社 , 2002: 263.

② 详见农学院概况 [M]// 《南大百年实录》编辑组 . 南大百年实录 : 中卷 . 南京 : 南京大学出版社 , 2002: 259-260.

③ 中国基督教教育调查会 . 中国基督教教育事业 [M]. 上海 : 商务印书馆 , 1922: 44.

④ 私立金陵大学农学院院长室 . 私立金陵大学农学院概况第 2 号 [M].1933: 26-27.

分知名的教会大学开始的。

金陵大学早期办学经费主要来源为差会拨款和学生学杂费收入，1928 年"立案"后国民政府、团体企业和个人对其捐助越来越多，来自中国的经费渐超美国，政府补助的增加也势必会影响到金陵大学今后的办学方向，使其朝"中国化"和"世俗化"方向不断迈进。金陵大学经费来源的"中国化"也对其基督教性质是一个重大的挑战，会带来办学定位的再思考，这也是中国教会大学都会遭遇的境况。

第二节　金陵大学经费来源的本土化

民国时期中国大学在办学经费来源上，国立大学和省立大学办学经费 90% 来自中央和地方政府的财政拨款，相比而言，私立大学经费来源更加多元化，"有以国省库款为主要来源者，有以学生缴费为主要来源者，有以地产租息为主要来源者，亦有以捐助款为主要来源者，有的学校甚至靠其他投资以筹措学校经费者，其间之区别每与该校之背景有关"①。经费来源不同也会影响大学办学和发展的路径。

一、金陵大学的经济困境

金陵大学在 1927 年"南京事件"中损失严重，这种损失不仅在于有形资产的毁损，还在于大批外籍教职员的散失，且学校面临被政府接管的境地。合作差会对金陵大学的拨款也随之减少，甚至停止拨款。合作差会在 1927—1928 年对金陵大学的拨款从 1926 年的 11 万余元缩减到 6.8 万余元（见第一节的表 4-1），该年度也成为金陵大学历史上经费预算最为困难的一年。

除了差会拨款减少，由于受经济危机影响，差会的基金利息也大幅缩水。进入 20 世纪 30 年代，全球经济陷入萧条，直接影响在美合作差

---

① 陈能治. 战前十年中国的大学教育 [M]. 台北：台湾商务印书馆，1990: 233.

会对金陵大学的拨款和美国社会对金陵大学的捐助。一方面，基金利息收入减少。金陵大学基金多属证券，受经济形势影响，价值缩水严重。另一方面，金价的低廉造成美元兑换成中国货币数额减少。1932年5月，金陵大学董事会鉴于学校经费短缺，议决实行紧缩政策，决定"自本学期起至来年夏季，教职员薪金一律九折发给"。不过，陈裕光认为金陵大学教职员待遇一向优厚，若突然薪金骤减，势必导致生活困难。所以，董事会最后决定，教职员暂不减薪，唯本年度内暂不加薪。在1932年6月召开的金陵大学校务会议上，陈裕光对学校的经费状况较为关注，他说："经费短缺实为来年行政上最棘手问题。""本学期开学以来，因战事关系，学生人数减少。又因世界经济不景气，致本校经费大受影响。本季经费已短少2万余元，下年度短少5万余元。其中一部分已承校董会尽量设法，唯所余之数尚多，为弥补缺欠，以资挹注，计下年度添置项下暂行停止。至同人待遇，亦拟稍事折减。望同人体谅本校经济困难情形，忍耐须臾，以期共渡此难关。"[1]

1933年11月，金陵大学召开第14次董事会，校董会因国际金价的下跌和创始人会基金之减少，提请创始人会将1933—1934年之汇兑盈余款项，移为弥补本年金陵大学亏欠之用。董事会还公推魏文瀚、罗运炎、史覃、理毕德、吴惠津等五人就任组织委员会，计划如何筹募基金。[2]

政局混乱也造成学生入学数量减少，故从1927—1931年，金陵大学学生学杂费收入大为减少。1927年秋，因国民革命军与北洋军阀在南京郊外龙潭一带作战，学生入学人数从上学期的517人减少到423人。这一状况使校务委员会主席过探先对该年度经费预算深表忧虑。[3]1932年1月"一二八"事变爆发，"京畿一带，陷于极端不安。本校虽勉力开课，

---

① 《1932年春季第一次校务会议记录》(1932年6月3日)，中国第二历史档案馆藏私立金陵大学档案，全宗号649，案卷号223。

② 《金陵大学第十四届校董会会议记录》(1933年11月24日)，中国第二历史档案馆藏私立金陵大学档案，全宗号649，案卷号223。

③ 《第二十五次校务会议记录》(1927年9月9日)，中国第二历史档案馆藏私立金陵大学档案，全宗号649，案卷号225。

使弦歌未致中断，而外埠学生多因道远路长，中止来校。上季到校学生共 312 人，较之平常学额减少 200 余人。学费骤减，遂致学校经济不景气。"[①] 在 1932 年春季学期，金陵大学因战事影响，学生"较上学期减少91 名，学费因之较预计之数短少约 6 000 元。"[②] 因学生人数导致的学费收入减少，也引起校长陈裕光对办学经费的担忧。

根据金陵大学的会计报告，学校在 1933 年支出超出预算 33 283.74元，其中中学部 10 427.13 元，大学部 22 856.61 元。而造成学校超支的原因，"约 5/7 系创办人捐款来源减少，2/7 系汇兑跌落"[③]。在 1935 年的修正预算中，经费短欠 5 783.52 元。造成经费短欠的原因，系"胡佛基金减少"。为此董事会议决："①请求美国创始人会设法弥补胡佛基金之损失；②请校长会同进展委员会弥补学校经费之短缺，并推派陈钟声、杭立武、吴东初、葛德基等就任组织临时委员会，在学校行政指导下会同进展委员会设法筹募，弥补历年来经费短少之数；③鉴于学校费用年有亏累，本会虽努力设法弥补，但仍不济，应请美国创始人会及中华基督教大学联合会不减少经费，并请其竭力与美国国内增加捐赠数量。"[④]1934 年 6 月，金陵大学在向国民政府递交的申请补助的呈文中，陈裕光对金陵大学的经费构成及近年来学校备受经费困扰的窘况有一段清晰的描述：

唯是本校为私人创立，经费之供给，泰半出于基金之利金，与西方人士之捐助。本校常年经费为 30 万元，其经费来源，可略述者，计 29 % 为基金之息金，16 % 为教会捐助，28 % 为补助费，仅有 27 % 为学费及其他收入。虽农学院方面另有特别费 40 余万元，但此次均属临时捐款，用途或系专门调查，或系特别事业，均事先由捐款人指定，不得移作基本课程

---

① 陈校长发表关于本校经济状况谈话 [N]. 金陵大学校刊，1932-09-12(1).

② 文学院消息 [N]. 金陵大学校刊，1932-04-08(2).

③ 《金陵大学第十六届校董会会议记录》(1934 年 11 月 23 日)，中国第二历史档案馆藏私立金陵大学档案，全宗号 649，案卷号 223.

④ 《金陵大学第十八届校董会会议记录》(1935 年 11 月 22 日)，中国第二历史档案馆藏私立金陵大学档案，全宗号 649，案卷号 223.

与普通设备之用。大学经费短缺。……本校多年来虽时感经费之拮据，然处此艰难环境中，犹力求充实设备，增添课程。无如世界不景气之影响，基金多属证券，价值顿形锐落。外款来源，日益减少，各教会资送外籍教授来此教学者，亦多被召回。而金价低廉，汇兑之损失尤巨。本校之事业前途，将以经济上之空前危局，而蒙打击，或致停辍。①

1935 年 7 月，国民政府教育部派视察员视察金陵大学，对该校饱受经费短缺的困扰颇有感悟。据视察员报告："该校经费年有亏空，影响事业之进展甚巨。一方面，应由校董会增筹基金，以裕收入；另一方面，应酌量缩减科系规模，以节支出。"② 为保持办学收支平衡，金陵大学不仅裁撤部分发展不佳的学系，还适时地暂停添置和建设事项，并将教职员薪金折扣发放。

二、较稳定的年度补助费

为应对经济困境，金陵大学也积极向政府申请经费补助。金陵大学的经费困难并非个案，这是 20 世纪 30 年代初中国私立大学面临的共同处境。南京国民政府建立初期，为兴学育才制订了补助私立专科以上学校的计划。1930 年，国民政府颁布《私立大学、专科学校奖励与取缔办法》，其中规定，对已立案私立大学、学院及专科学校成绩优良者，由中央或省市政府酌量拨款补助。③ 但这一政策因经费无着并未落实。

1932 年底召开的国民党四届三中全会，程天放等人提出了"关于教育决议案"，"补助私立大学之有成绩者"的建议。1934 年 5 月，国民政府教育部制定了《私立专科以上学校补助费分配办法大纲》，规定从

---

① 《金陵大学经费补助申请书（1934 年）》，中国第二历史档案馆藏私立金陵大学档案，全宗号 649，案卷号 253。

② 《教育部令知视察报告要点仰切实改进具报由》(1935 年 7 月 6 日）, 中国第二历史档案馆藏私立金陵大学档案，全宗号 649，案卷号 4。

③ 教育部订定私立大学、专科学校奖励与取缔办法 (1930 年 8 月 23 日)[M]// 中国第二历史档案馆. 中华民国史档案资料汇编：第 5 辑：第 1 编 教育 (一). 南京：江苏古籍出版社，1994：180.

该年度起，国民政府教育部从国库中每年提取专款 72 万元补助已立案的"私立之优良大学及专科学校"。该年度补助费 72 万元，除去 5 万元由国民政府教育部作为临时救济费外，各私立大学共得到补助 49.1 万元，占全部补助费的 73.2%，其中以厦门大学和燕京大学所得补助数为最高（表 4-3）[①]。到 1937 年度，该项经费补助额度增加到 120 万元。

表4-3　1934年中央补助私立大学经费分配表

单位：元

校　名	经　费	校　名	经　费
厦门大学	90 000	光华大学	20 000
燕京大学	60 000	华中大学	18 000
南开大学	40 000	复旦大学	15 000
大夏大学	35 000	国民大学	14 000
大同大学	35 000	辅仁大学	10 000
岭南大学	30 000	东吴大学	10 000
金陵大学	30 000	广州大学	6 000
齐鲁大学	24 000	中华大学	6 000
华西协合大学	23 000	震旦大学	5 000
沪江大学	20 000	总计	491 000

　　政府的经费补助对备受经费困扰的金陵大学可谓雪中送炭。1934 年 6 月，金陵大学分别由各学院、部拟定补助申请书，向国民政府教育部申请补助费总计 246 750 元。其中，第一项设备费 182 750 元，包括增建宿舍费 5 000 元，补助图书费 20 000 元，补充仪器及其他设备费 157 750 元。第二项讲席费 64 000 元，包括文、理、农三学院讲席 18 座。[②] 当年

---

① 国内教育界 (二十三年八月): 教部本年度私校补助费核定经过 [J]. 中华教育界, 1934, 22(4): 185–186.

② 《金陵大学请求补助申请书（草稿）》，中国第二历史档案馆藏私立金陵大学档案，全宗号 649，案卷号 253。

国民政府教育部补助全国私校经费总额不过 72 万，金陵大学如此庞大的补助金额有点不切实际，但同时反映了金陵大学各项事业亟待补助。最终，国民政府教育部核准 1934 年度金陵大学补助经费为 3 万元。① 这笔补助费分为两部分：第一，补助文学院 14 000 元，8 000 元用于设置"经济学"和"边疆史地"两个教席，6 000 元用以购买"边疆史地"的研究设备；第二，补助理学院 16 000 元，用于该院购置设备。

此后国民政府教育部补助经费成为金陵大学稳定的收入来源之一。根据规定，此项补助费分配"约百分之七十的经费用于扩充设备，百分之三十用于添设特种科目教席"②。虽然补助金额有限，但由于该项费用直接用于院系的教授薪资和设备改善，对各学院教学科研工作仍有很大帮助。在国民政府教育部补助下，金陵大学于 1934 年在文学院添设了边疆史地教席（徐益棠）和经济学教席（金积楠）。1935 年，在理学院添设化学工程教席（马杰）。1936 年，又在农学院添设植物病理学教席（俞大绂）。这些都是金陵大学亟待发展的学科。文学院的图书资料和理学院的仪器设备因国民政府教育部经费补助得到了很大改善。1935 年教育部补助文学院图书设备费 4 000 元，成为该院各系改善图书资料的重要经费来源，所涉及图书包括中国文学、边疆、史学、外国文学、地方志和社会科学各类。1935 年教育部补助理学院的设备费 13 627 元，用此款购置的设备包括电学设备、电机工程设备、化学工程设备、算学图书、化学设备和理化影片等。③ 在 1933 年，金陵大学全校用于仪器标本模型机器的经费仅有 7 550.78 元，国民政府教育部的补助对该院教学科研工作的开展大有帮助。抗战前，金陵大学每年受国民政府补助经费额度约 3 万元。

抗战爆发后，金陵大学西迁成都，在抗战大后方成都时期，学校捐助渠道和经费减少，校舍建设所需经费较大，物价又日益上涨，师生

① 教育部补助本校三万元 [N]. 金陵大学校刊，1934–09–10(1).

② 教育部. 私立专科以上学校补助费分配办法大纲 [J]. 教育部公报，1934(21/22): 43–46.

③ 《私立金陵大学申请补助书》，中国第二历史档案馆藏私立金陵大学档案，全宗号 649，案卷号 254。

生活开支日益增加，经费更加困难。除了美国创始人会提供的特别拨款外，国民政府教育部的年度补助费也是维持学校稳定的重要经济保障。战前国民政府教育部的年度补助费用于添设教席和添置设备，抗战爆发后，鉴于大学面临的实际困难，国民政府教育部准许部分经费移作他用。[①]"允许各校院所支补助费应以总额三分之一为教职员生活津贴款项，其余三分之二作为特种科目教席俸给费及补充设备费。"[②]例如，金陵大学1943年补助费共计20万元，除了用于三院教席费和设备费的13万外，另有7万元用于教职员的生活补助费。[③]

表4-4　国民政府教育部补助金陵大学年度经费情况表　（1936年开始使用法币，1948年后改为金圆券）

单位：元

年　度	总　额	文学院	理学院	农学院	教职员补助费
1934	30 000	教席费8 000，设备费6 000	设备费16 000		
1935	26 737	教席费4 000，设备费5 110	教席费4 000，设备费13 627		
1936	30 000	教席费8 000，设备费4 000	教席费4 000，设备费10 000	教席费4 000	
1937	35 000	教席费8 000，设备费4 000	教席费8 000，设备费11 000	教席费4 000	
1939	30 000	教席费6 720，设备费3 570	教席费6 120，设备费10 160	教席费3 360，设备费70	

① 教部整顿及补助私立专科以上学校 [N]. 申报，1939-05-25(12).

② 《教育部令私立金陵大学查1943年度私立专科以上学校补助费总额》，中国第二历史档案馆藏私立金陵大学档案，全宗号649，案卷号255。

③ 《私立金陵大学1943年补助费》，中国第二历史档案馆藏私立金陵大学档案，全宗号649，案卷号255。

续　表

年　度	总　额	文学院	理学院	农学院	教职员补助费
1942	200 000				
1943	200 000	教席费 43 200，设备费 8 000	教席费 43 200，设备费 12 000	教席费 21 600，设备费 2 000	70 000
1944	200 000				
1945	200 000	教席费 43 200，设备费 24 800	教席费 21 600，设备费 14 400	教席费 21 600 设备费 4 400	70 000
1946	3 500 000				
1947	60 000 000				
1948	300 000 000				

数据来源：中国第二历史档案馆藏私立金陵大学档案，案卷号 649-253、649-254、649-255《私立金陵大学有关经临费和呈报年度补助费设施计划及实施概况表册与国民政府教育部的来往文书（内有英文）》。

政府对私立大学的补助有明确的指向性，特别是国民政府教育部的年度补助费，按规定，私立大学须将 70％的补助经费用于添置设备和建设校舍，30％补助经费用于增聘特种科目的教席或支付原有教授的薪金，总经费的 70％以上必须用于理、工、农、医等学科的发展。这颇能体现南京国民政府"重实抑文"的教育政策，这也是国家意志对私立大学办学方向的引导。金陵大学的补助经费主要用于边疆史地、经济学、化学工程、机械工程、植物病虫害等教席俸给，以及设备补助，具有很强的实用性。

三、临时性补助和合作办学

政府对私立大学的补助，除了年度补助费（常规性补助外），还有临时性补助，多为纾困解难。例如，1941 年 8 月金陵大学理学院遭到日军空袭，损失严重，校长陈裕光为此向国民政府教育部呈请称："本校理学院渝部校舍于本年八月十日夜空袭时直接中弹，全部炸毁，损失惨重。该院电机工程系之电讯实验室、电机实验制造厂，电化教育专修科之电影摄制室、冲洗室、放映室，及部分教职员宿舍均被炸毁，器材储藏室、金木工实习室、汽车工程实习室，俱遭波及，损失亦重。经清查估价，校舍及器材设备等全部损失，合计约 27 万多。现秋季学期，已经设法如期开学授课，校舍亟须重建。本校经费困难，筹措维艰，以致修建工程无法进行。除此之外，实验器材及设备均待筹款购置，教职员衣物等损失，亦需予以救济。恳请准予核给补助费 20 万元。"① 1942 年 1 月 8 日国民政府教育部回复道：理学院 1941 年空袭损失，经核定拨给救济费 8 万元，除已发的 5 万元外，兹补发 3 万元支票已交渝本部出纳室。② 8 万救济费虽较计划相差悬殊，也可谓解了燃眉之急。

金陵大学农学院服务地方成绩显著，故政府对其事业亦多有补助，抗战后期因物价高涨，经费入不敷出了，1944 年国民政府教育部拨发农学院临时补助费 80 000 元，用作充实设备。③ 1945 年 8 月抗战胜利，战时内迁大学纷纷谋划复员，为帮助各校复校，国民政府教育部对各内迁高校给予复员费补助。1946 年，金陵大学核定复员补助费为 1 亿元④，之后国民政府教育部又增拨 5 000 万元，共计 1 亿 5 000 万元。⑤ 但金陵大学南京校园战时先是被伪国立中央大学占用，抗战结束后又被南京临时大学补习班租用部分校舍，尽管国民政府教育部曾一次补助修理费 500 万元，但校长陈裕光认为南京临时大学占用的校舍损坏严重，亟待修葺，

① 《呈教育部文》，中国第二历史档案馆藏私立金陵大学档案，全宗号 649，案卷号 254。

② 《教育部令私立金陵大学》，中国第二历史档案馆藏私立金陵大学档案，全宗号 649，案卷号 254。

③ 《教育部 1944 年 3 月 3 日代电送农学院》，中国第二历史档案馆藏私立金陵大学档案，全宗号 649，案卷号 255。

④ 《教育部 1944 年 3 月 3 日代电送农学院》，中国第二历史档案馆藏私立金陵大学档案，全宗号 649，案卷号 255。

⑤ 《教育部 1944 年 3 月 3 日代电送农学院》，中国第二历史档案馆藏私立金陵大学档案，全宗号 649，案卷号 255。

恳请补助修葺费 2 亿元。^①然国民政府教育部以"目前各项教育事业俱待复员，实多困难"为由，拒绝了金陵大学的申请。相较于同时期国立大学的复员费，如 1946 年北京大学复员费为 19.4 亿元^②，而国立中央大学自抗战胜利后至 1947 年 4 月共领到 81 亿元复员经费^③，山东大学共计 8.5 亿元。^④作为私立大学的金陵大学的复员费并不算多。

战时艰难的不仅有大学和教职员，身处战争环境下的广大学子也实属不易，大后方的学生中有许多来自沦陷区，受战局影响，其与家庭的联系多有中断，经济来源也因此断绝，生活艰辛。为了让他们维持学业，国民政府教育部于 1938 年 2 月 5 日颁布《公立专科以上学校战区学生贷金暂行办法》，规定公立专科以上学校学生家在战区，费用来源断绝，经证明须接济者，可向政府申请"贷金"，贷金分全额、半额两种。全额依据当地生活费用及学生实际需要定之，学生毕业后三年内将所贷之款偿还政府。^⑤此外，对于私立专科以上学校，可以根据此项政策酌情办理，具体细则由各学校自己商定。

抗战后期由于大后方物价飞涨，法币严重贬值，学生经济困难无力偿还贷金，同时法币贬值以今日的金额来偿还往日的贷金金额，还与不还已经没有多大意义了。鉴于此，国民政府教育部决定废止贷金制度，1943 年 8 月颁布《非常时期国立中等以上学校及省私立专科以上学校规定公费生办法》，规定自 1943 年度起新生一律不适用贷金制，改为"公费"制。公费分甲、乙两种，按学科成绩评定。甲种公费生免学费和膳食费，并可获得其他补助经费；乙种公费生仅免学费和膳食费。^⑥公费

① 《教育部 1944 年 3 月 3 日代电送农学院》，中国第二历史档案馆藏私立金陵大学档案，全宗号 649，案卷号 255。

② 《三十五年国立北京大学复员费概算表岁出临时门》（1946 年 2 月），山东省档案馆藏，档号 J110-01-0938-002。

③ 《南大百年实录》编辑组．总务处报告事项 [N]．国立中央大学校刊，1947-05-03(1).

④ 山东大学校史编写组．抗战胜利后山东大学复校概述 [M]// 山东大学校史资料：第 5 期．济南：山东大学出版社，1983: 4.

⑤ 教育年鉴编纂委员会．第二次中国教育年鉴：第 2 编[M]．上海：商务印书馆，1948: 53.

⑥ 教育年鉴编纂委员会．第二次中国教育年鉴：第 2 编[M]．上海：商务印书馆，1948: 53.

制度对公、私立专科以上学校学生一视同仁。抗战胜利后，因内战延续，物价高涨，公费制依旧实施。

从现有资料看，金陵大学在 1942—1943 年即获得国民政府教育部贷金 778 710.58 元，1943—1944 年贷金（公费）2 156 010.45 元，1944—1945 年贷金（公费）9 250 833.92 元，1946—1947 年贷金（公费）323 266 350.00 元。[①] 贷金（公费）也是国民政府教育部对金陵大学实质性的补助。

相较战前，国民政府教育部对金陵大学的补助力度越来越大，名目越来越多，金陵大学对国民政府教育部的各种补助经费依赖程度越来越深。1942 年陈裕光赴美考察时，在创始人年会上发言称，由于和政府的合作加深，金陵大学从中国方面所获的经费越来越多。[②]

国民政府对私立大学的补助还通过与私立大学合作办学（如开办特别课程、培训班等）、委托研究给予经费。战前金陵大学以基础学科见长，抗战爆发后，理学院办学的工科性质越来越浓厚，当时金陵大学与国民政府教育部及其他政府机构合作办理一系列专修科、师资科和训练班等，并接受委托研究，同时金陵大学获政府相应经费补助。以 1943 年为例，该年国民政府教育部委托金陵大学设电机、汽专、电化、园艺专修科或师资班，以及四大学合办英语专修科，国民政府教育部为此相继补助电机工程系 90 000 元，汽车专修科 90 000 元，电化专修科 71 250 元，园艺师资班 28 750 元，四大学合办英语专修科 90 000 元。[③] 当时，理学院与交通部在重庆合办湿电池厂，理学院院长认为此举对金陵大学有利，可以帮助学校解决经济困难。[④]

有学者指出，从国民政府的角度看，其对私立大学的补助具有体现

---

① 蒋宝麟.金陵大学的经费来源与运作研究 (1910—1949)[J]. 中国经济史研究 , 2018(4):41-45.

② Minutes of Board of Founders Annual Meeting of the University of Nanking, April 25, 1942, UBCHEA, Reel 57. Box 191. Folder 3329.

③ 教育部核定本校各项补助费 [N]. 金陵大学校刊 , 1943-04-15(3).

④ H.R.Wei to Y.G.Chen, May 26, 1942, 中国第二历史档案馆藏私立金陵大学档案，全宗号 649，案卷号 2339。

国家权力在私立大学中现实存在和象征的双重意义。[①] 国民政府规定，私立专科以上学校必须经国民政府教育部审查后立案才能办学，立案后优良者能获国家经费补助。教会大学获国民政府教育部补助，不仅昭示其成为本国"私立大学"的政治属性，还强化了国家对教会大学的控制管理。经费来源的"中国化"也体现出金陵大学办学取向的转变，从此前相对封闭的基督教学校朝着"中国化"和"世俗化"方向不断迈进。

四、经费实现完全公办

1949 年政局动荡之时，金陵大学校长陈裕光以"经费无法筹措，新旧校舍亦不易有妥善方法"[②]，决定不迁台。1949 年后，学校安定学生的热烈情绪，井然有序开展教学与研究工作，一切事业照常推进。1950 年上半年，学校教员有 163 人，职员（包括行政人员和技术人员）73 人，学生 704 人，工警 181 人。[③] 1950 年下半年，学生人数增至 852 人，教员总数与上学期无太大悬殊，新增外国教职员 5 人。校内宗教自由大体仍如往昔，人民政府共同纲领关于宗教自由之规定保障宗教活动继续进行。[④]

另外，1949 年秋季金陵大学预算草案表明，1949 年外国来源的收入全年（包括基金息、文化研究所基金息、水灾救济基金息、各公会捐款）共计 57 250 美元，其中 1949 年 7 月 1 日至 1950 年 1 月 31 日 7 个月除了基金息和公会捐款的 33 395 美元，还有特别捐款 20 000 美元，共计 53 395 美元。

因物价飞涨，学生所交学费以大米石数为准，大学部旧生每人 2 石，

---

① 蒋宝麟.金陵大学的经费来源与运作研究 (1910—1949)[J].中国经济史研究，2018(4)：41–45.

② 陈裕光.陈裕光校长致胡昌炽函 [M]// 南京大学高教研究所.金陵大学史料集.南京：南京大学出版社，1989: 67.

③ 私立金陵大学 1949 年教职员及学生、工友人数统计表 [M]// 南京大学高教研究所.金陵大学史料集.南京：南京大学出版社，1989: 69.

④ 金陵大学向卫理公会年会提出的报告（1950 年 10 月）[M]// 南京大学高教研究所.金陵大学史料集.南京：南京大学出版社，1989: 71.

新生 3 石。农业专修科旧生每人 1.8 石，新生 2.7 石，学杂费收入共计 1 737.4 石。但学校的各种收支相抵，仍然入不敷出，1949 年秋季预算亏损 3 248 美元。[①]

因受朝鲜战争影响，1950 年 12 月 17 日美国政府突然宣布冻结中国在美所有财产，并规定非特别许可，将资金汇到大陆是非法的。金陵大学和金陵女子文理学院都属于在美基金比较多的大学，这一事件对两校的影响较大，学校面临无力运转的境况。

针对接受外国津贴教会学校的情况，1951 年 1 月 11 日，教育部颁布了《关于处理接受美国津贴的教会学校及其他教育机关的指示》，规定接收的学校，经费及教职员工待遇照旧。之后在北京召开了处理外国津贴的高等学校会议，教育部重申了中华人民共和国不允许外国人在中国办学校的方针。并对每所教会大学拟定了处理方案，有 11 所改为公办，9 所改为自办，仍维持私立。金陵大学和金陵女子文理学院改为公办。

同时，教育部对受外国津贴的高校进行资产清查。清点金陵大学来自美国的津贴总数为 454 433 万元，包括教会补助 325 171 400 元，基金利息 518 444 000 元，各类津贴 3 700 713 913 元，如表 4–5 所示。[②]

---

① 本校 1949 年秋季预算草案 [M]// 南京大学高教研究所 . 金陵大学史料集 . 南京 : 南京大学出版社 , 1989: 241.

② 南京大学高教研究所校史编写组 . 外国津贴高等学校处理情况调查表 [M]// 南京大学高教研究所 . 金陵大学史料集 . 南京 : 南京大学出版社 , 1989: 242.

表4-5 外国津贴高等学校处理情况调查表

校名	原名	私立金陵大学	所在地	南京天津路	原主办教会	长老会、浸礼会基督教、美以美会	备考
	现名	金陵大学					
处理前一年接受之外国津贴	来源（国别）	额别	外币			折合人民币（按接受时牌价折合）	实用处理经费包括两校合并后1951年9、10、11、12四个月经费在内（即遵照通知算至年底为止）
			单位	数量			
	美国	教会补助	美元	10 489.40		325 171 400	
		基金利息	美元	16 724.00		518 444 000	
		其他各项津贴	美元	85 571.04		3 700 713 913	
处理前一年经费收支情况	收入（单位：万元）				支出（单位：万元）		
	学杂费	校产	外国津贴	其他	合计	经常费	临时费	其他	合计
	53 596		454 433		508 029	508 029			508 029
处理时学校人员数	学生		教师		职员		工警	
	902		152		81		193	
处理情况	处理办法	政府接办（与私立金陵女子文理学院合并）		实用处理经费数		457 085	
	处理经过	略					

　　1951年2月14日金陵大学向南京市人民政府办理登记，同时冻结存款，如需动用，须经审批，3月份存款用完，到4月份教职员工工资开始由南京市文教局拨款，共计2亿元。

　　1951年3月23日，金陵大学与金女院开始筹备合并，在两校合并筹备委员会拟定的合并方案中，涉及校名、系科调整、行政编制、校舍设备使用、附属机构处理、经费预算和人员职务分配等。关于经费预算，两校原有财务制度及经费支付标准，与现行公立大学标准有相当距离，合并后须适当调整。决定财务制度应全部调整使其与公立大学标准一致，经费预算标准如工薪、公杂费及文教补助费、特别费等应遵循确定的原则。①

1951年9月1日，公立金陵大学正式成立，它宣告了学校行政权不再由外籍人士处理、学校办学经费不再由国外差会团体支付、教学内容不再以欧美为模仿对象，金陵大学作为教会大学的历史完全终结。

---

① 南京大学高教研究所校史编写组.金陵大学、金陵女子文理学院两校合并筹备委员会拟具的两校合并方案[M]//南京大学高教研究所.金陵大学史料集.南京：南京大学出版社，1989：83.

第五章　贡献国家的重要抓手：社会服务

教会大学向来重视培养学生的奉献精神，也素有社会服务的传统，金陵大学成立初期就在学校附近建立了多所通俗学校，实施平民教育。在爱国主义运动影响下，中国大学开始改变单纯模仿国外办学的模式，不断探索本土化的办学道路。此后中国大学与社会的联系愈发密切，大学在与社会的相互碰撞、适应中不断发展壮大，而社会服务正是维系这种关系的重要方式。作为教会大学的金陵大学更是比较注重社会服务的作用，无论是制度层面"三一制"的实行，组织层面推广部的设立，还是实践层面科学教育、电化教育、农业推广等的开展，都助力金陵大学完成了本土化转型，提升了人才培养质量，也促进了学科建设与发展，为中国近代社会发展做出了一定贡献。

第一节　早期的社会民众教育

金陵大学一向崇奉"求学本旨，在求致用，培育人才，服务社会"的教育方针，认为学校与社会并无界限之分，比较重视学校与社会之间的联系，倡导"以研究为教学之基础，服务为教学之实践"，"研究、教学、服务三者，成一联系，未尝偏废"[①]。学生必须关心社会民生，注重社会调查与社会问题的研究，并将科研成果推广到社会实践中，积极为国家和社会服务。

金陵大学办学的特色是实行"三一制"，即实行教学、研究、推广

---

① 金陵大学总务处.私立金陵大学要览 [M].南京：金陵大学总务处,1941:18.

三位一体的发展模式。"三一制"初为金陵大学农林科仿照美国纽约州康奈尔大学农学院的教学模式，金陵大学农林科以及之后的农学院的确在推广、社会服务方面做得较好，但"三一制"教学模式并不仅限于农学院，文学院、理学院也紧紧围绕教学、研究、推广三个方面展开。

教学、研究、推广是相辅相成、相互促进的，不可偏废，如农学院在经费分配上遵循研究占50%，教学占30%，推广占20%。其中，推广为研究提供了新的研究资料，是检验教学的重要手段，同时是大学联系社会、服务国家的重要抓手。

在组织层面为保证推广的顺利实施，金陵大学三院都成立了专门的推广机构。最早是农学院于1924年夏成立了推广部，最初致力推广宣传，并选定安徽省和县乌江为改良美棉种子推广区。1930年，农学院与中央农业推广委员会合作，设立乌江农业推广实验区，集中推广事业。1933年推广部改组为推广委员会。1937年迁往成都，又改为推广部，并于1938年先后成立温江、仁寿、新都三个推广实验区。[①]

理学院于1930年10月成立推广委员会，以主持理学院的推广工作，因电化教育事业逐渐成为理学院科学推广工作的重心，1934年10月推广委员会改组为科学教育电影委员会。

文学院主要通过社会服务部与社会福利行政组，进行推广事业和服务社会。

抗战西迁成都办学时期，为了"综合全校推广事业，谋彼此联系，以收更大之效果"[②]，金陵大学将之前三院的社会服务部、社会福利行政组、教育电影部及农业推广实验区等进行合并，专门设立推广部。可见金陵大学无论在何地办学，始终将推广工作置于较为重要的地位，也为大学服务国家提供了重要抓手。

---

① 南京大学高教研究所校史编写组.《金陵大学六十周年校庆纪念册》及1934年《金陵大学农学院近况便检》[M]//南京大学高教研究所.金陵大学史料集[M].南京：南京大学出版社，1989：190.

② 南京大学高教研究所校史编写组.本校推广事业概况[M]//南京大学高教研究所.金陵大学史料集.南京：南京大学出版社，1989：220.

在实践层面，金陵大学早期的社会民众教育已具有一定的社会影响力。金陵大学在成立初期就由学生团体举办平民教育机构——通俗学校（the People's School），以帮助贫民或工人获取文化知识。参加者都是金陵大学一些热心社会服务的学生，而且服务的学生都不领薪金。凡12岁以上50岁以下的平民皆可申请入学，且不收取任何费用，书本、纸张和钢笔都是免费提供，如果中途有退学或违章的，须偿还此费用。课程包括写字、算术、算盘、阅读、写信、道德教育、卫生、地理和伦理。学习6个月即可毕业，然后颁发结业证书，如果没有达到要求，学习期限可延长。如果毕业生有很好的道德表现和学习成绩良好，金陵大学还可为想进一步学习的学生开办高级班。

金陵大学通俗学校成立后，受到社会民众的热烈欢迎，从第一所学校估衣廊，到之后的汉西门、鼓楼、双塘福音堂、龙蟠里拜日学舍、讲堂街成美学校、南门外西街福音堂、花市街基督堂等，相继设立了9所通俗学校，共计340名学生。[1]

金陵大学早期的社会民众教育具有一定的宗教色彩，如通俗学校规定周日没有课程，但是希望学生能够参加主日礼拜。"通俗学校是学生出于爱国心和基督对于贫民和文盲的爱而举办的。"[2] 可见，金陵大学通俗学校集教育性、服务性与宗教性于一体。

1912年9月，金陵大学成立了师范专科（The School of Normal Training），附设模范小学，为师范专科学生提供实习之地。该科初设时仅为培养小学教师。[3] 鉴于社会上私塾教师大多对新式教育方法和西学内容不甚了解，金陵大学决定在师范专科设立特别班，招考塾师，"使稍领略教授方法及普通知识，俾出校之后，以改良私塾"[4]。学习时间为3个

---

① 《金陵大学同学录》，中国第二历史档案馆藏私立金陵大学档案，全宗号649，案卷号1465。

② Editorial [J]. The University of Nanking Magazine, 1915, VI (10): 421.

③ 金陵大学．金陵大学章程汇录 (1915–1917)[M]. 南京：金陵大学出版社，1917: 6–7.

④ 南京大学高教研究所校史编写组．本校设立特别班训练塾师 [M]//《南大百年实录》编辑组．南大百年实录：中卷．南京：南京大学出版社，2002: 325.

月。因学习时长稍短，为达最佳学习效果，另设宣讲一门，端请名家，选择最普通、最重要、最关人生之议题分期宣讲，进行演讲的教员如下：

夏伟思（G.W.Sarvis）：①社会学要旨；②社会主义与社会学之区别；③乌托邦之学说（或曰理想的社会）。

洪章：①天文概论；②物理概论；③地形之构造；④气象学总纲；⑤实用化学。

马克罗（Mc Cloy）：①体育之要；②运动之门类。

马林博士（Dr Mc Clin）：①卫生要义；②宗教学概论。

从上面的演讲题目可以看出，讲授的内容较为丰富，涉及社会学说、科学知识、体育卫生等方面。

金陵大学很早就关注中国蚕丝业的发展，为此 1918 年特成立蚕桑系，开始从事改良蚕种。为帮助中国蚕民提高养蚕技术，金陵大学于 1918 年 4 月 10 至 6 月 20 日特开设了养蚕速成科，由美国昆虫学博士吴伟夫进行教授，学员不论程度、年龄，不收学费，皆可来学习。吴伟夫不仅教授"实习之方法""辨蚕之善恶""辨丝之优劣""科学养蚕取系之新术"等课程，还对蚕民进行现场指导，对不正确的养蚕方法进行纠正。为提高优质蚕种的普及率，金陵大学规定凡学习最优者，必须将技艺详细传授，优质蚕种也要廉价出售，以利更多国人。[①]

二十世纪二三十年代，因进口丝大量涌入国内，导致南京缎业萎缩，"机数由二万余架降至一二千架，机户由万余户降至数百余户"，失业人员骤增。针对这一情形，金陵大学京市缎业亟待改良与救济，而"农村之繁荣与富庶，胥赖乎农民副业之扶助，以农作余暇，从事生产，半年余储，荒岁无忧"，积极谋求一种替代工业，以扭转传统手工业的颓势。

1933 年，文学院筹资数百元，并得南京市妇女会资助，在本校农业专修科内创办毛织试验所。该所成立后，文学院派人至北平学习毛织技术，改造原有机器，由生产丝绸转向生产哔叽呢和其他毛织品。农艺

---

① 南京大学高教研究所校史编写组. 金陵大学校养蚕速成科 [M]//《南大百年实录》编辑组. 南大百年实录：中卷. 南京：南京大学出版社，2002：324-325.

系教授林查理（C. S. Riggs）潜心研究改良旧机器，研制出多种新机件。为进一步改进机器设备，社会学系教授史迈士（Lewis S. C. Smythe）在回美期间，会晤改良手工织机的发明者洽尔其耳，并绘制其机器图纸寄回南京以供仿制。后经林查理的改良，制造出更为优良适用的织机，可以纺织宽幅产品，并比原织机提高了产量。与此同时，毛织试验所又开发研制出制服呢、男女花呢、哔叽、大衣呢、双层绒及绒毯等120多个品种。

毛织试验所生产的呢料，自行染色，并采用德国金属颜料，永不褪色。由于产品美观耐用、质地精良，成为西服、中山装和学生制服的首选面料，备受社会欢迎。经扩大生产规模与市场推销，毛织试验所逐步在南京市场中占有一席之地，初步实现了救济失业工人之目的。

毛织试验所的成功引起了南京市政府的重视。"市政府鉴于金陵大学提倡国货之热心殊足敬佩"，且"试验毛织品推销社会成绩优良"，决定与金陵大学文学院合作成立毛织训练所，训练时间为6个月，以"训练毛织机工，学习毛织事业，提倡社会生产，改善劳工生活为宗旨"[①]。1934年，毛织训练所正式成立，南京市政府先后赞助国币7 700元，用于扩建工厂、购买纺织机设备以及试验训练学生。练习生的管理与训练工作则由金陵大学全权负责。南京市政府资送练习生15名入所学习。

毛织训练所具有完整的管理系统，由社会学系主任柯象峰担任委员会主席，乡村教育系主任兼农业专修科主任由章元玮担任，下设四个委员会：技术委员会、合作教育委员会、经济委员会、训导委员会。在各委员会的领导下，毛织训练所运转良好，先后将40余名失业工人培训成优良技术工人，并将他们分配到各地工作，其中2名还被宁夏省政府聘请前往创立毛织工厂与训练所。

为推广此项工业并提倡合作，1935年12月，金陵大学毛织试验所组织成立了"有限责任南京纺织服装生产合作社"，毛织试验所及训练所的劳工与消费者均为社员。由于管理严格，社员参与性高，该合作社

---

① 毛织训练招收第二次练习生 [N]. 金陵大学校刊, 1935–10–07(1).

成立后，对毛织试验所及训练所的生产和销售起到了积极作用。为进一步扩大生产，该合作社决议筹集股金 500 元用于生产大批哔叽呢，供给南京各机关。南京市政府认股一半，南京市各界人士合认另一半股金。与此同时，南京市政府又另行出资 2 500 元，用于试验与训练学生、改进生产设备与技术工艺。1936 年，毛织厂营业收入达 3 000 余元。合作社的成功运作，实现了生产与营销的双赢。

文学院与农学院合办的毛织试验所，以及金陵大学与南京市政府合办的训练所、合作社，为中国手工业转型提供了成功范例。毛织训练所的设立，意在"提倡国内机械化之手工业，辅以合作社之组织推销，俾其供应合理"①。试验所通过较低成本的技术改造，使基础薄弱的传统手工业迅速提升其技术水平，提高生产效率与产品质量。而训练所则探索了高等院校与政府联合进行技术推广的模式，为社会培训新技术人才，对挽救民族工业做出了贡献。金陵大学在创办试验所与训练所的同时，进行合作社的尝试。由于中国存在大量传统手工业及家庭作坊，合作社可以将各地零散的手工业联系起来，使个人与家庭无法办到的事情通过合作社完成，如购买原料、借贷资金、购置机器等。这种对传统手工业的改造比建立大规模工业的成本低，收效快，还有利于产品的推销。②"试验—训练—合作社"的生产合作模式，对南京乃至中国手工业向现代工业转型都起到了促进作用。

第二节　科学教育与电化教育

金陵大学鉴于近代中国科学落后，长期致力科学教育之研究与推广。五四运动以来社会提倡科学之风日渐强烈，国人对科学的渴求也日益迫

---

① 毛织厂拟扩充计划 [N]. 金陵大学校刊，1937–02–08(1).

② 《南京市政府、金陵大学合办毛织训练所》，中国第二历史档案馆藏私立金陵大学档案，全宗号 649，案卷号 1174。

切，金陵大学认识到发展科学的关键是发展基础科学教育，并为此做出了许多努力。1930年10月经理学院院务委员会决议，成立推广委员会以主持推广工作，1934年10月将推广委员会改组为科学教育电影委员会，理学院的推广工作主要是进行科学教育和电化教育。

1932年11月，理学院在院长魏学仁的倡议下，组成了科学教育委员会，以提倡科学，推广科学教育工作。主要工作有如下几项：

一、开办理科教育暑期班

科学的发展日新月异，中学理科教师的知识如果不能及时更新，就会出现知识老化的情况，无法胜任科学知识讲授的工作。为改进中学理科教学，理学院对基础科学教育起着辅助和补充作用。1933—1937年，为指导中学理科教学，先后与金陵女子文理学院、中央大学合办中学理科教育暑期讨论会，及中学理科教育暑期讲习班，研究教学方法，讨论理科教材，介绍科学进展。[①] 例如，1933年夏第一届暑期讨论会，共有来自全国10个省市，代表33所学校的各地教师100多名参与讨论。讨论会分为数学、物理学、化学及生物学4个学科组，聘请国内知名学者主讲各科专题讲座。每组有若干研讨项目，由会员依各自研究方向和兴趣，自行选定组别、项目，每人至多可选择两组加入讨论。讨论范围为①改进中学理科教学法；②探讨科学界最近发展动态；③研究并实验新教学法及教材。

金陵大学因第一届暑期讨论会成绩斐然，为学界称道，故成为国民政府教育部指定办理暑期讲习班的16所大学和各省市教育机关之一。理学院即依教育部办法大纲，制定了暑期讲习班办法，每届暑假即遵国民政府教育部令，联合中央大学或金陵女子文理学院逐年续办讲习班，规模亦日渐扩大，各地教师参加者众多。[②] 抗战期间，中学教员暑期讲习班

---

① 理学院与事业之现状 [M]// 私立金陵大学六十周年校庆纪念册 . 金陵大学出版，1948: 34.

② 科学教育暑期讨论会将遵教育部所拟定之中等学校理科教员暑期讲习班大纲办理 [N]. 金陵大学校刊，1934–04–30(1).

由四川省教育厅主办，金陵大学理学院理科各系均由被聘教授担任讲课工作。

二、编辑理科教材和实验教程

鉴于民国初期，国内几乎没有中文版的中学理科教材，较大阻碍了基础理科教育的普及。为解决教材问题，金陵大学接受国民政府教育部委托编制了一批中学科学教材和实验教程，并参与了中学理科课程标准的制定，填补了此方面的空白，使中学理科教学有了具体指导，教学体系更加规范化。

20世纪30年代初，我国中学数学、物理、化学、生物等课程尚无标准测验，因此毕业会考试题，各地亦无统一标准，客观地考核学生的真实成绩，了解各地教育发展不平衡的情况较为困难。因此，国民政府教育部委托金陵大学理学院编制中学理科标准测验。该项工作由理学院科学教育委员会承担，经过反复的修改，中学理科的代数、几何、平面三角、平面解析几何及物理、化学、生物等7门课程的标准测验于1935年完成，并由国民政府教育部各印刷5 000份，进行第一次试验测试。参加测试试验的有江苏、浙江、安徽及上海、南京等5省市的50余所中学，平均每门课程的参试学生都在2 000人以上，到1936年上半年期考之前，理科标准测验正式举行。①

理学院以理科标准测验所得结果为参考，邀请各科教授编辑中学理科教科书和实验教程。正式出版的如下：

（1）几何及三角：余光烺等编。

（2）初中物理学：戴运轨编著。

（3）高中物理学：倪尚达编著。

（4）高中物理实验教程：戴运轨编。

（5）高中物理验教程：魏学仁等编。

（6）初中化学实验教程：李方训编。

---

① 教育部高中算学理科测验试验 [N]. 金陵大学校刊, 1936-09-07(2).

（7）高中化学实验教程：戴安邦编。

（8）高中化学实验教程：温步颐、丘玉池合编。

（9）高中生物学实验教程：范德盛编。

由于经费短缺，普通中学往往无力置办完备的科学仪器和相关教学用具，无法完成各种理科课程实验，而金陵大学理学院拥有先进的仪器设备，可为中学提供帮助。最初，理学院将自己的仪器出租给各个中学，只收取少许费用，此举一出，市内中学都纷纷上门商讨租借事宜。但由于学校众多，需求旺盛，仪器设备不够用，理学院就在本校内成立了中心实验室，请各校学生到实验室进行实验，更加广泛地惠及了南京各中学。

三、发行《科学教育》季刊和科学演讲

《科学教育》季刊由理学院独力刊行，其内容主要有理科教材介绍、理科教学法讨论、国内外科学消息及科学刊物最近论文索引等栏目。1934年3月至1937年6月《科学教育》共出版4卷，合计14期。并将其免费赠予国内各个中学，供教师使用。中学科学教师也可以到理学院来免费咨询有关教学问题，理学院派教授专门解答。

理学院对于科学宣传不遗余力，自建院伊始，就经常组织专家教授做公开或广播讲演，宣传、普及科学。鉴于当时日本发动战争的野心已充分暴露，特别是九一八事变以后，社会各界皆已切实地感到战争的迫近，而战争与科学技术在某种意义上关系较为密切。理学院特邀请本校教授及校外专家多次讲演有关毒气和防空等专题，听众除学生外，各界人士均有参加。[1]同时，受中央广播电台委托，做科学教育广播演讲。这些科学知识的宣传与普及，对减少战争中民众的伤亡起到了积极作用。在抗战期间及抗战结束前后，科学讲演的重点，除了与战争有关的防空和原子弹等专题外，还有为恢复建设做知识准备的世界科技动态及通俗科学的宣传介绍。

---

[1]　理院定期演讲毒瓦斯 [N]. 金陵大学校刊, 1931–11–27(1).

四、服务抗战

为满足抗战期间电器使用需要，国民政府教育部教育播音委员会与金陵大学理学院合作，在重庆开办干电池厂。经双方洽商组成了管理委员会，并制定了一系列管理规则。合作办法规定，办厂资金5万元暂由国民政府教育部提供，技术设计等由金陵大学理学院担任。干电池厂制造的电池供应全国电化教育。1942年，理学院发明隔层滤杯式蓄电池，性能优良且取材本国原料，适合大量制造。理学院受交通部委托，双方合办中央湿电池厂，年产量达8万只。抗战期间仅向交通部及其附属机关供应的蓄电池达14万只。

理学院电机工程系为发展后方电力工业和机械加工业还建立了工厂，专门设计制造各种电动机和各种类型的变压器及配套设备。变压器是电力工业重要设备，抗战期间受岷江电厂、中国兴业公司、重庆电力公司、中央统计调查局等委托，电机工程系代为设计制造各种不同形式和功用的变压器，同时对制造材料的代用品展开研究，制造各种型号变压器，供应战时各方面工作。

金陵大学还为四川省主办科学仪器制造所，大量制造初高中及中心学校成套理化生物实验示教用之仪器、药品标本模型，以及三酸等化学药品，除供应全川各级学校科学教学之需外，其供应区域还遍及临近诸省，如陕西、甘肃等省教育厅，每年皆有大批供应，又如河南、湖北、湖南、贵州、广西诸有交通可达之市县，亦多供应。编辑大学课本及丛书，如大学物理、普通化学、无机定性分析化学原理、有机化学、优生学、无线电学、电学测量染色学、工业分析等。开展科学演讲、播音及展览，以求普及科学。开办电气技术训练班和电焊人员训练班等。[①]

电化教育是金陵大学倡导并积极推广的事业。金陵大学在举行六十周年校庆时曾记载："早在1930年以前，理学院即开始将教学影片引进

---

① 金陵大学.理学院与事业之现状[M]//金陵大学.私立金陵大学六十周年校庆纪念册.南京:金陵大学出版社,1948:34.

课室，当时柯达公司输入一百多本教育影片，本院与该公司合作将英文字幕大都译成中文，以便在国内流通。"① 事实的确如此，教育电影起源于西方，美国早在 20 世纪初就已经开始探索将幻灯、电影等辅助工具用于改进教学，这对当时中国的留美学生留下深刻印象。1928 年，美国柯达公司在中国设立分部，销售教育影片。理学院院长魏学仁在留美时便对美国的教育电影很感兴趣，他和美国柯达公司创建的教育电影部建立联系，收集有关电影教育资料，购买电影摄制器材，回国后无偿地献给母校。魏学仁认为教育电影既可辅助课程教学，又可辅助推行科学教育。

　　1931 年 4 月 18 日，理学院开始在该院无线电室放映科学影片，由魏学仁和陶延桥亲自加以解说。起初观众"仅限于本校师生"，但反响却很热烈。② 鉴于放映电影在推广科学教育上的显著效果，放映科学电影逐渐成为理学院常规活动，放映地点也从理学院的无线电室改到学校大礼堂。当时"每三个星期一次，每次映放四部影片，均系科学常识，间有一二为风景名胜，每次开映，观者均极形踊跃"。例如，在 1932 年 4 月 2 日星期六，金陵大学在大礼堂公开放映《净水法》《夏威夷岛风景》《微生物生活》和《压缩空气》四部科学影片，观众达数百人之多。"除本校教职员、同学及金女大、本校附中、中华及汇文等校学生外，还有附近民众多人。"③ 经过数年发展，放映科学电影从教室走向社会，从单一的电影放映形式发展到多种电化教育方式，从放映进口影片到自行摄制影片，不断地发展提升，逐步成为金陵大学理学院推广事业的主流和特色。

　　1934 年秋，理学院主管这项事业的推广委员会正式改组为科学教育电影委员会。1935 年起，该委员会与国民政府教育部及中国电影协会等合作，社会服务量激增，于是在 1936 年 9 月由理学院院务会议议决：增设教育电影部。教育电影部的任务原以影片摄制为主，1940 年改称电影

---

① 　金陵大学.理学院与事业之现状 [M]// 金陵大学.私立金陵大学六十周年校庆纪念册.南京：金陵大学出版社，1948: 34.

② 　倡映科学影片 [N].金陵大学校刊，1931-04-24(1).

③ 　理学院消息 [N].金陵大学校刊，1932-04-08(2).

部，任务范围有所扩大，摄影、放映、推广各方面并重。1947年4月改称影音部，任务进一步扩大到电影和播音的各个方面，并且注重影音手段的联合运用，既用于教育，也兼及公众报道、大众传播和影音技术企业的改进。

（一）影片摄制

理学院引进外国影片进行科学教育放映，受到社会各界欢迎。虽然科学无国界，但电影毕竟是一种视觉感受，其内容及表现形式如不符合中国国情，必然使观众产生隔阂感，影响科学教育的效果。1934年，理学院深感教育影片有急迫之需要，遂开始自己摄制，最初自制影片有《国术》《童子军》《水泥》等。

1935年3月，理学院拟定了摄制计划，将依次摄制的影片内容分为4大类35项选题：[①]

1. 本国工业

①水泥之制造与应用；②毛织工业；③化学工业；④桐油；⑤染料；⑥电气；⑦机器工业；⑧其他。

2. 应用科学

①自来水；②电灯；③自动电话；④电报；⑤无线电；⑥火车及电车；⑦轮船及轮渡；⑧航空；⑨其他。

3. 本国农业

①农村社会及生活；②农村复兴；③稻；④茶；⑤丝及蚕桑；⑥棉；⑦麦；⑧森林；⑨园艺；⑩畜牧；⑪其他。

4. 地理名胜

①首都名胜；②曲阜孔林；③黄山风景；④边疆形势；⑤塞外风景；⑥泾惠渠；⑦其他。

中国教育电影协会鉴于国产教育影片需要，乃拨出专款与理学院合作，进行摄制以科学教育为主旨的各种影片。截至1936年，已完成影

---

① 理学院科学教育电影拟定全部摄制计划 [N]. 金陵大学校刊，1935-03-25(1).

片 10 部。1937 年，国民政府教育部开始大规模推行电影教育，委托国内教育机关合作制片，理学院亦为其委托机关之一。教育电影部陆续签订摄制合同后，专门拟定了《金陵大学理学院代教育部摄制教育电影片片目及纲要草案》，并决定先摄制地理风景片《中华景象》（属中小学教材类）等。1937 年初，理学院教育电影部除了选购外国影片编译中文字幕外，另自行摄制各类影片 28 部。中外影片全部用于推广教育，供各中小学及社会各机关选择放映。

抗战期间，理学院继续摄制影片。1943 年，资源委员会委托理学院拍摄战时工业影片，魏学仁偕电影部主任孙明经亲赴川滇地区，历时两月，拍成《战时工业》7 本。[①]抗战时期完成的影片还有《西康》10 本，《教会事业》4 本，《新县制》《中国女子体育》等各 2 本，《桐油》《柑橘》《峨眉山》《川江航运》《1941 年之日全食》《急救法》《疟疾》《眼及其保护》等各 1 本。[②]

静片或幻灯片作为电影片的补充，也很受重视。静片虽然没有活动画面，但它制作简单灵活，放映机也容易制造，所以幻灯作为一种简便而廉价的教育工具，广泛适用于推广民众教育和普及中小学教学之中，尤其在偏远地区、农村使用，以及新闻性较强的事物，有其独到的优势。1944 年初，理学院受国民政府教育部委托，代为编制大批幻灯教材，以一般民众、小学生及初中程度之青年为对象。教材科目分为国民教育与社会教育两种。[③]

影音部完成制作的静片有《平安夜》《阿摩斯》《联合国旗》《武训》等 10 余卷。同时，有为美国援华会及基督教大学托事部制成有声英语彩色片两本：《印西村》《民主前锋》，流通英美，博得各方之好誉。[④]

---

① 孙明经 . 前辈老校友魏学仁博士 [M]// 金陵大学南京校友会 . 金陵大学建校一百周年纪念册 . 南京 : 南京大学出版社 , 1988: 179.

② 抗战期间本校电教事业及将来之展望 [N]. 金陵大学校刊 , 1946–02–16(7、8).

③ 教部委托摄制幻灯教材 [N]. 金陵大学校刊 , 1944–01–15(2、3).

④ 金陵大学 . 理学院与事业之现状 [M]// 金陵大学 . 私立金陵大学六十周年校庆纪念册 . 南京 : 金陵大学出版社 , 1948: 35.

（二）电影放映及流通

理学院引进教育影片时，我国电影事业已趋向发达，但社会各电影院所映影片多为侦探、言情等类型，鲜有能增进国民科学知识者。为此理学院特向美国柯达公司购买电影放映机和科学影片，举办科学电影放映活动，以提倡科学教育，改良社会风气，造福国家和人民。放映地点每学期除在本市各大中学定期放映外，还到周边城市巡回放映，很受人们欢迎。

1934 年，南京市社会局为提倡普及科学，与理学院签订了合办南京市教育电影合同，由理学院承办南京市各学校教育电影放映事宜。[①] 之后，青岛市立民众教育馆、中国教育电影协会、江苏省立南通民众教育馆、江西省立民众教育馆、南京市各中学、芜湖萃文等中学、国立中央大学工学院、清江浦（现为淮安市）各中学、美国洛杉矶教育局、江苏省立南京民众教育馆及各地青年会等 20 余个机关单位先后与理学院签订了巡回放映合同，每月接待观众 8 万余人。[②]

1936 年，理学院成立了教育电影部，还协助国民政府教育部办理电化教育人员训练班，共开过三个班，训练了 200 多名人员，这些受训的人员，后来回到 25 省市推行电化教育工作。此后社会各方渐感这类工作之重要，许多新成立机关迫切需要教育影片，于是订立了影片流通服务办法，扩大流通影片，所及达山东、山西、江西、湖北、湖南、安徽等省。

抗战期间曾数度与四川省教育厅合作，派员深入夷区放映抗战影片，收效至宏。后来联合国静片影闻处成立，本院教育电影部代办川西及西康流通处事业。1945 年成立了放映站 80 处，共放映影片 2 800 余次，观众达 300 万人。[③]

---

① 理学院科学电影事业发展状况 [N]. 金陵大学校刊，1934–10–01(1).

② 本校社会事业之一科学教育电影业务蒸上 [N]. 金陵大学校刊，1935–11–18(1).

③ 金陵大学 . 理学院与事业之现状 [M]// 金陵大学 . 私立金陵大学六十周年校庆纪念册 . 南京：金陵大学出版社，1948: 35.

金陵大学的电影放映服务大致分为以下几种：

（1）露天放映。每月至少1次，通常是每两周1次，于星期五下午6～9时在广场举行，内容为事先编辑成的组合节目，着重于社会教育。电影之外，尚有广播节目如学校新闻、音乐教育、简短讲演，并转播友邦电台节目。此项工作与华西大学理学院合作，华西坝五大学全体师生及附近民众皆可参加，每次观众4 000～10 000人。

（2）教学放映。教学电影于每周三下午4～5时举行。每次有1个专题，并特聘专家讲解，以满足教学需要，颇受师生欢迎。自1944年春起，教学影片示范放映成为固定课程，由电化教育专修科教员主持，并邀请物理、化学、生物、地理等学科专家进行具体讲解。[①] 这种放映实际上是电化教育课程的一部分。

理学院还特辟影片放映教室，可放映电影、幻灯片、留声唱片或使用其他教辅器材。时间由各任课教师规定，以1班为单位，放映内容则视该课程之需要，由教师指定并承担讲解及组织现场讨论。

（3）特约放映。主要为教学及本校以外的社会团体服务，特约放映服务对象遍及党政军机关及工商各界团体，包括周边省市的巡回放映，颇受民众欢迎，这也是理学院推广放映服务的发展方向。巡回教学放映工作在抗战前曾在南京市各中小学有系统地推行，后推及沪宁、沪杭、津浦、江南诸铁道沿线的中学。迁川后亦曾与中国教育电影协会合作在渝、蓉两地各中学继续推行，后因多数学校疏散至无电源区域，故一度停顿。

除了放映电影，金陵大学还播放广播，抗战时期在成都理学院曾创建"成音广播电台"，但此电台不是无线电台，不能作远程发射广播，而只是以有线方式按规定的时间，在校园内或放映露天电影的广场上利用放映机的公共演讲机进行广播宣传，属试验及提倡的性质。广播节目有音乐、学校新闻、演讲、转播友邦电台节目及听众试播节目，每次听

---

① 本校影音事业近况 [N]. 金陵大学校刊, 1947–11–15(4).

众约有 1 万人。复员南京后，在北大教学楼顶部安装了 3 只扬声器，播放"大学之声"，既有悠扬的音乐，也有学术演讲，校园生活更加精彩。

影音部还出版了《影音月刊》，以解答疑问、开拓事业，也经常举办讨论会，召开首都影音工作者座谈会，座谈会每周举行一次，到会人员每次达百人，影响较大。

金陵大学理学院利用已有人力与设备，兼办科学服务、科学教育，兼收学校与社会合作之效，抗战时期，为解决大后方物资缺乏，曾设计、制造若干化学药品及科学器材，为近代中国的科学普及和国家建设做出了一定贡献。

第三节　农业推广的金字招牌

胡适对金陵大学农学院曾有这样的评价："能实行他们的新式教学方法，用活的教材来教学生，用中国农业当前的困难问题来做研究，从而在 20 多年间，能够发展到中国农业科学教育研究的一个最重要的中心——全中国作物品种改良的最重要的中心，这段历史是中国科学发达史的一叶。"[①] 胡适所言用新式教学方法，用活的教材，用中国农业当前困难来做研究，都关涉金陵大学农学院不断完善的教学、研究、推广的"三一制"教学体制。推广是金陵大学农学院能够取得骄人成绩的重要原因，农科是应用型较强的学科，不能照搬西方的学科理论和研究对象，必须从中国实际出发，解决中国农业迫切需要解决的难题，通过推广、调查，为研究获取第一手资料，也为教学提供新鲜素材，反过来研究的进展又促进了农业推广。

金陵大学农科自创办之时起，即着重于推广事业，教员常带学生到田间实习，协助农民从事树艺相关工作。此后随院务发展，推广事业与

---

① 南京大学高教研究所校史编写组.胡适谈金陵大学农学院的贡献 [M]// 南京大学高教研究所.金陵大学史料集.南京：南京大学出版社，1989: 205.

时俱进，推广人员足迹遍布大江南北，对我国农业改进影响较大。[①]

农学院院长章之汶在其所著的《农业推广》一书中，将农业推广的内涵分为广义和狭义两种。狭义的农业推广，"即以农业学术机关——农科大学与农事试验场，将所研究改良之结果，用适当方法传授给农民，使农民获得农业知识，从而采用与仿效，以增益其经济收入。乃为改良农事之手段，视各地环境上之需要，将已有之可靠材料，为极单纯之农事推广"。而广义的农业推广"除将农事方面之改良成绩推广于农民外，还教育农民、组织农民，培养领袖及改善其实际生活，至一切农业政策之实施，皆属之"[②]。从这种划分可见，狭义的农业推广属于农事改良的范畴，而广义的农业推广则包含了乡村改进。

金陵大学农学院的推广工作，可谓两者兼而有之，且是分阶段进行的。前期主要是农技的推广和宣传阶段，以 1930 年为界，前期采用宣传方式，唤起社会人士对农业改进之兴趣，利用各种机会与场所，如庙会、茶馆等，举行演讲会、展览会，宣传改进农业之优良方法，并派推广人员长期驻守江苏、安徽、山东、河北等省，进行推广工作。推广员工作是较为辛苦的，"风尘虽苦，但农民知而行者获益颇大，推广工作已收相当之功效"[③]。

早在 1924 年，金陵大学就成立了农业推广部，以美国棉业专家郭仁风为主任，在当时国内属于首创。推广部下分总务组、教务组、编辑组、指导组、赛会组、演讲组、调查组、通讯组、合作组、宣传组等。1927年，张心一出任推广部主任，人员增至 5 人，并另有绘图、通信、制标本及搜集材料者 4 人。1930 年，周明懿出任推广部主任，推广部人员增

---

① 金陵大学. 农学院事业及现状 [M]// 金陵大学. 私立金陵大学六十周年校庆纪念册. 南京：金陵大学出版社，1948: 43.

② 章之汶，李醒愚. 农业推广 [M]. 上海：商务印书馆，1936: 16.

③ 金陵大学. 农学院事业及现状 [M]// 金陵大学. 私立金陵大学六十周年校庆纪念册. 南京：金陵大学出版社，1948: 44.

至9人，另有2人专门负责绘图和制作模型。① 推广部职能和人员的扩充，说明农业推广是一项复杂的系统性工作。

从1924年到1930年的6年中，推广部仅在各省组织集会这一项就达到2 000次以上。"工作地点涉及9个省，共计104个县，每次开会人数，至少四五十人，多则四五千人。"在1932年编写的《私立金陵大学农学院概况》中，对推广部的设备有一个详细清单，这些设备包括图表345件，标本94件，模型30件（卫生、蚕桑等），软片幻灯机3部，煤气幻灯机1部，电石幻灯机1部，幻灯片玻片371张，软片35张，电影机2部，压电机4部，电影片32大卷，磨电机2台，摄电影机1部，照相机2部，无线电收音机1台，药箱4个，留声机5台，唱片182张，拌药箱30个，犁3把，打谷机2台。② 可见农学院已将当时先进的电化教育应用于推广工作。

从1923年到1934年，农学院共推广棉籽162 622斤，小麦149 988斤，玉蜀黍21 092斤，蚕种194 107张，碳酸铜粉5 443斤。1932年在总结以往推广成绩时，农学院指出："在此数年中，凡推广员足迹所到之地，激发了各界人士对农业的信仰及兴趣，本院改良种子及农具苗木等，因推广之力而推销各地亦较多，常有供不应求之患。各处闻风来校肄习农林者，亦日渐增多，各处小学因之增设学校者亦日多，各处试验场与本校合作者，已有六七处之多，其效力最大者，即为各省教会，对于农村服务大变其昔日方针，亦因推广部宣传之力所致。"③ 农林科科长过探先曾自豪地说，"中国之有农业推广，本科实首先创办，其方法多为各机关所采用"，在1920年，"本科之推广事业，日益进展，直接受惠之农

① 金陵大学.私立金陵大学农学院概况（1932—1933）[M].南京：金陵大学出版社,1933:7-18.

② 金陵大学.私立金陵大学农学院概况（1932—1933）[M].南京：金陵大学出版社,1933:38-39,78.

③ 金陵大学.私立金陵大学农学院概况（1932—1933）[M].南京：金陵大学出版社,1933:77-78.

民每年至少在 10 万人以上"①。

1930 年以后，农学院的推广工作不再仅限于农技的推广，而是越来越侧重广义的农业推广，涉及农村组织、农村教育、农村经济合作等，且与"实验区"结合在一起，在内容上就不仅仅限于农业推广，已经从农业技术推广走向乡村建设。

1930 年，农学院鉴于过去推广工作范围过大，难以切实加以引导，所以改变分散式的推广方式，集中工作于若干区域以为示范。此前，农学院的推广工作主要集中在安徽、江苏、河北和山东四省。1930 年以后，农学院将山东、河北的推广工作集中于龙山、潞河（现为于北京市通州区）两地，与齐鲁大学合作设立山东历城龙山服务区，与通县（现为通州区）潞河中学合作设立河北通县潞河乡村服务区，农学院对服务区推广工作负有指导责任。在南方，因南京附近地区推广工作有较好基础，且距离较近，便选为农学院推广工作的中心地域。1930 年，农学院与中央农业推广委员会合作，在有着良好推广基础的安徽和县乌江镇（距离南京约 40 千米）成立了乌江农业推广实验区。此后，金陵大学农学院的推广工作集中于实验区的办理，以起示范作用。

一、乌江实验区

乌江属安徽省和县，地处长江北岸，邻近江苏江浦县（现为浦口区），水陆交通便利；乌江地为冲积土，土质系埴质壤土，适宜种植棉花。早在 1921 年金陵大学农业推广人员已来到乌江进行推广宣传。乌江工作以金陵大学在乌江推广美棉开始。1921 年春季，郭仁风等人分赴各处推广改良棉种，是年秋来到了素以"乌江卫棉"闻名的乌江镇。"即在该镇中街，举行农作物展览会，陈列标本、图标、模型等，前往参观者甚众。"② 这是金陵大学与乌江最初的渊源。1924 年金陵大学成立乌江乡

---

① 过探先. 金陵大学农林科之发展及其贡献 [M]//《南大百年实录》编辑组. 南大百年实录：中卷. 南京：南京大学出版社，2002: 266.

② 蒋杰. 乌江乡村建设研究 [M]. 南京：南京朝报印刷所，1936: 55.

村改进部，以李洁斋为主任，明确乌江乡村工作的三大目标为增加农民生产、启发民众智慧、促进乡村卫生。李洁斋认识到单纯的美棉推广具有局限性。要使农业推广真正出成效，不能局限于推广本身，必须致力整个乡村社会的改进。但是由于经费和人力有限，加上 1928 年发生的红枪会事件，陈调元军队假借剿匪名义在乌江大肆抢掠，"乌江整个乡村社会，损失在 20 万元以上，金陵大学在乌江的事业全部摧毁"。1930 年之前金陵大学在乌江事业范围有限。

1930 年，中央农业推广委员会与金陵大学合作，创办了乌江农业推广实验区，有了政府的支持，加上当时举国上下对于乡村建设的重视，为乌江实验提供了良好发展环境。1929 年 5 月，国民政府发布《农业推广规程》，提出"为普及农业科学知识，增高农民技能，改进农业生产方法，改善农村组织与农民生活，及促进国民合作，实施农业推广"。由国民政府教育部、内政部和实业部合作组织的中央农业推广委员会决定选定特定区域进行农业推广实验，以便为全国范围内的农业推广提供范例。

1930 年，农业推广委员会人员同金陵大学人员前往乌江考察，认为该区可设立农业推广实验区，优势有四：①距离南京较近，可经常前往指导督促；②此地尚无从事乡村建设的机关，可以避免重复；③荒地较多，存在农业生产增长的可能；④金陵大学在此已有 9 年的工作基础，深得民众信任，使得各项工作开展更为顺利。[1] 于是决定与金陵大学合作成立乌江农业推广实验区，其组织架构如图 5-1 所示[2]：

---

① 蒋杰. 乌江乡村建设研究 [M]. 南京：南京朝报印刷所，1936: 82.

② 《农学院概况》[M]// 南京大学高教研究所. 金陵大学史料集. 南京：南京大学出版社，1989: 192.

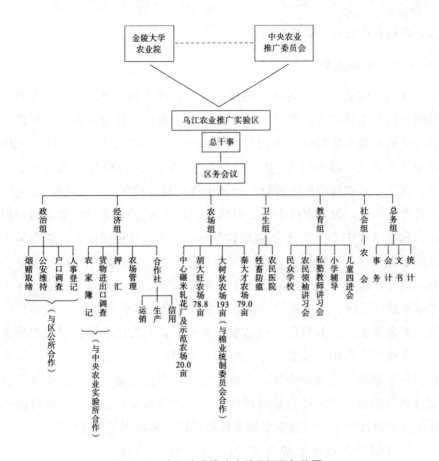

图 5-1 乌江农业推广实验区组织架构图

由上图可见乌江农业推广实验区并不限于农技推广，而是实行农村改造，通过设立区务会议，下辖总务组、社会组、教育组、卫生组、农场组、经济组、政治组七个组。每组有确定的工作计划与预算，由总干事一人综理全区事务，金陵大学农学院不时派人员前往辅导。只有建立健全的组织管理机构，农业推广实验才能取得显著成效。该区事业虽属七组，但以改进农民生计为中心工作，首创棉花运销合作事业，开我国农业运销合作之先河。至1936年该实验区常年经费已达8 000元，由生产事业收入挹注，已自给自足。在办理实验区的同时注意地方人才培养，1937年秋将该区事业移交合作社联合社继续办理，以达到由倡办而合办、以达农民自办之推广目的。[①]

（一）组织农会

在乌江实验区的各种组织当中，农会发挥了领头羊的作用。而且当时国民政府为促进乡村经济发展，允许成立农会，认为农会是乡村建设事业中的重要组成部分。1930年国民政府颁布《农会法》，1931年相继颁布《农会法实施细则》，规范乡村农会的经营。1932年，乌江农会成立，该会在《农村合作法暂行章程》中规定其宗旨在于"发展农村经济，增进农民知识，改善农民生活，而图农业之发达"[②]。农会以农民自办组织为农村事业中心，曾任金陵大学农经系主任的乔启明认为，农会为农民的职业团体，系根据《农会法》而发起的组织，由农民自行管理其会务，自行办理其事业，为农民自有自治自享的组织。[③]曾在乌江实验区工作多年的任碧瑰，亦主张以"农会"为乡村建设实验之核心："夫乡村建设之对象系农民，其目的为改造农村环境，提高农民生活，引导农民参政，实施地方自治，设农民毫无组织，将何以接受乡村建设之方法，有组织如系被动，亦殊难永久。故乡村建设须农民先有组织，并须基于自觉自动自治自享的农民自有的团体，盖凡事唯有本身最关心，非可由外界团体越俎代庖，……合于上列条件农民团体最适当者莫过农会。"[④]

乌江农会会员从最初的53人，到1933年的586人，到1934年已超1 000人，农会范围以乌江为中心而向四方发展，会员遍布周围250个村庄。农会会员以自耕农和半自耕农为主，他们也是实验区的参与者和主干力量。农会有较完善的组织管理制度，入会条件较为宽松，凡年

① 金陵大学.农学院事业及现状[M]//金陵大学.私立金陵大学六十周年校庆纪念册.南京：金陵大学出版社，1948：44.
② 孙友农：《乌江农会概况》，中国第二历史档案馆藏私立金陵大学档案，全宗号649，案卷号1541。
③ 乔启明.中国农村社会经济学[M].上海：上海书店出版社，1992：447.
④ 任碧瑰.以农会方式推动乡村建设之实验：一年来温江工作实施经验谈[J].农业推广通讯，1939(2)：24.

满 20 岁，符合农会法规，均为会员，自耕农较受欢迎。农民入会手续：①经会员 2 人以上介绍；②入会者须填写入会志愿书，同时介绍人须签字；③缴纳会费；④干事会议时到会与各干事见面；⑤发放入会登记书。如果会员违规，加以 3 次劝导后不改正，今后遇事便不再通知，而不采取开除式的方式。农友若无故退出，应多缴 3 年会费。农会经费主要来源于会费与特别费。新旧会员每年应缴会费国币 1 元，新会员于入会时缴纳，特别费自愿。①

农会内部治理结构设立干事长 1 人，副干事长 1 人，干事 5 人，均由全体会员大会选举产生；任期为 1 年，连选连任。一切事业的计划及进行悉取决于干事及干事长，而各干事又取决于干事长 1 人。虽然全权于干事长，但干事长会征求各干事意见及取得会员的同意。乌江农会每半月开一次干事会议，为初一和十六。

农会成立后在维护农民经济利益，以及帮助农民维护自身权利方面，发挥了不小作用。农会干事受过良好的教育，经济、法律等知识比较丰富，执行效率相对较高。在政治方面农会也扮演了上传下达的功能，替农民出谋划策，向上级政府传达乡村真实信息，助力乡村建设。

在乡村经济建设过程中，农会扮演着政府与农民的中间人角色：一方面，政府的有关农业经济规划政策可以通过农会下达到基层农民，指导农民实施有关农业计划；另一方面，农会可以将基层农业问题向上级反映，以便政府制定精准方针。此外，农会根据农业发展的需要，从农民自身需求出发，鼓励农民成立合作社，经营堆栈仓库，提倡农村副业，惠利会员生产。此外，农会组织会员合作代为缴纳营业税等杂费，减少中间人作弊和降低了农民的市场交易成本。

农会还通过举办各项文化活动，开办干部夜校，培养乡村领袖，提高了乡村农民的常识，降低了乡村文盲率，以及传授相关农业知识，注重农业技能训练，推广农业改良方法，使会员认识团体合作的重要性，

---

① 罗子为.介绍一个服务乡村的团体：乌江农业推广实验区（续）[J].乡村建设，1934，3(30): 24.

因此农民成为乡村建设的主力军。

农会还有效维护了农民的合法权益。分散的农民由农会组织起来，架起农民与政府沟通的桥梁，降低政府与农民的对话成本。农会可以提高农民的组织能力，培养群众集体生活的习惯，提高农民参加团体活动的积极性。以往农民单打独斗，经常受地主恶霸欺负，有了农会农民再受到欺压剥削时，农会协助农民共同对抗黑恶势力，使得农民的权利得到很好的维护。农会成立未及 4 个月时，和县劣绅范培栋勾结表亲和县县长叶家龙，借虚假口实，想逮捕工作人员孙友农，农会奋起斗争，经过 2 个月的奋斗，和县县长叶家龙被撤职。①

（二）建立农村经济合作组织

农村要进行经济改良，既要组织得力，也要有充裕的资金支撑。农民购买种子、肥料、农药、农具、发展家庭副业等都需要资金。当时农村经济发展缓慢，农民较为贫穷，农村银行信贷制度不健全，农民在借贷资金、购买农资、运销农产品诸方面，常常受到高利贷和中间商的盘剥。因此，帮助农民建立经济合作组织，是解决这些问题的办法之一。南京国民政府建立后，为缓和社会危机，先后制定和颁布了《农村合作社暂行规程》（1931 年）、《合作社原则》（1932 年）、《合作社法》（1934年）等法律法规。这些法律法规的制定和颁布，为农村经济合作组织迅速兴起和发展提供了法律保护。

合作组织的类型多种多样，如信用合作社、运销合作社、养殖合作社、垦殖合作社、耕牛保险合作社、林业生产合作社等。其中，信用合作社最多，占 70％～80％。信用合作社利率远低于高利贷，在一定程度上解决了农业生产者和小手工业者的资金问题。运销合作社也减少了商人的盘剥，提高了改良品种的收益，扩大了良种推广与技术改进的影响力和吸引力。因此，农村经济合作组织在农村金融流通、农副产品运销、农业生产技术改良等方面发挥了积极的作用。

---

① 章元善. 乡村建设实验：第 1 集 [M]. 北京：中华书局，1934：111–112.

为防止棉商操纵市价，乌江实验区创办了棉花运销合作社。实际上早在 1926 年秋，乌江即由 25 个农民自发创办了乌江农产买卖信用合作社，仅限于棉花运销，但受动乱环境影响未能久存。① 实验区在 1933 年又创办棉花运销合作社，该合作社 1933—1934 年运销 272 担，后发展较快，1936—1937 年运销 3 067 担。② 1936 年时，该区运销合作社已有社员 400 余人，种植实验区推广的爱字棉，并由该实验区生产组进行田间检查，保证棉花质量，检查后给予合格证，方可享受运销合作之权。运销过程先由社员将籽花送到实验区花厂内，先经等级之检定，再用机器轧成皮花。社员皮花轧成后交与棉运社，委托运销。棉运社收到皮花后，即按等包装，每包 200 斤，由民船先运往南京再转到上海，最后委托全国棉花产销合作社代卖。③ 该区棉花运销的经营结果颇令民众满意，计运销爱字棉与普字棉（本地土棉）共 20 余万斤，爱字棉最高每斤 56 元，普字棉最高每斤 42 元，棉农所得利益，较往时零星售卖于商人之手者，每包多得大洋二三元。因运销合作让棉农获利甚多，故引起他们参与的兴趣，加入合作社者颇众。

棉花运销合作经营，使得棉花销售情形得到改善，合作社还具有以下贡献：①降低交易成本，"棉农—合作社—企业"代替了以前"棉农—中间商—企业"的契约签订模式，现在棉农只需和合作社签约，合作社直接和企业对接。②降低"谷贱伤农"的影响，过去农民急于还债与生活支付，都急于把谷米卖出去，农产品的价格被压得很低，造成"谷贱伤农"的现象，如今合作社先把谷物储存起来，待价而沽，降低经营风险。③促进货币流通，合作社经营运销合作业务，得到上海银行的协助，如发放生产贷款，棉农在耕种期间，青黄不接之时，可向该行借款，以免高利贷的盘剥。可以预支花价，社员交花后，如需用款，可向社中预支花价之七成。④ 通过成立棉花运销合作社，将农民的棉花集中组织运

---

① 欧阳苹 . 乌江合作事业述详 [J]. 农林新报 , 1933, 13(16): 24–25.

② 章之汶 . 介绍乌江农业推广实验区 [J]. 经世 , 1937, 1(9): 23–74.

③ 黄崑 . 参观乌江农业推广实验区纪 [J]. 农业周报 , 1936, 5(12): 15–19.

④ 王子建 . 中国之棉花运销合作运动 [J]. 天津棉鉴 , 1935, 4 (7–12): 89–104.

销，保证了棉花的品质，稳定了棉花的价格，也维护了棉农的利益，真正做到丰产又丰收。

信用合作社最受欢迎，因信用合作社利率远低于高利贷，可以帮助农民和手工业者解决资金困难。1933 年 5 月，各合作社共同成立"乌江农村信用兼营合作社联合会"，便于社员联络感情，交换意见，在联合社区内传播合作知识，增进合作事业；确保联合社各社员信用程度，保证联合社各社员债权及债务，指导扩充社员业务等。[①]该联合会主要经营储蓄存款、信用放款、押汇、汇兑、保险业务，并管理粮食抵押、种田会、耕牛会、农家簿记、鸡蛋储蓄会，办理货物进出口调查登记等业务。1934 年春，上海银行因内部业务调整，将乌江合作事业交给实验区经济组接管办理。到 1934 年，实验区内有信用合作社 33 所，贷款 50 000 元，社员 707 人；生产合作社 1 所，贷款 260 元，社员 53 人；运销合作社 1 所，贷款 4 000 元，社员 440 人[②]。

信用合作社社员主体是拥有一定经济基础的自耕农和半自耕农。1932 年，实验区曾对 26 个信用合作社的 520 名社员的身份进行了调查，其中自耕农占全部社员的 73%，半自耕农占 17.5%，占到九成以上，是信用合作社的主要组成人员。从人员构成中也可看出乡村改良的局限性。近代中国土地制度不合理，大部分土地所有权被非耕种的地主阶级占有。占农户大多数的佃农、半自耕农因缺乏土地或地少，不能享受合作社带来的利益，也就被排除在乡村建设之外。而共产党在乡村通过阶级斗争的方式，实行"打土豪，分田地"的土地政策，改变不合理的土地制度，这是赢得广大农民热烈欢迎的重要原因。

信用合作社的业务种类繁多，但其较重的工作则为信用放款和设立农业仓库。尤其是信用放款，被认为是缓解乡村金融枯竭的重要手段。1933 年秋，实验区对向合作社借款的 658 名社员的借款用途进行调查，

---

① 乔启明. 金陵大学推行农村事业之理论与实际 [J]. 农林新报，1936，13(28): 8-23.

② 中央农业推广委员会及金陵大学农学院合办乌江农业推广实验区 [J]. 农业推广，1935(8): 27.

偿还债务和购买口粮成为借款的主要用途，而用于农业生产的资金却相对有限。农业仓库是信用合作社的另一项重要业务。1932 年，在上海银行的资金支持下，乌江农仓正式成立。农仓地址设在实验区附近，共储放稻谷 1 万余石。1935 年，张家集分仓成立，当年共抵押稻谷 200 石。鉴于农仓的重要性，实验区于 1936 年秋拟进一步"扩大农仓组织，并与省管理处合作借款，于每乡农会所在地设一总仓，各合作社设分仓"①。

（三）农业、教育、卫生等改良

金陵大学最初与乌江结缘始于推广爱字棉的需要。乌江原本是著名的产棉区，其"卫棉"远近闻名，但到了 1920 年，乌江卫棉已严重退化，为推广美棉，金陵大学在乌江租地设立棉作示范场。吸取以往推广方式的经验，从 1933 年起，实验区决定采取"波浪式推广"方式，即以实验区繁殖场和特约农户设立的纯种棉厂为中心，采用"地方纯种主义"，施行棉种检定制度，加强种子管理。推广方式上，优先满足内圈农户对种子的需求，然后根据需要从内圈向外圈延伸。从表 5-1 可见，在这种推广思路指导下，爱字棉在 1933 年后呈现加速发展趋势，"预计 5 年之后，全区尽替为爱字棉"②。

表5-1　乌江棉种推广情况表③

年度	数量（爱字棉）	面积（亩）	每亩平均产量（仔花）	
			当地种	改良种
1931—1932	4 427.5	696	60 斤	120 斤
1932—1933	2 433.5	310	60 斤	100 斤
1933—1934	21 576.0	3 261.4	50 斤	100 斤

① 乌江实验区工作报告 (1936 年 3 月 –1936 年 6 月)[J]. 农业推广，1936(12).

② 《乌江农业推广实验区工作概况（1934 年 7 月）》，中国第二历史档案馆藏私立金陵大学档案，全宗号 649，案卷号 1536。

③ 章之汶. 介绍乌江农业推广实验区 [J]. 经世，1937, 1(9): 23–74.

续　表

年度	数量（爱字棉）	面积（亩）	每亩平均产量（仔花）	
			当地种	改良种
1934—1935	24 100.0	3 498.0	80 斤	140 斤
1935—1936	28 053.5	3 774.4	75 斤	150 斤

由上表可以看出 1931—1936 年，实验区推广改良棉，无论是种植面积，还是亩产量、总产量，都在逐年增加。乌江棉业在金陵大学农业经济系的支持下，棉种品质得到改善，产量得到提高。

在教育改良上，因当地教育落后，文盲较多，故对于实验区内公、私立小学予以辅导，曾派出职员分赴各小学教导农业、卫生、自然、劳作等课程。在儿童教育方面，购置小学文库及各种儿童读物若干本，组织儿童读书会，以作补充教学，每日借书给儿童。为减少文盲，还从1930 年 11 月开始举办农村儿童夜校，到 1931 年春夜校有 13 处，学生172 人。[①] 夜校具体科目有识字、应用文、常识、卫生、农业、家事、演讲、国事及游戏等。1935 年元旦，实验区还专门成立儿童四进团，以训练儿童手、脑、心、身之活用，培养农业知识技能并促进日常生活之进展为宗旨，日常活动有特别会、恳亲会、游艺会、展览会、植树团、参观团及庆祝会等[②]，适应了儿童的年龄阶段。

在社会教育上，为提高农民的文化素质，实验区从 1930 年开始每年冬季开办民众夜校。到 1931 年初，已开办 8 处夜校，学生有 109 名，校舍都在农家，课程除了教授农民识字外，还有卫生、农业、家政及演讲等。[③] 实验区 1932 年冬开始在白天开办农民训练班，为期一月，旨在灌输实用知识，改善农村生活及培养农村领袖。训练班学员资格需要粗识文字，年龄在 15～30 岁，课程有党义、合作原理、法律、算法、家政、

---

① 乌江农业推广实验区农民夜校统计 [J]. 农林新报，1931, 8(18): 278.

② 乌江农业推广实验区乌江儿童四进团 [J]. 农业推广，1935(8): 10–11.

③ 孙友农. 乌江农业推广实验区社会活动报告 [J]. 农林新报，1931, 8(12): 11–12.

农村问题等。①

面对农民缺医少药，卫生意识淡薄的现状，实验区于 1930 年冬正式设立诊疗所施医治病，并宣传卫生知识。但因农民就医者颇多，实验区于 1933 年 7 月与金陵大学鼓楼医院合作，在该区创设乌江农民医院，常设医生 1 人，护士 2 人。鼓楼医院每月还派医生到该院诊病 2～3 次，诊断较重之病症。②从医院服务情形看，1933—1934 年受诊人数为 9 508人，1935—1936 年则增加到 4 个诊疗所，总计受诊人数为 65 047 人。③实验区在解除农民疾病痛苦、预防农民传染疾病、传授农民卫生常识、学校卫生知识方面开展了诸多卫生服务，如种痘、预防注射、灭蚊蝇、提倡街道和饮水清洁等预防传染病的活动，并引导农民重视个人卫生、家庭卫生及公共卫生。

金陵大学农学院设立乌江实验区最初目的在于推广优良种棉，增加农业生产，后随之与中央农业推广委员会的合作，开始了在实验区进行农村经济、教育、卫生、社会方面的大规模的系统改革，取得了不错的成效，成为 20 世纪 30 年代乡村建设运动中的代表性乡村实验区。而且该实验区利用金陵大学农学院的资源优势，充分实践了教学、科研、推广"三位一体"的农业教育模式，传播了西方现代农业科学技术及知识，起到了沟通实际问题与研究机关的桥梁作用。④

二、战时农业推广

全面抗战爆发后，金陵大学于 1937 年 11 月西迁入川，1938 年 3 月在成都复学。鉴于战时乡村建设的重要性，不仅在谋求农业的改进，还在发掘农村潜力，支持抗战，促成建国，金陵大学农学院的农业推广工作较之战前有过之无不及。农学院前期在川推广事业仍以示范推广为主，以农产促进与委员会的合作，试办县单位农业推广工作，以全县为对象，

① 王倘，姜和. 乌江农业推广实验区印象记 [J]. 教育与民众，1934(7): 1343–1354.

② 本报记者. 乌江之行 [N]. 中央日报，1934–10–24(7).

③ 章之汶. 介绍乌江农业推广实验区 [J]. 经世，1937, 1(9): 23–74.

④ 张德明. 民国大学与农村改良：乌江农业推广实验区述论 [J]. 农业考古，2022(4): 52–60.

在四川省的温江（现为温江区）、新都（现为新都区）、仁寿和陕西的南郑（现为南郑区）、泾阳研究县单位推广制度及推广方法。训练农业推广人员，成绩显著。

1941年后农业推广以辅导训练为主，四川农业改进所于此期内成立，并于各县创设农业推广所，农学院鉴于省政府重视农业推广工作，乃将温江、新都、仁寿农业推广区，分别改归并于县农业推广所，移交省农业改进所继续指导办理，金陵大学则从旁辅导。其时四川省政府推行新县制，指定彭县（现为彭州市）、仁寿县为新县制之示范县，委托金陵大学农学院担任该县农事辅导工作，研究农业推广如何与其他部门相配合。此外，国民政府教育部和四川省政府委托金陵大学农业教育学系，担任四川省农业职业学校辅导工作，每学期派专员至各校辅导一次，以培养农业人才，"盖农业推广机构，已由政府成立，所感缺乏者为人才耳，故本院今后推广工作，应向农事辅导与人才训练的方向转变"[①]。

战时国民政府进行县政改革，以农业推广促进地方自治。中央农产促进委员会根据战前乌江等地办理农业推广实验区的经验，依据《全国农业推广实施计划及实施办法大纲》，积极倡导并推动各地农业院校与地方行政机关合作建设农业推广实验县。迁川的金陵大学农学院积极响应，在四川的温江、新都、仁寿，推行以县为单位的农业推广实验，研究县单位农业推广制度。金陵大学建立的3个农业推广实验县工作方式各有特色：

（一）温江农业推广实验区

该区实验目的是组织方法实施农业推广，即以农会组织为核心，实施农业推广，使其逐渐达到自有、自治、自享的目的。金陵大学主持农业推广的乔启明曾说："乡村建设事业，经纬万端，而其所取途径，类多借重外力，农民反处于被动之地位，以致一旦环境变迁，外力引退，其所进行之事业，俱告停顿。以往国内乡村建设事业呈此现象者，屡见不

---

① 金陵大学.农学院事业及现状 [M]// 金陵大学.私立金陵大学六十周年校庆纪念册.南京：金陵大学出版社，1948: 44.

鲜。此诚我国乡村建设之绝大错误与损失，亦即我国乡村建设亟待解决之一重要问题也。"[1] 温江实验区以农会为中心进行乡村建设，其原因一是吸取金陵大学农学院于战前在安徽乌江等地的乡村建设实验，二是温江有着得天独厚的自然地理条件和农村、农业经济真实发展状况。温江位于川西，土地肥沃，物产富饶，素有"金温江"之美誉。

温江农业推广实验区原由农学院农业经济系与当地政府机关合办，农业推广部予以推广技术辅导。后改由农学院与中央农产促进委员会及地方政府机关、民间团体合办。筹备工作始于 1938 年 6 月，同年 9 月正式成立。推广区主任为李撝谦，总干事为任碧瑰，其余人员由农产促进委员会委任。

温江实验区成立半年间，因得地方政府和人民团体之协助，获得长足发展。在生产方面，共推广金陵大学 2905 小麦 13 000 斤，栽植面积达 1 500 亩。又筹集股金 1 000 元，组织一小规模造纸公司，每日可生产纸 3 000 余张。经济方面，已由合作指导室组成 150 信用合作社，社员计 4 200 人，复由乡村建设委员会协助设立 70 个互助社，社员共 707 人，贷款额共达 30 余万元。教育方面，成立农业补习学校 3 所，学生共 80 人，皆由农会主办，复由乡村小学教师 50 人各出资 1 元，开展巡回文库，供乡村农民选择阅读。卫生方面，由当地人士筹集 3 000 元，开办保健所，有医生 1 名和看护 2 人。社会组织方面，全县已成立乡农会 7 所，会员达 3 800 人，并组成农业青年团 8 所，会员 320 人。[2]

（二）仁寿农业推广实验区

该区实验目的在于教育方法实施农业推广。该区为金陵大学农学院与中央农产促进委员会合办，1938 年 9 月筹备，9 月底正式成立。

仁寿县在四川省东南部，农产品种类较多。推广区主任为李振纲，正副总干事为刘渊澥、石咸坤。下设 5 个中心区，推广工作主要有学校式教育和社会式教育两种形式。前者以农业补习班为中心，共训练学生数千

---

① 乔启明. 温江乡村建设之原则与组织 [J]. 农林新报，1938, 15(28-29): 1-5.

② 本校农学院推广工作近况 [N]. 金陵大学校刊，1939-04-14(1).

人，毕业后成为"特约农户"，或推广所辅导员。后者以青年农学团为中心，设立农民基础学校，还举办农民夜校，讲授农民千字课、珠算课、农业常识课等。推广的品种有金陵大学 2905 小麦，德字棉及良种猪、鸡等。

（三）新都农业推广区

新都县最初以特约农家和组织各种农学团进行农业推广，后与县职业中学合作，设立农业推广处，成立职业中学学生农村服务团，建立乡推广站，开展下乡服务。1938 年 10 月应四川省设计委员会邀请，与新都县政府合作办理农业推广，11 月正式开始工作。不幸新都事变发生，推广员邵克治惨遭杀害，各项工作一度停顿。后新都秩序恢复，并奉令继续实验事业，金陵大学农学院愿继续与之合作，由新都县政府协助经费 500 元，县立农校拨款 600 元，用于该县农业推广，金陵大学派何敬真、杨开及数名助理员到县工作，推广处设于农业职业学校内。①

另外，金陵大学农学院早在 1932 年在陕西北就设立了农事试验分场，抗战时期在南郑、泾阳两处又设立了农业推广区。

1. 南郑农业推广实验区

1939 年 1 月南郑农业推广实验区成立，南郑县位于陕西西南部，汉江上游，邻接四川省，盛产稻、麦、茶、油桐等。推广区与农业职业学校合作，推广"帽子头"水稻、金陵大学 331 大豆、斯字棉及美国约克夏猪；组织农会；开办农民医院。

2. 泾阳农业推广区

1939 年 1 月泾阳农业推广区成立，泾阳县位于陕西中部，泾河下游，泾惠渠流贯境内，灌溉便利，农业发达，以棉花、小麦和玉米为主。推广品种为蓝芒小麦。1941 年 8 月，陕西省农业改进所与金陵大学合办泾阳农业推广所，该所行政上属于陕西省农业改进所。划定泾阳、三原、高陵（现为高陵区）、富平、临潼（现为临潼区）、礼泉 6 县为合作推广区。②

西北的农事试验场除开始推广蓝芒麦、斯字棉及径宿谷等优良品

---

① 本校农学院推广工作近况 [N]. 金陵大学校刊，1939-04-14(1).

② 张宪文. 金陵大学史 [M]. 南京：南京大学出版社，2002: 390.

种外，1943年又增加金陵大学西北60、129、302号三种小麦，并已大量推广，在关中10余县普遍种植。其中，尤以60号小麦产量高，出粉多，面粉白，深受当地农民及磨坊欢迎。又在泾阳县敬中等乡设立纯种繁殖区，区内以该场改良之60号小麦为中心推广材料，而以新近改良之122号斯字棉，早熟种副之，此两品种之繁殖面积，近3年来每年均在0.5万亩～1.5万亩。本年秋季该场又与各推广区棉农合作，设立棉花代购处，意在解决当地花纱布管制局交花困难的问题，使棉农获得最大利益。又于敬中等乡镇设立农民诊疗所解决农民医药困难。①

后期为配合当地政府新县制改革，金陵大学进行了多项农业调查。

（1）县单位农村经济调查。1942年，金陵大学农学院受彭县县政府委托对全县农村进行经济调查，以推进县政工作与建设事业为依据。本年度华阳县被选为新县制示范县，四川省政府主席张群邀请农学院在该县开展农村经济调查工作，金陵大学决定由农业经济系主持，让该系高年级学生利用暑期进行调查，历时2个月调查完成。

（2）农会调查。社会部自成立以来，对农民组织、农民运动较为重视。1943年，社会部委托农学院对四川省农会现况进行研究，作为将来全国普遍推行农会之参考。农学院接受委托后，即着手进行，地区包括成都（1952年撤销成都县）、华阳、温江、新都及什邡（现为什邡市）5县。调查时间为本年度6月29日至8月27日。调查对象为5县县农会及37个乡农会。调查内容为①各级农会之概况、会员、职员、经费、事业与成败检讨；②县农会与乡农会之联系；③会员对农会之认识、需要与批评。调查材料整理编成"四川省成都平原5县农会之研究"。

（3）粮食增产调查。本项调查工作与农林部合作开展。调查之目的：①明了各种增产办法之具体功效；②明了采用改良增产方法

---

① 本校农学院1943年度农业推广事业简报[M]//《南大百年实录》编辑组.南大百年实录：中卷.南京：南京大学出版社,2002:317.

之农家在费用收益方面，是否比未采用之农家合算；③调查年内由于实行粮食增产办法所增加各种主要粮食产量之合理估计。调查范围包括成都、华阳、温江、双流（现为双流区）、新津（现为新津区）、新都、郫县（现为郫都区）、崇宁（现为唐昌镇）等 8 县，于 1943 年 7 月开始，历经 4 个月调查完成。①

抗战胜利后，金陵大学农学院师生随校分批迁回南京，农学院农业推广部获悉乌江农业推广实验区已遭日寇破坏，一直无人管理，房屋倒塌，田地被人占用，遂与农林部农业推广委员会协商，合作恢复乌江农业实验推广区工作，以崔毓俊为主任、李洁斋为总干事，由金陵大学农学院担保，向银行借款，修建房屋，收回田地，设立医院，开办奶牛场。同时，农业推广委员会也派任碧瑰、陈锦馀等人在乌江及其附近地区成立了 3 个乡农会，由中国农业银行南京分行贷款给会员购买优良种子、肥料、农药和新式农具，指导农民改进农业生产方法。由于各方面在工作上相互配合，金陵大学农学院农业推广部在乌江农业实验推广区的各项事业，又有了很大发展。②

金陵大学领时代之先，坚定推行教学、研究、推广相结合的"三一制"模式，注重社会服务，使学校与社会息息相关，将教学、科研成果推广应用于社会，使大学将人才培养、科学研究和社会服务三项职能集于一身，具有划时代的开拓性意义。在这一办学理念的指引下，金陵大学师生走出校门开展了诸多社会服务活动，无论是早期的社会民众教育，还是倡导科学教育、应用电化教育，特别是农业推广尤为出色，推广人员遍及大江南北，推广的作物良种涵盖我国主要粮食作物和经济作物，并为农村培养了大批农业科技人才，不但成为近代中国大学农业推广的策源地，而且其经营的以县为单位的农业推广实验区，注重发挥农村农会组织作用，也为当下乡村振兴提供了有益借鉴。

---

① 本校农学院 1943 年度农业推广事业简报 [M]//《南大百年实录》编辑组.南大百年实录：中卷.南京：南京大学出版社，2002：319.

② 李撝谦.农学院的农业推广事业 [M]// 金陵大学南京校友会.金陵大学建校一百周年纪念册.南京：南京大学出版社，1988：90.

第六章 金陵大学学生群体之考察

第一节 金陵大学学生参与中国社会运动的程度

金陵大学是中国近代史上享有盛誉的教会大学，不仅教育事业成绩斐然，还是一所具有爱国主义传统的学校。为什么一所注重培养"基督化人格"的教会学校，却能经常站在反帝爱国运动的风口浪尖？笔者从以下几个方面进行探讨。

一、金陵大学学生参加爱国民主运动情况

金陵大学虽为教会大学，但办学并不封闭，反而因师生与西方文化和西方社会有较多接触，思想更为活泼、开放，对民主、自由有着热烈地追求，对国家、民族命运也较为关注。

金陵大学的广大师生，同中华人民共和国其他知识分子一样，具有强烈的爱国心和民族自尊心。早在1904年，为抗议帝俄侵占东三省，金陵大学前身汇文书院的青年学生就掀起了"拒俄"运动，并揭开了金陵大学反帝爱国斗争的序幕。新文化运动开始后，国内反帝反封建斗争情绪高涨。特别是巴黎和会中国外交失败的消息传到国内，群情激愤，北京大专院校学生5月4日举行罢课、游行，以示抗议，运动迅速波及全国，"南京各校即有跃跃欲试之势，盖良心上不容己，故咸以与北京取一致行动为唯一之目的"[①]，金陵大学和南京高等师范学生带头罢课，声援

① 《南大百年实录》编辑组. 南大百年实录：中卷 [M]. 南京：南京大学出版社，2002：425.

北京学生的斗争。

中国共产党成立后，尤其是在中共二大上，明确将反帝反封建作为民主革命纲领，广泛发动工人、农民、青年等参加革命，有了先进政党的领导，进步学生的爱国运动翻开了崭新的一页。在前期"收回教育权"的运动中，共产党起了很重要的作用。1922年4月，世界基督教学生同盟在北京清华大学召开第十一届大会，针对世界基督教学生同盟直接向中国的挑战，在大会未召开前的一个月，北京、上海、南京等地的爱国学生，在中国社会主义青年团的倡议下着手组织了非基督教学生同盟。中国社会主义青年团机关刊《先驱》上发表宣言，指"其为助纣为虐的恶魔——现代的基督教及基督教会，是我们的仇敌，非与彼决一死战不可"①，当时国共两党的许多领袖如蔡元培、陈独秀、李大钊、朱执信、汪精卫、吴稚晖等都参加了这一同盟。刚刚诞生不久的中国共产党积极地投入这场斗争中来。美国学者杰西·格·卢茨曾评论道："很明显，在1922年的非基督教运动中，一些与共产主义有紧密联系的组织和人士起了突出的作用。"②

1923年中共南京地方执行委员会成立，这时南京仍在北洋军阀的统治之下，共产党只能秘密进行革命活动。上海"五卅"惨案后，中共党组织以"收回教育权"为主，转向以救亡为中心的反日爱国斗争。为声援上海人民的反帝运动，金陵大学学生在党的领导下，曾到南京英商和记洋行向工人宣传，并开展募捐和抵制英、日货等活动。"五卅"运动后，南京党组织有了较大的发展。金陵大学最早的中共支部也在这个时候成立。1925年9月，金陵大学学生陈庚平、陈韶奏加入了中国共产主义青年团，后转为共产党员，他们是金陵大学最早的共产党员。另外，金陵大学是一所教会学校，有利于隐蔽，所以国共合作高潮时，不管是国民党南京党部还是南京的中共组织，都开始派人主动深入金陵大学学生中开展工作。随着国共合作高潮的到来，1926年下半年创建了金陵大

---

① 非基督教学生同盟宣言 [N]. 先驱, 1922-03-15(1).

② 卢茨. 中国教会大学史（1850—1950）[M]. 曾钜生, 译. 杭州：浙江教育出版社, 1987: 214.

学第一个中共党支部，这个支部有共产党员秦元邦、胡华熙等人，第一任支部书记为胡华熙。这样有了先进政党的领导，金陵大学进步青年的反帝爱国斗争将更有组织性。

国民党建立起全国性政权后，为加强其统治的合法性，在教育领域一意推行党化教育，强化思想控制，教会大学也不能幸免，一系列政治活动开始进入校园，如周一必须举行总理纪念周仪式，教学内容也由党义代替宗教成为必修课，还在学校建立了训育制度，防止学生行为越轨，对学生日常活动进行监视。但金陵大学的自治传统，与国外的密切关系成了抵制政府干预的缓冲器，在如何办学上享有比一般大学较多的自由，对学生的思想控制也不似国立大学那样严密，国民党对教会大学的课程加以控制，但对行政领导及课外活动却没有什么影响，在图书馆里还可以公开借阅马列书籍，这为渴求新思想的青年学生提供了有利的学习条件。例如，后来被国民党反动派杀害于雨花台的陈景星和石璞，当初就是在金陵大学的图书馆阅览了许多马列书籍，思想逐渐转向马克思主义，后被发展为中共党员。

国民党的高压统治，禁止不了青年学生对进步、自由的向往。随着民族危机的日益加重，金陵大学校园并不平静，爱国主义运动此起彼伏。1928年5月，日本为阻挠中国北伐，制造了济南惨案，中共南京市委领导全市大中学校学生进行声讨济南惨案，反对日本帝国主义的斗争，金陵大学学生参加了游行请愿，并举行为时一周的罢课。"九一八"事变和东三省沦陷后，金陵大学师生痛心疾首，立即掀起抗日救亡的巨浪。1936年春，金陵大学学生祁式潜、李庚等开始与中大等校的进步学生联系，筹备建立了南京秘密学联，后来他们又与全国学联、全国救国会取得了联系，最终与上海的中共地下党取得了联系，得到了《八一宣言》等重要文件。金陵大学秘密学联以骨干同学为基础，建立了一个叫"体群社"的社团，组织各种活动，宣传抗日救亡，使越来越多的同学加入秘密学联，"体群社"成员最多时有60人左右，这在只有500多名学生的金陵大学是一个不小的团体。卢沟桥事变后，全民族抗战开始，八路军南京办事处成立，中共南京市委也重新建立，并恢复了工作，秘密学联主要骨干祁式潜、李庚、胡笃弘等加入了中国共产党。

1943年10月，"民协"（成都民主青年协会）成立，它是中国共产党领导下的秘密外围组织，是中共在成都学生工作中的得力助手，是开展人民民主运动的一支重要力量。抗战后期，国民党不仅在政治上拒绝改革，还对大后方民众和进步舆论进行压制，经济上更是物价飞涨，金陵大学广大师生对国民党当局的不满增加，一些政治性的团体相继出现。此时金陵大学学生中，先后成立了"狂狷社""时声社""活力社""敢社""草原社""菲芄社"，时称"金陵大学六社"，"民协"骨干大多担任各社社长，这样，中共党组织很快在华西坝各大学中产生了重要影响，"金陵大学六社"在学生中的凝聚力和号召力也不断扩大，不仅在校内，还把华西坝乃至成都各界抗日民主力量结合起来，互相声援，从而在呼吁团结抗日和要求国民政府改革政治的各项斗争中发挥了更大的作用，成为华西坝地区民主爱国运动的中流砥柱。

抗战胜利后，中国人民经过战争的洗礼，争民主、爱和平的愿望和民族国家意识更为强烈，金陵大学学生中的进步力量也日益壮大，而金陵大学中共地下党组织的重建以及恢复对学生工作的领导，使金陵大学的爱国民主运动有了主心骨。1945年12月1日，国民党对昆明学生爱国行动实行镇压，制造了"一二·一"惨案，后又制造了"李、闻惨案"，此时金陵大学还没有迁回南京（1946年夏迁回），仍在华西坝，金陵大学牵头进行了规模盛大的游行示威，在一次次抗暴运动中，国统区沉寂的空气被打破了，学生中的进步力量也得到了空前壮大。"民协"转向深入具体地做好群众的发动工作。

1946年冬，北平发生了美国大兵强奸北大女生沈崇事件，消息传来，群情激愤，全国数十个大中城市学生举行了声势浩大的示威游行，抗议美军暴行，要求美军撤出中国。美国学者卢茨说道："美国人伤害中国人的事件屡见不鲜，这些虽然引起中国人的愤怒，但多半都是无声无息地解决了。那么为什么沈崇事件却闹得满城风雨？原因之一是学生的优越感，强奸一个女学生对学生的感情来说有着一种不同于强奸农妇或女工的冲击。"① 而且学生有办法赢得别人对自己抗议活动的同情和支持。在战争结束后的一年半里，学生已开始重新建立联系与组织，并获得如何组织群众示威的经验。"五四运动不仅仅成为一个事件，还成了一种传统，一个为以后学生仿效的榜样。"② 当时金陵大学校园也是一片沸腾，到处贴满了抗议美军的大标语，"民协"和"六社"立即在学生中发起签名活动，要求学生自治会组织抗议活动，并酝酿与南京各大学联合行动。1947 年 1 月 2 日，南京 2 000 多名学生参加了示威游行，金陵大学学生手扛大旗，走在队伍最前面。剧专的同学在宣传车上摆出了活生生的场面③，美军的丑态和暴戾深深触动了旁边的群众，人们无不群情激愤，也响应学生们的口号。由于这次示威游行发生在国民党还都后的首都，在国内也影响巨大，《新华日报》予以高度评价："自九一八后，一直死寂到如今的南京学生界，就这样向中国和全世界表明了他们的一致与力量。南京已闻到新生的气息了！"这次抗暴运动检阅了金陵大学学生中的进步力量，扩大了他们的影响，使原来处于分散状态的各校学生相互支持和了解，从而为今后更大规模团结合作斗争打下了基础。

全面内战发起后，国统区物价暴涨，民众生活日益恶化，大学生也直接受到饥饿的威胁。为了开辟国统区爱国民主运动的第二条战线，中共南京市委决定在首都南京发动"反饥饿、反内战"的学生运动。1947年 5 月 19 日，京、沪、苏、杭区 16 个专科以上学校，为挽救内战摧残下的教育危机，于南京召开联席会议，定于 5 月 20 日联合举行游行，并派代表向国民参政会及行政院请愿。5 月 20 日一大早，国民党宪兵警察闻讯大批出动，如临大敌。金陵大学学生冲破军警的封锁，与中大等校游行队伍会合，当游行到珠江路时，遭到了国民党军警的阻拦和毒打，

---

① 卢茨.中国教会大学史（1850—1950）[M].曾钜生，译.杭州：浙江教育出版社，1987：394.

② 卢茨.中国教会大学史（1850—1950）[M].曾钜生，译.杭州：浙江教育出版社，1987：248.

③ 南京大学高教研究所校史编写组.中央大学、金陵大学抗议美军暴行大游行[M]//《南大百年实录》编辑组.南大百年实录：中卷.南京：南京大学出版社，2002：454.

当场被殴流血的50余人，重伤者8人，遭打者起码500人之多①，这就是当时震惊全国的"五二〇"血案。如果说之前学生的游行示威，国民政府出于道德力量的维护，对学生还不敢肆无忌惮地用武力进行镇压的话，那这次惨案国民政府完全不顾及自己的颜面，对学生大打出手，"警察特务们已丧失了人性，他们已打红了眼睛，打黑了心，逢人就打"，"胡海伦（女）被十几人围打，扑倒在马路上，伤头、胸部、两肘、两膝，跌倒后，有警员跳起来踏她的身躯，因而又造成严重的内伤……我们心疼的无法叙述下去的情形"②，这哪里还是一个政府的行为，对一个柔弱女生又怎能下得了如此狠手，这次事件使青年学生对国民党统治的合法性产生动摇，正如美国学者卢茨所说："国民党和学生之间的关系在1947年春天已出现了转折点。"③国民党为何丢失大陆，军事上的失败是主要方面，但没有知识分子的支持，要统治中国从来就不是一件容易的事情，而国民党早在1948年以前就失去了他们的拥护了。

"五二〇"的创痛还没有抚平，1949年发生的"四一"血案则是比"五二〇"更加残酷的大规模的有计划的屠杀。1949年4月1日，国民党和谈代表飞往北平与中共代表进行和平谈判，南京大中学校学生又一次举行声势浩大的示威游行，"要求真和平，反对假和平"，金陵大学同学也积极响应。但在游行结束后，遭到了反动派有计划、有预谋的暴行。在这次血案中各大高校被伤害的同学达200人，重伤70多人，3名同学和1位司机身亡，35人失踪，整个南京城顿成恐怖的活地狱。血腥惨痛的事实只会擦亮青年学生的眼睛，这是反动派穷途末路时最后的挣扎。事后，金陵大学党组织迅速组织慰问各校受伤同学，为死难烈士举行追悼会，并将"四一"血案真相，通过各种渠道，向各界宣传，进一步揭露敌人，争得社会舆论的支持。

---

① "五·二〇"血案纪实[M]//《南大百年实录》编辑组编.南大百年实录（中卷）.南京：南京大学出版社，2002：459.

② "五·二〇"血案纪实[M]//《南大百年实录》编辑组.南大百年实录：中卷.南京：南京大学出版社，2002：459.

③ 卢茨.中国教会大学史（1850—1950）[M].曾钜生，译.杭州：浙江教育出版社，1987：402.

金陵大学虽是教会大学，但中国有着学生参加政治活动的传统，自五四运动以来，在数次革命斗争中，金陵大学的革命火种从未熄灭，学生的爱国精神民主思想是一脉相承的，尤其是在中共党支部的领导下，金陵大学的进步力量不断壮大，成为南京学生运动中的生力军。

二、非基督教运动和收回教育权运动的推动

五四运动以后，中国人民的民族意识与爱国精神进一步觉醒，基督教作为异质文化，在反帝运动的推动下，势必会成为打击的对象，终于发生了 1922—1927 年的非基督教运动。

1922 年 3 月，上海学生听说世界基督教学生同盟将在北京清华学堂（今清华大学）召开第 11 次大会，由此决定成立非基督教学生同盟，从而掀起自五四运动以来中国最大的非宗教风潮。这一期间来华的学者杜威和罗素，对宗教也持否定的态度，强化了中国知识界的非基督教情结。如罗素所言："现代社会不需要宗教，宗教只能怂恿人们争吵，维持现状，阻碍个性发展以及用感情代替客观依据。"[①]

蔡元培也主张以美育代替宗教，著文抨击教会学校，1922 年的"非基督教运动"逼迫教会大学不得不改变办学方针。美国芝加哥大学神学院教授巴敦率团考察中国教育写成了《基督教教育在中国》，调查报告指出："教会学校的机会，在性质上彻底地基督化，在氛围上彻底地中国化，把效率提到一个新的高度"[②]，并为教会学校的改革提出了一个口号：更加有效率、更加基督化、更加中国化。虽然当中含有本土化的倾向，但更加基督化更能引起人们关注。

非基督教运动也给中国教会的自立提供了动力和机会，教会中的中国领袖和知识分子以及广大信徒都认识到，基督教信仰对中国人而言不能是"拾西人的遗唾"，而必须建立中国人自己的教会，使中国基督教"本色化"，即真正本色的中国教会。1922 年 5 月，全国基督教大会在上

① 章廷谦记 . 罗素先生的讲演 [J]. 少年中国 , 1921, 2(8): 36–63.

② 金以林 . 近代中国大学研究 [M]. 北京 : 中央文献出版社 , 2000: 114.

海召开，揭开了中国基督教"本色化"运动的序幕。会议通过并发表了《教会的宣言》，正式提出中国本色教会将由中国人"自养、自治、自传"的"三自"原则。受这一运动的影响，不少教会学校也将原被外国人掌握的在华教育权转归中国人所有，办理在华立案登记手续，接受中国教育法规及政府的管理。

收回教育权运动是非基督教运动中的一个重要组成部分，这是中国人民对近百年来帝国主义侵略、压迫在教育方面的一种强烈反应。而教会学校是异质文化渗入中国的中转站，异质文化对本土文明的渗入，无不引起激烈的排异反应。而且教会学校是得到不平等条约的保护在中国植根的，享有治外法权，可以不受中国教育行政当局的管辖，俨然成为"文化租界"。

到 1924 年，随着中国民族、民主革命的不断高涨，各地教会学校学生参加爱国运动的斗争此起彼落。例如，1924 年 4 月广州"圣三一"学校的师生要求组织学生自治会，举行"5.9 国耻"纪念，被该校校长拒绝，师生愤而罢课，直接点燃"收回教育权运动"的导火索，呼吁收回一切外人在华所办学校的教育权。1925 年的"五卅"惨案使教会学校学生的抗议行动更趋激烈，退学成为广泛采取的行动。在这种背景下，1925 年 11 月 6 日，北洋政府教育部针对教会大学颁布了《外人捐资设立学校请求认可办法》，规定：外人捐资设立各等学校，需向教育行政厅请求认可；学校名称应冠以"私立"字样；校长须为中国人或以中国人充任副校长；中国人应占学校董事会董事名额之过半数；学校不得以传教为宗旨；不得将宗教课列入必修课。[①] 其后南京国民政府关于教会学校的原则，基本上是它的继承。

金陵大学在收回教育权运动中没有受到大规模的冲击，但中国迅猛发展的国民革命，特别是 1926—1928 年的北伐战争，逼迫教会大学不得不加快"更中国化"的步伐，以维持自身的生存和发展。而 1927 年 3 月 23 日，北伐军占领南京，直鲁联军败退之际，南京城出现乱兵抢劫，共

---

① 张宪文.金陵大学史 [M].南京：南京大学出版社，2002：55.

有 6 名外国侨民死亡，在混乱中金陵大学副校长文怀恩也遭乱兵枪杀。英美军队随即进行报复，发炮百余，并以机关炮射击，"中国军民有 37 人死亡，26 人受伤，37 间房屋被轰毁"①。金陵大学校舍受损严重，西籍职员纷纷离校，金陵大学成立校务委员会来维持秩序，战乱也为中国人收回教育权奠定了基础。1927 年 11 月，金陵大学理事会推举陈裕光为校长，陈裕光由此成为教会大学第一位华人校长，金陵大学学生会代表表示：金陵大学原为教会学校，一切教育行政，皆操外人之手，经同仁努力奋斗，已将本校教育权收回，"将原来之基本组织尽行推倒，而此后校内一切行政权，及教育方针皆由华人主持"②。

陈裕光担任校长后，第一件事就是向国民政府申请立案。1928 年 9 月 20 日，国民政府大学院以训令 688 号批准金陵大学立案，金陵大学成为第一个获准立案的教会大学，这是金陵大学"本土化"的关键一步。之后在宗教课程的设置方面，经由各方面的努力，最终决定宗教课程不作为必修课，而作为选修课，在课程设置上的这一重大突破，使金陵大学在淡化其教会大学色彩的过程中迈出了关键的一步。到 20 世纪 30 年代初，教会大学大都办理了向国民政府立案手续，除了圣约翰大学直到 1947 年才立案。

20 世纪 20 年代的"非基督教运动"和"收回教育权运动"，是推动金陵大学逐渐"本土化"的重要因素，而教会大学学生面对日益深重的民族灾难和帝国主义列强对中国的蹂躏和压迫，再加上自身处于一个与外国人有较多接触的环境之下，他们对外国势力的种族、文化、政治的歧视也更加直观和深刻。

国势衰微、自尊心受辱，在爱国心的驱使下，教会学校的学生虽受益于教会教育，但痛恨外国人对学校的统治，强迫他们进行各种宗教活动。正是他们在教会学校的亲身经历使得他们更加关切排外反帝的爱国

---

① 陈谦平 .1927 年南京事件伤亡人数和财产损失的考证 [J]. 民国研究，2008(13/14): 138–155.

② 金陵大学举行欢迎陈裕光校长大会，金陵大学学生会庆祝收回教育权宣言 [J]. 中华基督教教育季刊，1927, 3(3): 81–82.

主义运动，积极支持收回教育权运动，也迫切希望教会大学的现状有所改变，教会学校的师生也更容易触发民族情绪。

第二节　金陵大学毕业生职业情况分析

毕业生作为大学的"教育产品"，其职业情况很大程度上能反映出一所大学实施教育的效果。下面将选取 1925 年、1935 年、1941 年 3 个时间点，对毕业生的就业情况加以分析，以此反映金陵大学办学早期、中期、晚期毕业生职业趋向，并从中归纳出金陵大学毕业生职业特点。金陵大学 1925 年毕业生职业情况如表 6-1 所示。

表6-1　金陵大学1925年毕业生职业情况表[1]

牧师	宗教工作	教会学校	其他学校	医生	工程师	农业	社会生活	商人	在中国学习	在外国学习	其他	无记载	总计
11	5	77	76	40	1	27	11	26	2	22	31	64	393
2.80%	1.27%	19.59%	19.34%	10.18%	0.25%	6.87%	2.80%	6.67%	0.51%	5.60%	7.82%	16.3%	100%

这个职业统计表其实并不是 1925 年这一年的毕业生统计，而是金陵大学 1896 年自有毕业生以来的职业情况，共计 393 人。从数据来看，金陵大学早期毕业生大部分在学校工作，任教教会学校和其他学校的总数为 153 人，占 38.93%，可见 1/3 的毕业生就职于教育行业。金陵大学是较早开设职业教育的大学，在早期就开设了医科（1917 年撤销）和农科（1914 年开设），故金陵大学毕业生从事专业技术岗位的人数共 67 人，占 17.05%。1921—1923 年还短暂开设过商科，经商的占 6.67%，比例也不低。金陵大学作为教会大学，相反从事牧师和宗教工作的毕业生只有 16 人，只占 4.07%。可见早期金陵大学毕业生职业状况主要集中在教

---

[1]　卢茨. 中国教会大学史（1850—1950）[M]. 曾钜生，译. 杭州：浙江教育出版社，1987：477.

育部门、专业技术部门，经商和出国留学的次之，从事宗教工作的最少。

1935年金陵大学大学毕业生去向分布如表6-2所示。

表6-2　金陵大学1935年大学毕业生职业情况统计表

教会学校	其他学校	政府部门	技术和专业工作人员	社会服务	银行	企业	升学或留学	肄业	其他	总计
40	41	25	28	6	10	6	10	2	7	175
22.85%	23.43%	14.29%	16.00%	3.43%	5.71%	3.43%	5.71%	1.15%	4%	100%

注：教会学校包括教会中学和大学；其他学校包括除了教会学校外的中国公私立学校；技术和专业工作人员包括在农场、职业学校、报社等单位工作的农业工作者、工程师、记者等人员。

1935年是金陵大学发展的鼎盛时期，学校的学科建设日益完善，从专修科到本科再到研究班形成梯次教学体系，1935年毕业生更是达到175人，创历史新高。从统计结果看，毕业生毕业后从事教育工作的占46.28%，几乎占一半。然后是专业技术岗位，占16%，在政府部门就职的并不多，只有14.29%，在商界（指就职银行和企业）的合计9.14%。整体来看，此期毕业生主要从事教育工作和专业技术工作，政府部门次之。

1941年金陵大学大学毕业生去向分布如表6-3所示。

表6-3　金陵大学1941年大学毕业生职业情况统计表

教会学校	其他学校	政府部门	技术和专业工作人员	社会服务	银行	企业	升学或留学	肄业	其他	总计
16	3	28	5	3	7	15	3	2	7	89
17.98%	3.37%	31.46%	5.62%	3.37%	7.86%	16.85%	3.37%	2.25%	7.87%	100%

注：教会学校包括教会中学和大学；其他学校包括除了教会学校外的中国公私立学校；

技术和专业工作人员包括在农场、职业学校、报社等单位工作的农业工作者、工程师、记者等人员。

　　从统计数据看，1941年战时环境下，金陵大学毕业生的就业去向与1925年、1935年的情况有很大的不同，供职最多的是政府部门，占31.46％，接近1/3；然后是商界，合计24.71％；供职教育部门的占21.35％；专业技术岗位只有5.62％。出现这种差异主要原因在于抗日战争时期，教育界在"抗战建国"的口号下，教会大学与国家政权的联系更加密切，在服务抗战、争取民族解放的目标下，很多教会大学的毕业生就职政府部门。24.71％的毕业生供职银行和企业，是为了满足战时国家经济发展的需要。供职教育界的人数减少，是因为战时学校总数减少，一方面由于战争爆发导致很多学校关闭，另一方面毕业生从心理上也不愿意到沦陷区学校任教。专业技术岗位的人数之所以减少，很大程度上因为一些专业技术人才转移到了政府部门工作。

　　为了帮助毕业生找工作，金陵大学曾对1933级毕业生进行过就业意愿统计（表6-4），毕业生所填写的"工作种类"，很大程度上能够反映出金陵大学学生职业的真实想法。

表6-4　金陵大学1933级毕业生就业意愿统计表[①]

教育部门	政府部门	商　业	专门技术	社会及教会工作	无方向
36	16	8	40	3	16
43.9％	19.5％	9.8％	48.8％	3.7％	19.5％

　　注：金陵大学1933级夏季和冬季毕业生总人数为82人，毕业生在就业意愿选择上并不单一，有多种选择的情况，如有的学生就业意向既写教育又写政界，有的甚至有三种选择意愿，因为每种意愿都是学生的真实想法，故学生总数有重复计算的情况，超过总人数82人，该百分比为就业意愿重合下的比例。

---

①　《金陵大学第33届冬、夏季毕业生职业介绍调查表》，中国第二历史档案馆藏私立金陵大学档案，全宗号649，案卷号543。

　　这份毕业生就业意愿统计表较具代表性，它与前面分析的表 6-1、表 6-2 情况基本一致，金陵大学的毕业生大部分希望从事教育和专门技术，金陵大学农学教育全国闻名，农科毕业生更是受相关教育部门、技术单位的青睐，这也是为什么金陵大学毕业生从事专门技术岗位众多的原因，这部分毕业生中很大比例是来自农学院的毕业生，关于金陵大学农学院有评价称："1947 年北京大学农学院一半以上的教员毕业于金陵大学农学院，该校的毕业生还在其他许多农业机构和学校，包括农林部和省级机关拥有压倒势力。"① 金陵大学学生经商的不多，在政府部门工作的也不多，这种与政府部门的疏离不仅金陵大学有这种情况，其他的教会大学也如此，究其原因，美国学者杰西·格·卢茨指出："教会大学毕业生想在政府部门就职处于不利的地位，因为有些中国人认为他们进过教会学校，就是丧失了民族性。他们的古汉语知识较差，因而他们很难受到中国传统学者的赞赏，而这些传统的中国学者中有许多人在政府里仍具有举足轻重的地位。"② 当时人们对教会学校学生丧失民族性的认识显然是片面的，抗日战争时期教会大学的师生以实际行动表明，他们对中华民族的忠诚和热忱丝毫不逊于国立大学，也为挽救国家危亡而贡献力量，1941 年金陵大学将近 1/3 毕业生供职于政府部门就是证明。而从事教会工作的毕业生人数从以上几个表格来看，人数都是最少的，这也证明金陵大学主要是培养各专业人才的教育机构，并不是传教士养成所。

第三节　金陵大学优秀校友个案分析

　　金陵大学从创办至院系调整的 64 年中，培养了大批人才，入学数共计 11 196 人，可谓桃李满天下。其有毕业生 4 475 人（本科生 3 170 人、

---

① 卢茨. 中国教会大学史（1850—1950）[M]. 曾钜生, 译. 杭州：浙江教育出版社, 1987: 482.
② 卢茨. 中国教会大学史（1850—1950）[M]. 曾钜生, 译. 杭州：浙江教育出版社, 1987: 472.

专科生 1 206 人、研究生 79 人、医预科生 20 人），其中文学院有 1 173 人，理学院有 1 074 人，农学院有 2 228 人。另外，在金陵大学肄业的学生达 6 721 人，其中本科生 5 981 人，专科生 632 人，研究生 67 人，商科及医预科生 41 人[①]，其中出类拔萃、贡献卓著之士，不胜枚举。金陵大学校友中当选中国科学院和中国工程院"两院"院士的共计 32 位。[②] 这里选取金陵大学几位优秀校友作为代表，以此考察金陵大学教育实施的成效。

（1）陈裕光，1905 年进入汇文书院成美馆（即附属中学）学习，与 1909 年考入汇文书院成美馆高中部插班读书的陶行知是同学。1911 年春，陈裕光升入金陵大学，成为书院改建为大学后的第二届学生。1915 年夏，陈裕光以优异成绩毕业，1916 年 9 月底前往美国留学，先后入克司工业大学和哥伦比亚大学攻读化学，1922 年获得哥伦比亚大学哲学博士学位，回国后先后担任国立北京师范大学理化系主任、教务长、校务会议主席务长及代理校长等职，因无意学校行政，1925 年辞去北京师范大学教职，接受母校金陵大学聘请，回到阔别 10 年的母校任教于化学系，1926 年担任文理科科长一职，1927 年临危受命出任金陵大学校长，他担任校长一职长达 24 年，陈裕光将自己的名字与金陵大学紧紧联系在一起。

陈裕光出生于基督教徒世家，自幼就接受基督教教育，是一位虔诚的基督教徒，应该说他的基督教使命感是相当强烈的。虽然陈裕光信奉基督教，并留学西方，但他并不"洋化"，相反他对中国传统文化比较推崇，对中华民族抱有深深的热爱，自号"景唐"，即景慕初唐盛世之意。[③]陈裕光在金陵大学读书期间对中国文化比较感兴趣，他的大学毕业论文是《论秦始皇对中国的贡献》，毕业典礼时代表 1915 级毕业生作英语毕业演讲，演讲主题阐明了其对中国文化的热爱，不能因学习科

---

① 戴邦彦.1888—1952 年母校学生人数 [M]// 金陵大学南京校友会 . 金陵大学建校一百周年纪念册 . 南京：南京大学出版社，1988: 130–131.

② 张宪文 . 金陵大学史 [M]. 南京：南京大学出版社，2002: 565–568.

③ 王运来 . 诚真勤仁，光裕金陵：金陵大学校长陈裕光 [M]. 济南：山东教育出版社，2004: 15.

学，就忘记自己民族的文化，他告诫同学们："不懂国语无以成功，有人或许在追求科学和实验研究方面取得成就，但不能掌握本国语言这个武器，就像浮云或无舵的船一样。对科学的热爱和对国学的追求应并行不悖。"① 从毕业后到出国前的一年，他把时间都用来学习古代汉语和国学经典，他拜国学名家顾贞甫为师，每天到位于南京西龙蟠里的国学图书馆（后与原来的中央图书馆合并为南京图书馆）看书，吸收着中国传统文化的精华。

陈裕光治理金陵大学 24 年，他的办学方针可以概括为四个字——"沟通中西"。陈裕光曾在不同场合多次强调他的办学方针："本人自办学以来，亦一再与本校同仁与同学畅谈本校办学方针，以沟通中西文化为职志。本人曾于民国 32 年（1943 年）6 月在成都华西坝五大学举行毕业典礼时云：'五大学之共同职志，乃在沟通中西文化，取人之长，补己之短，使吾国固有之文化，更臻完备'。民国 34 年（1945 年）1 月，应邀赴美，曾与《纽约时报》记者谈话，乃以沟通中西文化，为今后中国办学之方针。……此盖东西之文化各有所长，如能相互发明，则世界上文化更见灿烂辉煌。"② 沟通中西是将中西文化放在平等的地位，将知识、智慧、科学、文明，看作人类共同的财富，基督教也是文化的一种，文化交流应该是跨文化、跨国界的，他提出"文化的互惠"观念，认为文化虽然发生上具有民族特性，但功能上却是人类通用的。"我们固不必太自负，藐视人家，也不必太自弃，妄自菲薄，我们要求大家互相受惠，而不需彼此毁谤。我们更希望能根据互惠的精神出发，进一步使我们在学术上、文化上研讨的结果，可以超过'互惠'而能多多'惠人'，并且与我们同道的文化机构共同努力。"③ 金陵大学一面增设科学学科，一面致力国学教育；一面注重发展实用学科，一面努力营造宗教精神，正是陈裕光沟通中西文化理念的体现。

---

① CHENG Y G.Farewell Address[J]. The University of Nanking Magazine, 1915(12): 520.

② 本校举行六十周年纪念志盛 [N]. 金陵大学校刊，1948–11–30(1).

③ 本季首次纪念周及开学礼，陈校长出席报告：本校的精神及新约的意义 [N]. 金陵大学校刊，1943–03–01(1).

作为自幼接受基督教教育，又是基督教大学校长的陈裕光，关于基督教对教育的意义，他相信基督教的宗教伦理有助于陶冶品格，基督教大学的"基督教精神造就人才"也不是没有道理，但是，毕竟这跟中华民族的独立解放这个更突出的使命相比，不属于同一层次。当两个使命发生矛盾、不可两全时，他还是做出了宗教信仰服从民族大义的抉择。教会大学的学生身处中西两种文化的碰撞中，往往对民族主义更为敏感，陈裕光早年在美国留学时，常常受到不公平的待遇，所以年轻的陈裕光就立下了"热血横飞恨满腔，汉儿发愿建新邦"的誓言，这句诗句一直压在陈裕光办公桌玻璃板下面。此外，陈裕光在金陵大学20多年，从来不穿西装，总是一身长袍，"某次一位先生见到一张陈校长和萨本栋等访美时穿了西服的照片剪报，大家还当作一件新闻传观"[①]。始终一身中式长衫，陈裕光似乎在告诉身边的人，人在教会学校，但心始终是中国心。校长就是学生的典范，在他的影响下，许多教师和学生也常常穿着中式服装，成为教会大学中一道亮丽的风景。

沟通中西，取人之长，补己之短，因为有不足，所以要学习，陈裕光一次次对师生不厌其烦地谆谆教导。

（2）程湘帆，早年入汇文书院学习，1907年中学毕业后，出任安徽宁国府中学堂英文教员，1909年再次进入金陵大学学习，1913年毕业获文学士学位，因成绩优异，留校担任中学部教员，1917年担任金陵中学国文主任，1920年赴美留学，进入哥伦比亚大学师范学院主修教育，获硕士学位，1922年回国担任金陵大学国文系主任。1923年秋，他离开南京，出任安徽省教育厅第二科科长、省师范学校督导专员等职务，安徽省教育厅这段从政经历，为他以后撰写《中国教育行政》一书提供很多经验。1924年9月，他辞去安徽的工作，前往上海，受聘为中华基督教教育会副总干事，兼任上海大夏大学（现为华东师范大学）教授，直到1927年夏离开中华基督教教育会。之后出任安徽安庆市市长，服务桑梓，

---

① 杭立武.念校长陈裕光先生 [M]// 金陵大学南京校友会.金陵大学建校120周年纪念文集.南京:南京大学出版社,2008: 22.

不久因身体健康原因，返回上海休养，1928年夏，应邀成为上海浦东中学校长，因治事过勤，宿疾骤发，于1929年4月13日病故，年仅43岁。①

程湘帆是位基督徒，此外还担任金陵大学理事会理事，关于程湘帆是何时加入基督教的，据笔者推测很大程度上是在金陵大学读书期间加入的。在程湘帆众多职位中，以服务中华基督教教育会为其事业顶峰，在教育会3年多的时间里，他通过创办杂志，撰写专著，为改良教育，与教会学校中西人士进行沟通，为教会学校立案问题的解决，做出很大贡献。与他在教育会共事的缪秋笙赞誉他为有经验的教育家、杰出的著作家和基督徒教育家。②

程湘帆作为华人基督徒教育家，他认为基督教教育的目标是服务国家，"首以保存国粹而发扬光大之，次则消极的矫正社会遗传上的弱点"，具体而言，基督教的教育方针"是力求适合国家进步需要，不是宣传宗教的教育；是保存国民性中的优点，非摧残国民性的；是吸收西方民族之长处，以补我们所不及，不是造就外国国民的教育"③。作为出身基督教学校的知识分子，他对基督教教育有深切的体认，学习西方长处、服务国家社会是他永不改变的初心。

（3）陶行知，1891年出生于安徽省歙县，6岁开始接受儒家启蒙教育，1906年进入基督教内地会办的"崇一学堂"开始接触西方近代科学文化知识，1909年进入汇文书院预科学习。1910年金陵大学成立后，陶行知成为金陵大学首届文科学生。1914年陶行知毕业后留学美国。1917年秋陶行知留学归国，先后任南京高等师范学校、国立东南大学教授、教务主任等职。1923年7月陶行知辞去东南大学教职，专任中华教育改进社总干事，并参与发起成立中华平民教育促进会，1927年在南京北郊晓庄创办晓庄师范学校，一生致力平民教育事业。陶行知以其对中国近代教育发展做出的突出贡献，以及就读教会大学时个人信仰的转变，使其成

---

① 关于程湘帆个人经历，见于化龙.本会前总干事故程湘帆先生略历[J].中华基督教教育季刊，1929，5(2)：1.

② 秋笙.编辑小言：悼湘帆先生[J].中华基督教教育季刊，1929，5(2)：1-4.

③ 程湘帆.基督教教育与其今后设施之方针[J].教师丛刊，1924(2)：9.

为国内外众多学者研究的热点人物。

陶行知出生在基督徒家庭，他的父母都是基督徒，但他在进入金陵大学之前并不信仰基督教，究竟是什么原因令陶行知在金陵大学读书期间选择信仰基督教呢？以往研究陶行知的学者都引用陶行知 1916 年为申请利文斯顿奖学金写给哥伦比亚大学师范学院院长罗素的一封信，信中提及他 1913 年决定成为基督徒的经过：

> ……我决定转到杭州学习医学，然而由于这所学校对非基督教徒和基督教徒在课程方面存在着严重差别，因此仅三天时间我便撤回注册。尔后进入南京金陵大学学习。在那里非基督教徒和教徒都受欢迎。……在包文博士（Dr. Bowen）和亨克博士（Dr. Henke）的指导下，又受到詹克教授（Prof. Jenks）的《耶稣的社会原则》的影响，1913 年我成了基督教徒。①

信中提及的包文是当时金陵大学校长，亨克是金陵大学哲学及心理学教授，再加上受詹克著作的影响，陶行知接触了关于基督教社会意义的思想，但是他似乎并没有具体交代直接导致他决定信奉基督教的原因和事件。香港学者何荣汉在前人研究陶行知的基础上，在"亚洲基督教高等教育联合董事会"档案中发现了关于陶行知宗教信仰的重要资料，此资料正是陶行知用英文撰写的信仰见证，名称为 "The Testimony（in part）of Tao Wen Tsuing, College Student, University of Nanking, Dec.21, 1912"②。在这份信仰见证中，陶行知直接陈述了自己成为基督徒的经过：

> ……我现在之所以信仰耶稣，很大程度上是因为读了康奈尔大学詹克教授所著的《耶稣的社会原则》。虽然我不能在这里很仔细地讨论基督哪些教导是重要的，但我必须指出，就是他教导我们如何爱人如己，叫我决志成为基督徒，而我刚才提及的书籍，正好清

---

① 陶行知.我的学历及终身志愿 [M]// 方明主.陶行知全集：第 6 卷.成都：四川教育出版社，2009：455.

② 陶行知的信仰见证的英文全文文稿收录在：UBCHEA College Files, RG 11, Box 202, Folder 3453.

晰地论述和印证了这个原则。……①

可见，正是耶稣基督"爱人如己"的教诲魅力吸引了陶行知并最终成为基督教徒。难能可贵的是，陶行知并非"刻板的基督徒"，他将基督教义中"人人平等""爱人如己"的观念与中国传统文化的"亲仁""兼爱"融为一体，从而表达出对中华民族的爱，特别是对穷苦的工农大众的爱。陶行知曾说："晓庄是从爱里产生出来的，没有爱便没有晓庄。晓庄三年来的历史，就是这颗爱心之历史——这颗爱心要求实现之历史。"②周洪宇曾评论说："事实上，他（指陶行知）后来所奉行的'爱满天下'的主张及其伟大的牺牲精神，就与基督教的博爱主张和耶稣'舍己为人'的救世精神有着某种思想渊源。"③可以说，陶行知在自己人生信仰方面做出的重要选择，铸就了他的道德风范和人生信仰，也影响了他日后的事业发展。

在亲朋心目中，陶行知是一位有着宗教般牺牲精神的人，其儿子陶宏回忆说："二十年代家中客房墙上挂有一张耶稣像，表示我们大家对于耶稣舍己为人的自我牺牲精神的景仰。"④北大校长蒋梦麟称陶行知"很有传教的精神"⑤。陶行知去世后，美国驻华大使司徒雷登在接受记者采访时，对这位昔日高足印象最深的就是其基督精神。"在学生时代，坚信基督教。陶氏一生从事教育，坚信博爱，后主张小先生制，均为基督精神之最大发挥。"⑥可以说陶行知在日后事业中，勇于任事、无私无我，"为一大事来，做一大事去"，"捧着一颗心来，不带半根草去"，这种感人至深的道德风范和人生信仰是在金陵大学读书时形成的。唐文权指出：

---

① 何荣汉. 陶行知：一位基督徒教育家的再发现 [M]. 合肥：安徽教育出版社, 2011: 38.

② 华中师范大学教育科学研究所. 陶行知全集：第 2 卷 [M]. 长沙：湖南教育出版社, 1985: 207.

③ 周洪宇. 开拓与创建：陶行知与中国现代文化 [M]. 济南：山东教育出版社, 2010: 36.

④ 陶宏. 我和我的父亲 [M]// 江苏陶研会. 纪念陶行知. 长沙：湖南教育出版社, 1984: 210.

⑤ 华中师范大学教育科学研究所. 陶行知全集：第 5 卷 [M]. 长沙：湖南教育出版社, 1985: 59.

⑥ 美大使痛悼陶行知逝世 [N]. 联合晚报, 1946–07–27.

"金陵大学是陶行知早年智悲双修悟证光明的菩提树。"[①]

陶行知在金陵大学读书期间加入基督教，而这种博爱、牺牲的宗教精神又深深影响他日后的事业，他的经历可以说是金陵大学实施教育以来较为典型的例证。余子侠曾说："在探讨教会学校及其教育产品究竟在近代中国社会转型中产生什么样的社会效应，以及教会教育的'中华归主'的目标实现的程度如何，无疑陶行知是一位极富代表性和颇有说服力的典型人物。"[②]

陶行知出身教会学校，对教会大学实施的教育有切身体会，陶行知在美国哥伦比亚大学进修时曾写过一篇论文，题目是《中国的道德与宗教教育》，这是至今发现的陶行知唯一一篇直接讨论宗教教育的文章，文章反映了他对基督教教育思想和对基督教信仰的看法。他在文中介绍了中国教会大学宗教教育的新趋向，以华西协合大学（现为四川大学）、岭南大学、圣约翰大学、金陵大学和沪江大学（现为上海理工大学）为代表，这几所教会大学的宗教课程已不限于基督教教义信条的介绍，而是以宗教哲学、比较宗教学、科学与宗教哲学、宗教与国家、教会社会影响发展史和宗教与道德教育等科目进行教学，这些科目虽然仍与宗教有关，但不再是平常所说的宗教指导，而是侧重从哲学、社会学和教育学的角度研究宗教。"这些采用富有生气的宗教教育科目的教会大学，自然地组成了一个自由派的教会大学群体。"[③]"富有生气"说明陶行知对包括金陵大学在内的教会大学所采取的宗教教育新趋向是较为认同的，他反对传教士一味灌输基督教信条和教义，主张应从理性和现实实用性来理解基督教。

那么陶行知认同的宗教教育理念究竟是什么呢？在这篇文章的最后一段，他总结说：《圣经》可被视为人类信仰成长和发展的历史来研读，

[①] 唐文权.金陵大学：青年陶行知人生奠基所在[M]//章开沅，林蔚.中西文化与教会大学.武汉：湖北教育出版社，1991：356.

[②] 余子侠.陶行知：教会教育 中华归主？[M]//章开沅，马敏.基督教与中国文化丛刊：第5辑.武汉：湖北教育出版社，2003：105.

[③] 余子侠.中国近代思想家文库 陶行知卷[M].北京：中国人民大学出版社，2015：475.

耶稣基督的生平可被看作最完美的人格来学习，透过他我们可以看见上帝本身。在任何情况下，我们必须尊重孩子的心理特征，同时建构社会处境，给予孩子具体参与实践的机会。要根据孩子心智发展阶段性，给予他们接触社会的需要——包括贫穷、疾病和苦难，并引导他们去体会耶稣基督如何感受世人需要，以及他为世人所做的一切。总之，孩子必须被置于一个充满着爱、服务和牺牲的社会之中，通过教育，让他们可以自主地去爱、去服务，甚至为人牺牲。"① 在陶行知看来，教育与宗教信仰是不同的领域，从教育角度看，他采取实用主义方法，认为《圣经》可被看作人的信仰历史，耶稣的生平也可作为道德教育的素材。从信仰角度看，陶行知作为基督徒，他指出耶稣的生平作为道德教育的素材有其独特性，这就是耶稣所表现出来的爱、服务和牺牲精神。可以说"陶行知的基督论，是一种由下而上，由人成为神的基督论，这种基督论比起传统的神成为人的基督论，更有教育意义。传统由上而下的基督论，伦理和宗教教育就是要人接受一套现成的真理和信仰。但陶行知所认同的基督论是自下而上，伦理和宗教教育就是要学生在自由的学习环境中，自行去体会从耶稣身上流露出来的一份崇高而使人向往，愿意为人牺牲的情操，并且透过耶稣所流露的品德，发现上帝本身"②。让学生在社会实践中，去践行基督精神并自主培养出充满爱、服务他人和为人牺牲的品德，这正是陶行知所认同的宗教教育价值所在。

陶行知对宗教教育的这种看法与他在金陵大学所信仰的基督教可谓一脉相承，他在金陵大学的教师如包文、亨克、司徒雷登等都是倾向于自由主义和现代派的传教士，这些教师所尊崇的正是要在具体的社会政治生活中活出耶稣本着爱、服务乃至牺牲的样式，他们所倡导的宗教教育不是要人接受一套既定的基督教信仰和礼仪，而是要人看见耶稣身上那份伟大的精神。这种基督教正是陶行知所追寻的信仰，这也是陶行知在金陵大学读书期间慎重做出信仰选择的根本原因。吴梓明指出："陶行

---

① 余子侠. 中国近代思想家文库 陶行知卷 [M]. 北京：中国人民大学出版社, 2015: 482.

② 何荣汉. 陶行知：一位基督徒教育家的再发现 [M]. 合肥：安徽教育出版社, 2011: 92.

知提倡的爱的教育、平民教育其实就是教会大学教育的一个中国化的表达。"① 陶行知了解中国的文化处境，中国人所需要的宗教教育，并不是西方的形而上学、抽象的哲学神学的思维、西方的神学家谈论的宇宙论、三一论、基督论、救赎论等问题，中国人关心的是道德、伦理、人际关系的问题。所以，陶行知认为在中国应该实行具有基督特质的道德教育。陶行知回国后推行的爱的教育与平民教育理论从中可以寻到根源。

20 世纪初的中国国力衰弱，民生维艰，与陶行知同时代的基督徒知识分子，受近代"道德救国论"思潮的影响，将振兴伦理道德视为革新政局的首要前提，而耶稣基督完美的人格使他们看到了希望，他们不仅重视自身的道德修养，将基督精神作为提升道德修养和完善个人人格的利器，还基于救国救民的需要，注目于基督拯世救民实现天下大同的思想，从而实现完善个体人格和救国救民的双重需要。他们选择基督教并非仅为个人信仰，而是为社会重建。处于急剧变革中的中国基督徒知识分子，和其他忧国忧民的知识分子一样，希望找到拯救中国之路。当时一些人转向社会主义的苏联，一些人求救于资产阶级的民主，他们则以基督教作为拯救中国社会的灵丹妙药。吴雷川因为相信"基督教必能改造中国社会"，"耶稣是人类的模范"而信教②，对中国社会现实有强烈不满的吴耀宗，其生活宗旨是"责任和命运"，认为"追求的上帝国并不是脱离此生此世的精神领域，而是实现在这个世界中的理想社会，一个能够使人得到自由，得到物质的满足，同时不会受到政治迫害、社会不平等威胁的社会"③。刘廷芳也兼具"属灵"和"政治"的双重视野，倡导"从改革人心到社会重建，改革人心只是一个起点"④。强烈的"入世性"是他们的宗教思想和理论特色。

---

① 吴梓明. 30 年来中国教会大学史研究与近代中国教育 [M]// 李灵，肖清和. 基督教与近代中国教育. 上海：上海译文出版社，2018: 48.

② 吴雷川. 我个人的宗教经验 [J]. 生命（北京），1923,3(7/8): 1–3

③ 吴利明. 基督教与中国社会变迁 [M]. 香港：基督教文艺出版社，1981: 75–86.

④ 吴昶兴. 基督教教育在中国：刘廷芳宗教教育理念在中国之实践 [M]. 香港：浸信会出版社，2005: 143.

　　如何看待教会大学，或许陶行知的评价更具说服力，他认为教会办学，"善意帮助与侵略者皆有，不能一概抹杀"，还认为教会办大学与办中学以下学校应予区别，办大学则"不足以迷惑学生"，他以自己为例，"出身教会学校，然自问对国家无愧"①。寻求解决中国问题的真理是陶行知孜孜以求的，但近代中国半殖民地半封建的国情，使得陶行知"教育救国""道德救国"的思想屡屡碰壁，残酷的现实告诉他必须从根本上改变中国国情，团结各种力量共同反对帝国主义和封建主义，中华民族和中国的文化教育才有出路，其思想逐渐倾向于马克思主义。但人们不能因此否定其前期所作的积极探索。

　　以上三位金陵大学有代表性的校友，在金陵大学就读期间所受的教育，对以后个人事业的发展产生了很大的影响，并成为他们全身心投入事业的驱动力，表现出一种强烈的献身精神。但他们信奉基督教，并不仅仅是为了个人修养，而是为了从宗教教义中汲取养分，希望基督教能为中华民族的振兴做出贡献。作为人生重要的阶段所受的教育，金陵大学实施教育的效果由此可见一斑。

　　人们通过对金陵大学学生参与中国社会运动的程度，毕业生的就业情况，特别是优秀校友的事迹，可以清晰地看到近代中国教会大学是培养专业人才的机构，并不是"传教士养成所"。面对具有一定独立思考与判断能力的青年，很难设想在这样的环境中不学无术的人和学校能够只靠宗教说教维持下去。

---

① 陶行知. 对力谋收回教育权案的意见 [M]// 方明. 陶行知全集：第 6 卷. 成都：四川教育出版社，2009：540.

第七章 金陵大学本土化的评价与影响

金陵大学"本土化"是个动态的过程，伴随近代中国社会不断演变，它包含三个层面。第一，世俗化。金陵大学不断淡化宗教色彩，实用学科逐渐增加，尤为注重社会服务，但宗教教育并未完全取消，变化的是形式，不变的是内在的宗教关怀，宗教性是教会大学的底色，其实宗教教育也表现出逐渐本土化的特征。第二，学术化。追求高质量的办学水平是金陵大学孜孜以求的目标，不断完善从专修科、本科到研究生的多层次人才培养体系，促进金陵大学学术水平和办学质量的提升。第三，中国化。金陵大学作为向南京国民政府立案最早的教会大学，突破传统教会大学办学模式，注重国学的教育与研究，战时教育服务于国家、民族抗战建国需要，加速了教会大学的中国化进程。教会大学本土化有共通的一面，又有特殊的一面，本章以金陵大学为焦点，因区域性、办学差会、掌校者等的不同，与其他教会大学相比，展现其独特的发展路径和在教会大学发展中的地位，从而拓展、深化对教会大学史以及中国高等教育史的研究。

第一节 世俗化逐渐凸显

从教会大学产生的渊源来看，其是"基督教运动的副产品"，但其以后的发展足以证明其作为教育机构存在的意义。教会大学是教育机构，并不是神学院，作为教育机构，就必然遵循教育发展的内在规律，拥有高水平的师资队伍、良好的教学设施和规范的办学规章制度等。

金陵大学属于差会联合申办的大学，办学思想开放，而且学校早期的创办人和教师大都属于具有自由思想的现代派传教士教育家，主张在形式上将教育与宗教分离，满足中国青年对知识的渴望，对近代中国希望实现自立富强也有一定的同情之理解，他们并不反对教会学校的世俗化趋势，认为教会学校理应顺应中国新形势发展。关于办学理念，金陵大学在成立第一年早期创办人已有明确的阐述："一方面我们必须避免只为基督徒学生经营学校，另一方面我们也不能走向世俗化和唯物论。我们有神圣的义务对教会和我们的基督徒支持者负责，但是我们也有神圣的义务对非基督徒学生和他们为教育付费的父母负责。我们希望办成最好的基督教教育，但是它首先必须是教育。过分强调基督教义会令人生厌，会让人产生一种良好的和完善的学问不是基督教机构的主要内容的印象，这是不明智的，这会降低基督教成次要的和可以忽略不计的地步"，因此需在"极端的强调物质的和世俗的事物，和不明智的强调宗教和教会事务之间，选择一条切实可行的路线"。① 可见，金陵大学在成立初期，对自身定位还是比较准确的，既要保持教会大学的属性，也要重视办学的世俗性。

金陵大学早期确立的方针在以后几十年的办学中得到很好的遵循，金陵大学孜孜以求的是办学质量的不断提升，特别是 1928 年完成向国民政府的立案，标志着教会大学向以世俗教育为主的方向转变。按照立案要求，将宗教课程由必修改为选修，宗教活动改为自愿参加，取消宗教系，将宗教课程分散到各有关学科进行教授，教学方针改为"研究高深学术，养成专门人才，适应社会需要"②，强调学以致用、学用结合，学校宗教色彩日益淡化，世俗教育属性越来越明显。

而且金陵大学所开设的宗教课程也日益侧重学术研究，从金陵大学宗教课程前后几十年的开设情况来看，宗教教育逐渐由偏重宗教转向注重教育，以现代教育方法来研究宗教，实现"以宣教为中心"到"以教

① Report of the President to the Board of Managers, University of Nanking, for the Second Half Year, Union Work, UBCHEA College Files, RG 11, Box 195, Folder 3367.

② 陈裕光. 回忆金陵大学 [M]// 金陵大学南京校友会. 金陵大学建校一百周年纪念册. 南京：南京大学出版社, 1988: 15.

育为中心"的转变，师资越来越专业化、中国化，教学方法也越来越注重研究性、学术性。

吴梓明在研究燕京大学宗教教育时指出，燕京大学的宗教教育在 20 世纪 20 年代实现了"以神学教育为主"到"以宗教研究为主"的转变，他称之为宗教教育的"现代化历程"。①并指出西方国家基督教大学的宗教教育到 20 世纪 60 年代，才发展出"宗教研究"的课程改革运动。②笔者在研究金陵大学的过程中发现，金陵大学早在 1910 年，即大学成立初期，就已经开始了"宗教研究"的课程改革。例如，1912—1913 年的课表中，大学部的宗教课程已经有"比较宗教学""圣经文学""宗教与道德教育""教会历史""宗教哲学"等具有跨学科、学术研究性的课程。③可以说，金陵大学的宗教课程设置起点很高，实际上这也与金陵大学成立初期的办学方针是一致的，金陵大学始终以高等教育机构定位，并不是灌输神学教义的神学院，宗教课教师若只是进行基督教教义的简单灌输，很难获得学生的尊重，只有进行宗教的研究性工作，将基督教作为研究对象，强调宗教课程的教育取向才能激发学生的兴趣。正如燕京大学教授洪业所说："教授宗教课程的目的就是要栽培学生养成欣赏宗教的习惯。……教师必须致力激发学生对宗教的兴趣、帮助学生思考及明了宗教的概念和行为、培养学生欣赏宗教的态度及乐意认同合理的价值或行为判断的标准。"④

金陵大学早期的宗教课程教师队伍主要是外国传教士，学历也比较高。例如，宗教教育系系主任美在中⑤，副校长文怀恩担任校牧，此外还

---

① 吴梓明.从神学教育到宗教教育：燕京大学宗教教育的考察 [M]// 吴梓明.基督宗教与中国大学教育.北京：中国社会科学出版社,2003: 57.

② 吴梓明.从神学教育到宗教教育：燕京大学宗教教育的考察 [M]// 吴梓明.基督宗教与中国大学教育.北京：中国社会科学出版社,2003: 76.

③ The University of Nanking Course of Study (1912–1913), UBCHEA, College Files, RG 11, Box 197, Folder 3384.

④ 吴梓明.基督宗教与中国大学教育 [M].北京：中国社会科学出版社,2003: 63.

⑤ 美在中是金陵大学实施宗教教育的核心人物，对金陵大学的创建有首倡之功，去世较早，1915 年逝世。

有恒谟和戴籁三①。到 20 世纪 20 年代初，大学阶段的宗教教育学术研究的转向更为明显，对学生要求亦越来越高，宗教课程不仅有课堂讨论，还指定参考阅读书目，提交学期论文，这也显示出金陵大学宗教教育越来越偏向学术研究的路径。

1928 年金陵大学向国民政府立案以后，宗教课程不能作为必修课，虽是如此，金陵大学仍每年为学生开设 16 ～ 20 门宗教选修课程，作为大学通识课程的一部分，并且该课程内容十分多样化，以使学生自由进行选择。例如，开设了"心理学与宗教生活""宗教哲学概论""宗教教育概论""宗教心理学"等课程，从不同学科如心理学、教育学、哲学的视角来研究宗教，帮助学生从跨学科角度去分析及研究人类的宗教活动。另外，金陵大学实施宗教教育的理念符合现代派神学理论，注重宗教的人道主义和社会性职能，并不仅仅是个人的救赎，更重视推动社会的进步。金陵大学宗教课程结合青年学生的现实关切和现代社会问题，从基督信仰的角度做出回答，如开设的"学生问题之解决""宗教与现代文明之趋势""基督与国家和国际问题研究"等课程，把宗教置于当时社会环境中进行考察，这样把宗教思想与现代人的生活联系起来，宗教研究更富时代感，也有助于学生健全人格的塑造。

从金陵大学向国民政府立案到 20 世纪 30 年代中期，金陵大学教授宗教课程的教师主要以中国籍教师为主，学历和学术水平都比较高，有熊祥煦（美国西北大学教育学硕士）、王均（即王博之，芝加哥大学哲学学士、麦考密克神学院神学士）、王春荣（耶鲁大学神学士、哥伦比亚文学硕士），特别是诚质怡②，1934 年到金陵大学任教，大大增强了金陵大学的宗教教学力量。

20 世纪 40 年代以后金陵大学虽开设的宗教课程不多，但仍然注重学术研究，特别是 1945 年谢扶雅到金陵大学教授宗教课程，使宗教教

---

① 恒谟是芝加哥大学哲学学士、哥伦比亚大学文学硕士，戴籁三是伍斯特大学文学士、普林斯顿大学文学硕士、哈佛神学院神学士，两人学历都很高，也是宗教教育的骨干教师。
② 诚质怡是诚静怡的弟弟，纽约大学医学博士，哥伦比亚大学文学硕士、哲学博士，1950 年担任金陵神学院代理院长。

育师资大为加强。为聘请谢扶雅到金陵大学任教，金陵大学校牧郭中一特写信给美国的陈裕光，信中道："扶雅之才华道范，蜚声广远，无须说项，青原先生提议请其担任哲学课目数种，及宗教课程，似有见地，查本校宗教学程，近数年中选修者恒在一百名学生以上，将来似可增加，宗教哲学、宗教与人生，为谢君所擅长科目，必于学生大有裨益，即对于大学各方面亦必有良好影响。"① 谢扶雅的到来的确大大提升了宗教课程的质量和效果。

综观金陵大学宗教教育的实施，宗教教义的内核是宗教神学教育，其虽贯彻始终，但不是学校教学的主线。1920 年金陵大学向国民政府立案后，神学教育受到限制，代之以宗教道德（人格）教育，从上面对陶行知等基督徒教育家思想的分析可知，他们所倡导的道德救国，实际上正是宗教教育一种"中国化"的表达。宗教也是一种文化，宗教文化是人类文明的重要组成部分，基督教是西方文化特质的精神产物，从宗教知识教育的层面进行学术研究和通识教育，这是任何类型的大学都拒绝不了的，金陵大学的宗教教育逐渐转向学术研究，本质上也是一种迎合"本土化"、走向"学术化"的表达。

金陵大学的世俗化，一方面，表现在实用学科的不断增加，加强与社会的联系与服务；另一方面，表现在大学从未放弃宗教底色，这是由教会大学的性质决定，作为其内核的宗教教育在几十年的发展过程中也不断走向学术研究的世俗化。大学毕竟是理性主义教育阵地，是传播科学文化知识的场所，有它自身发展的内在规律性。教会大学并没有如当初传教士所企望的那样，办成传教士自我封闭的神学院，而是为基督教本身的理性化和世俗化开辟了道路。教会大学专业化和世俗化的发展趋势，必然超出单纯的基督教传教事业的范畴，而汇入更大范围的中西文化交流领域，从而成为中国新式高等教育的先驱和中西文化交流的载体。

---

① "郭中一致陈裕光函（1945 年 7 月 3 日）"，中国第二历史档案馆藏私立金陵大学档案，全宗号 649 号，案卷号 72。

第二节　学术化逐渐提升

办学质量和学术水平是一所大学的根基和命脉，金陵大学早期先后开办过医科、师范专修科、华言科、农林科、文理科和商科，学科建设和师资力量不断加强，1911 年金陵大学获得纽约州大学评议会执照，金陵大学毕业生可以颁发纽约大学的毕业证书，再加上较为充裕的经费，以及新校址的建设，金陵大学在当时的教会大学中声誉鹊起。1928 年，加利福尼亚大学的誊志久野根据中国教会大学各方面的综合条件进行评估，认为1925 年后的金陵大学和燕京大学属于甲级或乙级，其毕业生可以直接进入美国的研究生院。而当时国立大学能达到同样水平的有 7 所。①

之后金陵大学根据自身学科和教会事业发展需要，6 科最终发展起来的是文理科和农林科，1930 年发展为文学院、理学院和农学院，确立了三院鼎立的格局。学科设置也更加科学，文学院设历史、政治、经济、国文、英语、哲学、社会及社会福利行政等 8 个系，初以研究为主，后重应用及推广。理学院除原有科目外，加强了课程设备配置及师资力量，增设化学工程与电机工程课，故理学院院长魏学仁说："理学院实为理工学院。"②金陵大学开设工科课程，这在教会大学中是少有的。金陵大学教学重视科学实验和社会调查，特别是农学院实行教学、研究、推广"三一制"，重在联系中国实际，不尚空谈，尤重推广，使学校与社会建立了广泛的联系和合作，"金陵大学校誉鹊起，闻名国内外，农科是一主要因素"③。

抗战军兴，金陵大学为赓续学脉被迫西迁，虽备尝艰辛，校产有所

---

① 卢茨.中国教会大学史（1850—1950）[M].曾钜生，译.杭州：浙江教育出版社，1987：186.

② 魏学仁.理学院对国家的贡献 [M]// 台北金陵大学校友会.金陵大学创校七十周年纪念特刊.南京：南京大学出版社，1958：8.

③ 陈裕光.回忆金陵大学 [M]// 金陵大学南京校友会.金陵大学建校一百周年纪念册.南京：南京大学出版社，1988：16.

损失，但依托华西坝联合办学和服务国家抗战需要，金陵大学抗战时期学科建设没有停顿，反而大大发展。1938 年秋，金陵大学与国民政府教育部合办电化教育专修科，1939 年借重庆求精中学创办汽车专修科，在成都增设园艺职业师资科。1940 年文学院增设图书馆学专修科，并创办电焊职业训练班。1941 年，农学院受中国银行委托，创办农贷人员训练班。1942 年，金陵大学与华西协合大学、齐鲁大学、金陵女子文理学院合办英语专修科。1943 年，金陵大学奉国民政府教育部令办理建设人员训练班，扩充电机工程学系，增设园艺专修科，并改设植物病虫害系。[①]由此可见，金陵大学战时几乎每年都有新的科系成立，学术化水平有了进一步提升。

金陵大学学术化水平体现在研究生教育的开展。金陵大学研究生教育肇端于 1913 年 7 年制的医科，毕业生授予医学博士学位。当然金陵大学授予的医学博士学位与传统意义上的博士学位有着本质上的区别。金陵大学与美国纽约大学所授予的医学博士学位，"只是美国学位制度中存在的一级职业学位（ first professional degree ），而不是哲学博士学位"[②]。金陵大学虽然于 1917 年接受基督教医博会关于调整医学教育的建议，将医科移交齐鲁大学，但也开启了金陵大学研究生教育的一次有益尝试。

金陵大学通过建立研究院所开展研究生教育的时间较晚，从 20 世纪 30 年代开始，在校长陈裕光以及各院系教师的共同努力下，通过集中各方力量，延聘优秀教师等途径，使得金陵大学研究生教育取得较大发展。即使在艰苦的抗战年代，也没有因为抗战内迁的影响而停滞、衰败，反而在原先的基础上扩大研究生教育的规模。在研究生招生录取、培养、管理、学位授予等方面更是积累了丰富的经验，形成了较为完备的研究生教育体系，尤其在农学、国学研究生教育上成绩突出，为抗战建国培养了一批人文和科学方面的高级人才。金陵大学正规化的研究生教育虽

---

① 西迁与复校时期概况 [M]//《南大百年实录》编辑组.南大百年实录：中卷.南京：南京大学出版社,2002: 62.

② 岳爱武,熊小燕.教会大学对中国近代学位与研究生教育的历史性贡献[J].现代教育科学,2010(5): 30–33, 37.

起步较晚，但发展很快，无论是对当时的高层次人才培养，还是今天的研究生教育都有十分突出的贡献和借鉴意义。

金陵大学研究生教育的产生与发展，与该校发展到较高阶段的需要、高校规模的扩大与办学层次的提高以及近代研究生教育与学位制度的完善等因素有着紧密联系。研究生教育旨在培养高层次的研究型人才，较本科生培养来看，对各项设施的要求较高。1934年，国民政府教育部颁布的《大学研究院暂行组织规程》就经费、设施、师资等方面，对大学开设研究院所应具备的条件做出明确规定。

1929年，国民政府颁布《大学组织法》，规定"具备三院以上者，始得称为大学"[①]，遂各大学纷纷调整改组。至1931年全国有国立大学13所、省立大学9所、私立大学18所，共计40所。1930年，本科、专科和预科毕业生人数达到4 586人，比民国元年增长了6倍之多。可见，不断扩大的高校规模以及急剧增加的学生数量，为研究生教育的开展提供了良好的人才基础。

1930年，金陵大学将原有的文理科、农林科分设扩充为文学院、理学院和农学院。至此，三院组织日臻完善，调整后的金陵大学教育事业进入长足发展阶段，为研究生教育的开展打下深厚的基础。此后金陵大学研究生教育进入规范发展阶段，此期金陵大学因受"哈佛燕京学社"的资助，率先在文学院下成立国学研究班以培养国学研究生，开金陵大学研究生教育之先河。《大学研究院暂行组织规程》出台后，金陵大学成立"三所三部"，即文科研究所史学部、理科研究所化学部和农科研究所农业经济学部。与此同时，《学位授予法》等相关法令的出台也为金陵大学研究生教育的规范发展提供了保障。

1928年，在美国铝业大王霍尔的遗嘱中，指明"津贴东方各大学，作为研究中国学术之用"，在美国哈佛大学和燕京大学的合作下特成立哈佛燕京学社。该社成立的目的之一在于"帮助有条件的中国和西方学

---

① 国民政府教育部.大学组织法[M]// 国民政府教育部参事室.教育法令.北京：中华书局，1947：151.

者开展适合文理学院研究生院程度的研究和教学……"① 为充分利用霍尔基金以研究"东方学"，哈佛燕京学社除资助燕京大学外，还指明金陵大学、齐鲁大学、华西协合大学、福建协和大学、岭南大学等校享受该项津贴。金陵大学得到 60 万美元，而在这之中的 30 万又被"指定为研究我国文化之用"②。金陵大学遂利用所得之津贴，于 20 世纪 30 年代初成立中国文化研究所。

金陵大学中国文化研究所设立之宗旨：研究并阐明本国文化之意义；培养研究本国文化之专门人才；协助本校文学院发展关于本国文化之学程；供给本校师生研究中国文化之便利。可见，金陵大学文化研究所不仅是研究单位，还兼具教学任务，兼授文学院的课程。最初几年并没有开展研究生教育工作，直到 1934 年，金陵大学文学院应华东基督教教育会与本校文学院毕业生要求设立国学研究所，利用哈佛燕京学社资助在文学院下开办国学研究班，并于当年开始招收国学研究生。根据培养要求，国学研究班学生须在校修习两年，研究范围经、史、子、集各门皆有。指导教师也是群星汇集，国学研究与教育可称得上是"除燕京之外的新教大学中最有成绩的"③。国学研究班自1934年成立后只举办了两届，但却培养出了诸如古词典学家沈祖棻、语言学家殷孟伦、博物馆学家曾昭燏等学者，在学术界产生了较大影响。

1934 年，国民政府教育部制定了《大学研究院暂行组织规程》，其中规定："研究院分文、理、法、教育、农、工、商、医各研究所……凡具备三研究所以上者，称研究院。各研究所依其本科所设各系若干部，称某研究所某部（如理科研究所物理部）。各研究所依各大学经费师资与设备情形得陆续设立各部，或仅设置一部或数部。"④ 于是，金陵大学

---

① 陶飞亚，吴梓明. 基督教大学与国学研究 [M]. 福州：福建教育出版社，2000: 112.

② 本校中国文化研究所之来历 [M]// 南京大学高教研究所. 金陵大学史料集. 南京：南京大学出版社，1989: 46.

③ 陶飞亚，吴梓明. 基督教大学与国学研究 [M]. 福州：福建教育出版社，2000: 192.

④ 国民政府教育部. 大学研究院暂行组织规程 [M]// 国民政府教育部参事室. 教育法令. 北京：中华书局，1947: 181.

在1935年依此规程分别设立了文科研究所史学部、理科研究所化学部和农科研究所农业经济学部。

三个研究部明确规定研究生为硕士候选人者，其研究期限不得少于两年，除修毕规定学程，完成所修学分外，还需完成论文一篇。研究生需在各部选一组为其主修范围。例如，史学部下设五组，分国史组、中国思想史及文化史组、考古学及东洋古物研究组、东洋史组、西洋史组（本组暂不招收研究生）。^①农业经济学部依当时师资和设备情形，研究范围暂分以下三学门，有农业经济农场管理学门、农业金融农业合作学门、农村社会学门。^②

金陵大学的研究生培养机构虽已建立，但因之后全面抗战的爆发，研究生教育被迫中断。文科研究所史学部因全面抗战的爆发而搁浅，理科研究所化学部也因战争侵扰而中断。因而，全面抗战爆发前，金陵大学并没有研究生毕业。

1938年3月，金陵大学在成都华西坝重新开学后，为培养抗战建国的高层次人才，不久即开始了研究生培养的工作。金陵大学首届毕业生共计4人于1938年毕业，受战争影响硕士学位证书直到1939年下半年才发下来。适逢国民政府教育部颁布《硕士学位授予细则》，这是我国教育史上第一次颁发硕士学位证书。金陵大学有幸成为经国民政府教育部核准授予硕士学位的第一所大学，化学部的毕业生沈彬康成为"硕字第一号"的学位证书持有者。^③同年，陈彩章、徐壮怀、李扬谦三位研究生从农科研究所毕业，获得农学硕士学位，成为我国第一批农学硕士。

文科研究所史学部在内迁后，于1940年正式开始研究生培养工作，并由中国文化研究所与史学系教授担任导师，提供图书设备，文科研究所史学部共培养了4名研究生。与此同时，文学院社会学系"有鉴于现

①　金陵大学文科研究所史学部暂行简章[M]//《南大百年实录》编辑组.南大百年实录(中卷).南京：南京大学出版社，2002: 229.

②　金陵大学农科研究所农业经济学部暂行简章[M]//《南大百年实录》编辑组.南大百年实录（中卷）.南京：南京大学出版社，2002: 276.

③　张宪文.金陵大学史[M].南京：南京大学出版社，2002: 243.

阶段中，国家对于社会学人才之需要，竭力谋该系之扩张与发展"[①]，于1941年开设社会福利行政组，又在组内设特别研究班招收研究生。农学院农科研究所在全面抗战爆发前仅设有一个研究生培养机构，即农业经济学部，该部于1937年才开始招收研究生。金陵大学内迁后，遵循国民政府教育部制定的《战时各级教育实施方案纲要》，大力发展实科，农科研究所的规模随之扩大，于20世纪40年代初期分别成立了农艺学部和园艺学部，农艺学部还在原有基础上增设了植物病理与昆虫学二组。至此，农科研究所由迁校前一所一部的规模扩大为一所三部，不但为抗战建国输送了第一批由中国高校自行培养的农学研究生，而且培养的研究生总数占当时高校榜首，成为战时农学研究生教育的"金"字招牌。至此，金陵大学在研究生培养机构上形成了"三所六部"的格局。

抗战胜利后西迁各校纷纷返回原址，金陵大学于1946年4月底开始复员，并于同年9月在南京如期开学。随着各项工作的接洽完毕，研究生教育也得以恢复。1945年7月，国民政府教育部召开高等教育座谈会，就大学研究院改制问题进行商讨。翌年，国民政府教育部公布《大学研究所暂行组织规程》，该规程较之前最大改革之处就在于规定了"各研究所应与各学系打成一片，并依学系名称为某某研究所（如物理系得设物理研究所）"[②]。因此，金陵大学各研究所依照规定于1947年进行改组，成立史学、社会学（附社会福利行政组）、化学、农业经济、农艺（附作物改良、植物病理、经济昆虫组）、园艺等6个研究所。至1947年，"金陵大学以6个研究所的数量位列国内私立大学第一"[③]。

据统计，从1938年到1947年，即使是在抗日战争的艰难环境下，金陵大学共培养了63位硕士毕业生，其中文学院4人，理学院13人，农学院46人。金陵大学历年研究生毕业情况如表7-1至表7-10所示[④]：

---

① 文学院近讯 [N]. 金陵大学校刊, 1941–10–01(3).

② 国民政府教育部. 大学研究所暂行组织规程 [M]// 国民政府教育部参事室. 教育法令. 北京：中华书局, 1947: 181.

③ 涂上飙. 民国时期的研究生教育发展史 [M]. 武汉：湖北美术出版社, 2014: 218.

④ 下面诸表资料均为《南大百年实录》编辑组编。

表7-1　1938年毕业研究生（4人）

姓　名	性　别	籍　贯	研究科部	毕业论文	现在服务机关	入学资格核准年月文号或未核准原因	硕士学位取得原因	备　注
沈彬康	男	上海	理科研究所化学部	触媒对于桐油脂酸异构化之影响		26年3月私壹捌第四九〇三号		已领
陈彩章	男	江苏江阴	农科研究所农业经济学部	中国历史人口变迁之研究		同上		已领
徐壮怀	男	江苏金坛	同上	小麦棉花之价格购买力		同上		已领
李挩谦	男	湖南临湘	同上	农村信用合作之组织与经营及其对于社员之影响		26年3月私壹捌第四九〇二号		已领

表7-2　1939年毕业研究生（1人）

姓　名	性　别	籍　贯	研究科部	毕业论文	现在服务机关	入学资格核准年月文号或未核准原因	硕士学位取得原因	备　注
朱寿麟	男	浙江海盐	农科研究所农业经济学部	四川桐油之生产与运输		27年12月20日私壹捌字第一四八七四号		已领

表7-3　1940年毕业研究生（6人）

姓　名	性　别	籍　贯	研究科部	毕业论文	现在服务机关	入学资格核准年月文号或未核准原因	硕士学位取得原因	备　注
黄美维	女	湖北武昌	理科研究研所化学部	柑橘类之生长环境对于其维生素丙含量之研究		27年12月私壹捌字一四八七四号		已领
陈鸿根	男	江苏江都	农科研究所农业经济学部	中国农地金融制度之拟仪		29年3月高字〇八五三五号		已领
陈兰英	女	江苏常熟	同上	桐油茶叶生丝价格之研究		同上		已领
胡国华	男	浙江鄞州	同上	中国之主要产品价格之分析		同上	36年11月5日验讫硕字0144	已领

续 表

姓 名	性别	籍贯	研究科部	毕业论文	现在服务机关	入学资格核准年月文号或未核准原因	硕士学位取得原因	备注
戈福鼎	男	安徽广德	同上	成都平原最适合农制之研究		同上		已领
林玉文	女	福建闽侯	同上	川西农村妇女经济社会地位之研究		同上		已领

表7-4 1941年毕业研究生（6人）

姓 名	性别	籍贯	研究科部	毕业论文	现在服务机关	入学资格核准年月文号或未核准原因	硕士学位取得原因	备注
陈景莱	女	湖南郴州	理科研究所化学部	卤化银沉淀之吸着作用		29年7月26日高字二四四五七号	硕字14	已领
程炳华	男	江苏宜兴	农科研究所农业经济学部	我国近代农业金融政策		31年6月12日高字二二八七二号	36年8月16日硕字0142	已领
谢澄	男	江苏无锡	同上	南充之蚕丝业		同上	硕字15	已领
关炎章	男	广东开平	同上	四川之田赋		同上	硕字16	已领
梅籍芳	男	江苏阜宁	农科研究所农艺学部	菜之研究		同上	硕字18	已领
徐叔华	男	湖北京山	同上	堆肥腐解之速度及其氮素保持		同上	硕字17	已领

表7-5 1942年毕业研究生（9人）

姓 名	性别	籍贯	研究科部	毕业论文	现在服务机关	入学资格核准年月文号或未核准原因	硕士学位取得原因	备注
汤定宇	男	江苏昆山	文科研究所史学部	东汉尚书制度考略		31年12月9日高字第五〇五六〇号	36年12月4日验讫硕字0148	

续 表

姓　名	性　别	籍贯	研究科部	毕业论文	现在服务机关	入学资格核准年月文号或未核准原因	硕士学位取得原因	备　注
张锡瑜	男	江苏淮阴	理科研究所化学部	桐油之凝胶作用				
徐承德	男	江苏江宁	同上	硫酸铜与硫酸钠沉淀作用之研究		31年12月9日高字第五〇五六〇号	36年7月12日验讫硕字0115	
刘永济	男	湖北宜昌	农科研究所农艺学部	成都平原之灌溉工程		同上	36年12月4日验讫硕字00150	
李家文	男	湖南湘乡	同上	稻米之蛋白质与数种性状之研究		31年6月12日高字二二八七二号		
齐兆生	男	河北丰润	同上（昆虫学组）	中国柑橘实蝇之研究		32年12月21日高字第六四二七八号	36年7月12日验讫硕字00114	已领
吴光远	男	江苏无锡	同上	芋叶发酵之研究		31年6月12日高字第二二八七二号	36年7月12日验讫硕字00116	已领
陈俊愉	男	安徽怀宁	农科研究所园艺学部	二十种柑橘果树比较形态及杂交育种之初步研究		31年12月9日高字五〇五六〇号	36年7月12日验讫硕字00118	
贾麟厚	男	山西太原	同上	甜橙之受粉与结实及隔年结实之研究		同上	36年7月12日验讫硕字00117	

表7-6　1943年毕业研究生（15人）

姓　名	性　别	籍贯	研究科部	毕业论文	现在服务机关	入学资格核准年月文号或未核准原因	硕士学位取得原因	备　注
张继平	男	四川双流	文科研究所史学部	叶水心先生研究			中华民国37年9月11日硕字202	

姓　名	性　别	籍　贯	研究科部	毕业论文	现在服务机关	入学资格核准年月文号或未核准原因	硕士学位取得原因	备　注
李士谔	男	四川双流	理科研究所化学部	大豆蛋白质与甲醛缩合作用之研究			36 年 12 月 4 日验讫硕字 0162	
戴广茂	男	安徽合肥	同上	催化剂对于桐油干燥之效应			36 年 12 月 4 日验讫硕字 0163	
赵经羲	男	江苏昆山	农科研究所农业经济学部	中国农产品之物价政策		34 年 2 月 23 日高字第八一九一号	36 年 7 月 12 日验讫硕字 00129	
陈道	男	南京	同上	四川农地问题		同上	36 年 7 月 12 日验讫硕字 00130	
余铭燠	男	广东中山	同上	桐油茶叶之生产与外贸易之研究		同上		
端木中	男	安徽怀宁	同上	中国战时粮食政策之研究		同上	36 年 7 月 12 日验讫硕字 00128	
张季高	男	江苏吴县	农科研究所农艺学部	土壤质地与雪茄烟			36 年 7 月 12 日验讫硕字 00134	王恒代收
左天觉	男	湖北云梦	同上	烟草之打顶去叶及其田间之距离		34 年月 23 日高字八一九一号	36 年 12 月 4 日验讫硕字 0149	
徐国桢	男	江苏吴江	同上	砖茶黄微菌之发酵作用			36 年 7 月 12 日验讫硕字 00132	已领
陈延熙	男	江苏盐城	农科研究所农艺学部植物病理学组	孢子发芽之条件			36 年 12 月 4 日验讫硕字 0164	
王铨茂	男	上海	同上	油菜相霉病之发酵作用			36 年 12 月 4 日验讫硕字 0160	
殷恭毅	男	江苏吴江	同上	苹果轮纹腐病之研究		34 年 8 月 30 日高字四三五九九号	36 年 7 月 12 日验讫硕字 00127	已领

续　表

姓　名	性　别	籍　贯	研究科部	毕业论文	现在服务机关	入学资格核准年月文号或未核准原因	硕士学位取得原因	备　注
屈天祥	男	江苏昆山	农科研究所农艺学部经济昆虫学系	除虫菊之有效成分检定和其毒力测计		同上	36 年 7 月 12 日验讫硕字 00131	已领
李隆术	男	四川安岳	同上	臭虫之研究		34 年 2 月 23 日二八一九一号	36 年 7 月 12 日验讫硕字 00133	已领

表7-7　1944年毕业研究生（11人）

姓　名	性别	籍贯	研究科部	毕业论文	现在服务机关	入学资格核准年月文号或未核准原因	硕士学位取得原因	备　注
刘骏	男	四川遂宁	文科研究所史学部	唐代赋税制度史述论		34 年 8 月 30 日高字四三五九九号	36 年 12 月 4 日验讫硕字 0154	
李正化	男	四川成都	理科研究所化学部	β桐油之吸氧作用		36 年 1 月 16 日高字〇二四三五号	36 年 12 月 4 日验讫硕字 0155	
侯助存	男	安徽怀远	同上	大豆蛋白与甲醛缩合作用之研究		34 年 3 月 2 日高字一〇〇〇二号	36 年 12 月 4 日验讫硕字 0156	
蔡淑莲	女	福建仙游	同上	碱性碳酸铜之陈化作用				
武源澄	男	江苏东台	农科研究所农业经济学部	四川省主要粮之运输与价格			36 年 12 月 4 日验讫硕字 201	
右学善	男	江苏阜宁	农科研究所农艺学部	棉蜂各期发育之情形及其与纤维质之关系			36 年 12 月 4 日验讫硕字 0158	
张石城	男	江苏浦口	同上	水稻粮种性状遗传之研究		34 年 8 月 30 日高字四三五九九号		
谢大赉	男	四川成都	同上（昆虫学组）	成都介壳虫之初步分类研究			36 年 12 月 4 日验讫硕字 1057	

续　表

姓　名	性别	籍　贯	研究科部	毕业论文	现在服务机关	入学资格核准年月文号或未核准原因	硕士学位取得原因	备　注
郑长佑	男	广东潮阳	农科研究所园艺学部	成都数种柑橘关于比较解剖学之研究		34年8月30日高字四三五九九号		
朱培仁	男	江苏镇江	同上	成都苹果柿果柠檬贮藏期间生理变化之研究		36年12月4日验讫硕字0159		
庞昌德	男	印度	农科研究所园艺学部	成都区域数种主要蔬菜事业之调查		中印交换学生分发印度来华研究生34年2月21日高字第八〇二〇号		已领

表7-8　1945年毕业研究生（5人）

姓　名	性别	籍　贯	研究科部	毕业论文	现在服务机关	入学资格核准年月文号或未核准原因	硕士学位取得原因	备　注
程天赋	女	四川万州	文科研究所史学部	东晋南北朝之经济开发及平民生活		36年1月16日高字〇二四三五号	36年12月4日验讫硕字0153	
郭挺章	男	福建莆田	理科研究所化学部	酒石酸铜结晶之形成及其性质之研究		34年2月21日高字〇八〇一九号	36年12月4日验讫硕字0161	
陈永淦	男	安徽泗县	农科研究所农业经济学部	成都平安土地分类之研究			36年12月4日验讫硕字0152	
王广森	男	河南滑县	农科研究所农艺学部	温度对于蚕豆子分裂期中相对染色体配对之影响				代领
马藩之	男	河北定州	同上				36年12月4日验讫硕字0151	寄去

表7-9　1946年毕业研究生（2人）

姓　名	性　别	籍　贯	研究科部	毕业论文	现在服务机关	入学资格核准年月文号或未核准原因	硕士学位取得原因	备　注
张镇国	男	江苏丹徒	化学研究所					
刘肇和	男	山东安丘	化学研究所					

表7-10　1947年毕业研究生（4人）

姓　名	性　别	籍　贯	研究科部	毕业论文	现在服务机关	入学资格核准年月文号或未核准原因	硕士学位取得原因	备　注
纂建镇	男	山东平度	农业研究所植物病理组					
刘锡珙	男	四川德阳	同上				中华民国37年9月11日验讫硕字200	
牟济宽	男	四川大邑	同上				中华民国37年9月11日验讫硕字199	已检寄1950.8.16
韦安阜	男	江苏高邮	园艺研究所					

　　整体来看，金陵大学于20世纪30年代初开始招收研究生，从国学研究班，到"三所三部"，再到抗战时期的"三所六部"，在10余年的发展历程中不仅培养了一批优秀的高级人才，推动了学术水平的提高，促进了社会经济、文化的发展，还成为校际以及国际教育交流的纽带，并形成了"起步晚，起点高、关注时代发展，符合社会需要、广纳贤师、师资力量雄厚、农科研究生教育引领高等教育界等特点"[1]。

　　截至1948年底，金陵大学有在校生1 100人，拥有3个学院、22

---

① 叶文.民国时期金陵大学研究生教育的发展研究 [D].武汉：华中师范大学,2022.

个系、4 个专修科和 7 个研究所等。文学院有国文、外文、历史、社会、政治、经济、教育、哲学、心理等系及社会福利行政学组、国文专修科、图书馆学专修科和历史研究所、社会学研究所、中国文化研究所（与院并列）。理学院有数学、物理、生物、化工、电机工程、化学等系及影音专修科、影音部和化学研究所。农学院有农艺、森林、植物、蚕桑、农经、园艺、植物病虫害、农业教育等系及农业专修科、农业推广部和农业经济学研究所、农艺系研究所、园艺系研究所。金陵大学经过 60 年的办学实践，学科建设不断完善，研究生教育不断提升，虽然不是"大而全"，但却是"小而特"，成为具有特色的学科（农科）、先进的教学设施、科学的行政管理、享誉国内外的知名学府。

时隔半个世纪，人们从金陵大学校友的回忆中，可以看到他们心目中的大学是怎样的：校风纯正，办学认真，历年以来人才辈出[①]；教学严格的校风、勤工俭学的传统和助人为乐的精神[②]；埋头苦干、认真负责的精神[③]；景色优美的校园、完整的规章制度、精简的管理、端正的学风、重视社会推广实践[④]；具有优美的环境，具有较为完整的教育组织管理体系和理论与实践相结合的教育方针，拥有学问渊博、诲人不倦、实力雄厚的师资力量，具有艰苦朴素、团结互助、勇于进取的优良传统，有组织健全、敢于负责的校友会[⑤]；孜孜以求的求知精神，爱国爱校的无私精

---

① 徐绍武 . 旧事二三 [M]// 金陵大学南京校友会 . 金陵大学建校一百周年纪念册 . 南京：南京大学出版社，1988: 313.

② 徐国懋 . 母校对我的教育 [M]// 金陵大学南京校友会 . 金陵大学建校一百周年纪念册 . 南京：南京大学出版社，1988: 308.

③ 杨家驹 . 母校校风 [M]// 金陵大学南京校友会 . 金陵大学建校一百周年纪念册 . 南京：南京大学出版社，1988: 327.

④ 张楚宝 . 校园印象 [M]// 金陵大学南京校友会 . 金陵大学建校一百周年纪念册 . 南京：南京大学出版社，1988: 344.

⑤ 张佩玖 . 回忆母校 [M]// 金陵大学南京校友会 . 金陵大学建校一百周年纪念册 . 南京：南京大学出版社，1988: 345–349.

神，高效、认真、务实的工作作风，遵章守纪、礼貌自重的良好风尚。①
关于宗教教育，有校友回忆说："金陵大学是教会学校，教会的权威究竟
有多大，一般来说，校外人士可能高估了。我作为学生需要的是读书，
有好老师、好学生，就是好学校，念阿弥陀佛或念阿门都不是学生的
事。"② 人们从校友的回忆中，能够感受到金陵大学留给他们印象最深的
是金陵大学作为高等学府优良的学风、高深的学问、博学的师资和科学
的管理，虽有宗教的底色，但从未是教学的主线。

　　从教育的角度看，一所大学能否蜚声于学林，关键在于学术水平的
高低，科学研究与人才培养同样重要。金陵大学校长陈裕光曾说："研究
高深学术与培育伟闳专才，为大学之二大使命，且二者不可分离，犹鸟
之双翼，车之双轮也。"③ "作为一所大学，更需加强研究精神，中国的大
学教育，对于'大'字，确有相当成就，而对于最高学府之'高'字，
尚逊一筹。盖常见范围扩大，少闻学问湛深。换言之，研究的工夫，尚
未充实。……故今后办教育者，或建设学校者，应从质上着眼，提高研
究精神，使锦绣河山重放灿烂的光辉。"④ 金陵大学倡导在学术上可以自
由讨论，同时反对急功近利，只求扎实研究，只要研究者确实是在那里
钻研，就不计较一年里写了多少字，发表了几篇文章。教师不仅要有学
问，还要醉心于研究学问，潜心于传授学术。求学的学生也要诚心向学，
即不仅要"会念书"，还要学会做学问，在校就须养成研究的风气。金
陵大学从上到下如此重视科学研究，这也是金陵大学学术化水平不断提
升的个中奥秘。

---

① 　王古桂.珍贵的"金陵传统"[M]// 金陵大学南京校友会.金陵大学建校一百周年纪念册.南
京：南京大学出版社，1988：351–353.

② 　郑予亮.见微知著忆金陵大学 [M]// 金陵大学南京校友会.金陵大学建校 120 周年纪念文
集.南京：南京大学出版社，2008：304.

③ 　陈裕光.金陵大学汇刊序 [J].金陵大学汇刊，1943(1)：1.

④ 　陈校长报告游美观感并述建校精神 [N].金陵大学校刊，1945–09–16(1).

第三节　中国化日益加深

　　基督教在近代是伴随西方侵略者的坚船利炮来到中国的，是在不平等条约政治特权的保护下传教的。这种侵略性与强权奠定了基督教与近代中国关系紧张的总基调。而教会学校起初正是在此背景下作为传教附属机构出现的，使外国在获得中国传教权的同时，使中国丧失了教育主权。当时的清政府腐败软弱，无论是战场上还是谈判桌上的较量均以失败告终，对殖民侵略者的军事、政治、经济侵略无力抵抗，对其传教设学也无能为力，只能听之任之。这就使得中国近代的教会大学有两个绕不过的难题：一是宗教性，这与世界范围的世俗化进程相违背；二是教会学校的外来性，这与中国民族主义相悖。

　　进入20世纪，中国社会出现了一系列重大变革，辛亥革命推翻清朝政府的统治建立民国，特别是新文化运动和五四运动，表现了中国人民民族意识的觉醒和反对帝国主义侵略、维护国家主权的热情。而1920年的非基督教运动和收回教育权运动兴起后，政府对教会学校提出了一系列关于宗教、行政管理、课程等方面的规定，教会学校不得不做出相应调整。1927年成立的南京国民政府与历届政府相比具有更强烈的民族主义意识和执行力，这样教会学校只能在要么关门、要么按要求申请立案之间做出选择，历史没有给它们更多的选择机会。

　　教会学校从在中国建立开始就面临与中国国情相适应、与中国社会相适应、与中国历届政府相适应的问题，即中国化的问题。其中国化的主要表现在于教育主权的收回。教会学校不再游离于中国教育系统之外，须向国民政府申请立案，纳入国家统一的教育体系中，将教育事业转交中国人办理，改变教会学校的外国特征。起初教会大学中国籍教师比例较低，学校行政大权也完全由西方人掌握，从校长到各系主任皆为外国人。之后在爱国主义运动的冲击下，中西教员所占比例从1924年的1∶1，到1932年的2∶1，再到1936年的4∶1，到最后阶段，这个比例增加到将近 9 ： 1。① 关于学校的行政权，西方人刚开始并不是没有考虑中国人，如 1910 年金陵大学校长包文就认为中国人应当参与领导层，"要尽快地，如果可能，要比很多人明白这么做是明智的还要快一点"②。但由于教会大学需与海外的资助者和董事交往，能够胜任校长的中国人不是很多。

　　良好意愿与具体实施之间是有时间差的，1926 年北伐军的高歌猛进和 1927 年的"南京事件"，使得教会大学行政管理权的移交已迫在眉睫。处于风暴眼的南京金陵大学首当其冲，校园多座建筑物遭到破坏，副校长文怀恩更是被乱兵所杀，在此背景下，校长包文离校回国，为应对新政府的立案要求，陈裕光被理事会推举为金陵大学第一任华人校长。为尽快完成立案，陈裕光抵住外部压力，对反对者言："立案并不违背基督教义，中国人管理中国的大学不管其创办主体如何，是天经地义的事情。"③ 他的主张得到了前校长包文的支持，包文也认为立案于教育本身有莫大利益，教会教育终必由中国人自己负责，现在时机已到，西方毋庸推诿。1928 年 9 月 20 日国民政府大学院批准金陵大学立案。金陵大学成为国民政府定都南京后最先呈请立案并获批准的教会大学，陈裕光也成为第一位被国民政府承认的中国教会大学校长。④ 与 1947 年才提出立案申请的圣约翰大学相比，金陵大学能率先完成立案，有几个关键性因素，一是学校区域性的特殊，南京成为新的政治中心，作为身处首都的教会大学，所面临的内外压力是其他教会大学无法比拟的。二是掌校者的理念。前西籍校长包文思想开明，在学校应该由中国人自己管理这

---

① 芳卫廉．基督教高等教育在变革中的中国（1880—1950）[M]．刘家峰，译．珠海：珠海出版社，2005：107.

② 芳卫廉．基督教高等教育在变革中的中国（1880—1950）[M]．刘家峰，译．珠海：珠海出版社，2005：108.

③ 王运来．诚真勤仁 光裕金陵：金陵大学校长陈裕光 [M]．济南：山东教育出版社，2004：107.

④ 王运来．诚真勤仁 光裕金陵：金陵大学校长陈裕光 [M]．济南：山东教育出版社，2004：105.

个问题上，他的态度自始至终未变，这是金陵大学能够最先立案的重要因素，这也与圣约翰大学保守的西籍校长卜舫济形成了鲜明对比。

在新政策下，传教士较为在意的宗教教育实施也受到很大的限制，学校着重提高教学质量，而且教育与宗教基本上趋向分离，宗教性特征得以淡化，逐渐转变为以传播文化科学知识为主。教育成为教会学校的主要目的，宗教教育的实施只能在政府允许的教学计划范围内进行。

关于教会大学中国化的问题，除了收回教育主权，向国民政府注册立案，使教会大学成为真正的中国的大学。还有一个重要问题，就是教会大学办学目标的变化，其不再完全为基督教运动和教区服务，而是为中国社会服务。

要实现为中国社会服务的办学目标，又该怎样制定更具体的政策呢？当然教会大学的宗教底色无法忽视。西方传教士在传教策略上分为自由派和保守派，前者强调社会福音，后者则强调拯救灵魂。中国教会大学的统治者大都属于基督教会的自由派，他们认为宗教不应该脱离现实，宗教必须与现实密切联系，基督教如果不在建设新社会的活动中发挥作用的话，就不可能使中国基督化，因此教会大学对中国工农业现代化的贡献，为中国社会服务等，都是对传教事业的贡献。对基督教做这样的解释，当然会受到中国基督徒的欣赏和欢迎，但"除了通过中国社会服务来为基督教服务这一目标以外，再想找出什么更值得赞赏的目标似乎已经不可能了"[①]。可见，宗教是题中应有之义，但也只是名义，通过各种具体的实践活动为中国社会服务，实现中国化办学目标才是根本。

金陵大学以西籍校长包文为代表的传教士教育家都是倾向自由主义和现代派的传教士教师，包文对促成三大差会联合办学并成立金陵大学居功至伟，而且他始终主张"学校终当由中国人主持之"，金陵大学成立初始，即开始聘任中国学者任教，他反复强调说："此汝等之学校，我辈权为管理，汝能自立，即以之付汝矣。""南京事件"发生后，他成立了由中国籍教师组成的临时管理委员会，代行校务，之后向托事部提交

---

① 卢茨.中国教会大学史（1850—1950）[M].曾钜生,译.杭州:浙江教育出版社,1987:267.

辞职报告，为华人校长掌校提供了机会。他指出："我、文怀恩副校长以及其他学校管理人士一直期望能够将大学的管理权交到中国人手中，如今正是移交的时机。"① 正是由于金陵大学的西籍教师有如此开明、为中国兴教育的办学理念，才使得当年处于剧烈震荡中的金陵大学不仅没被接管，还成功立案。包文也强调服务与奉献的精神，他指出："要把我们自己更进一步地同大众的生活联系在一起，如我们所见到的农林科实验活动的大规模发展，如果我们能遵照我们工作的座右铭去做，我们对社会的贡献将是无穷的。如果我们能向社会和全体民众提供真诚的服务，我们的未来是光明的。我们关心的问题永远是，我们怎样以积极的服务方式去接触民众的生活。"②

包文在讲话中提到的农林科的发展，的确是金陵大学服务中国社会的重要抓手和途径，金陵大学在农业科研、教育和对农村提供援助方面的贡献是比较突出的。金陵大学给农民分配免疫的蚕种，协助组织农村信贷社，低价出售改良种子和秧苗，鼓励农民种植水果和蔬菜。另外，金陵大学与政府农业部（现为农业农村部）合作密切，并为政府经营国立农业研究所，还承担中央政府的研究项目，"农业部和国立、省立大学农学系的农科专家，有许多人毕业于金陵大学的农学院"③。其他教会大学如岭南大学、福建协和大学、华西协合大学等也有农学专业，但规模较小，农科的学生也较少，"没有一所教会大学像金陵大学那样从事耗资巨大的高度专门化的农业方面的工作，其他的教会大学只是从事着社会服务与乡村建设计划的工作"④。金陵大学在教会大学中之所以农科成绩显著，关键在于它有一套完善的以教学、科研、推广为一体的"三一制"培养模式，农学院经费预算的一半用于研究，1/5 的经费用于推广，同时

---

① 　Minutes of the Meeting ofthe Trustees of the University of Nanking, September 14，1927，中国第二历史档案馆藏私立金陵大学档案，全宗号 649，案卷号 2317。

② 　包文博士在 1919 年 9 月 1 日会议上的讲话 [M]//《南大百年实录》编辑组 . 南大百年实录 : 中卷 . 南京 : 南京大学出版社，2002: 25.

③ 　卢茨 . 中国教会大学史（1850—1950）[M]. 曾钜生，译 . 杭州 : 浙江教育出版社，1987: 270.

④ 　卢茨 . 中国教会大学史（1850—1950）[M]. 曾钜生，译 . 杭州 : 浙江教育出版社，1987: 273.

培养了诸如作物栽培、养蚕学、园艺学、农业经济学等领域的农科人才，以过硬专业技术服务于社会、造福于乡村，这样的乡村服务不是徒有其表，而是能够让农民享受到实惠。

当然由于中华民国并没有改变中国半殖民地半封建社会性质，民国政府的各项政策必然受到西方列强在华势力的影响。至于教会学校教育权的收回确切来讲只能算是部分收回，教会学校的财权、人事权仍掌握在外国差会手中，传教士在校政和学科设置等方面仍起着举足轻重的作用。例如，金陵大学校长陈裕光曾说："名义上中国人当了校长，实权尤其是经济大权，仍然掌握在美国教会手中，我这位中国校长，几乎无权过问。"① "中国人校长一文钱不能动用，一个人不能任用。"② 应该说，在中国半殖民地半封建社会性质没有改变以前，从根本上改变教会学校的性质是不可能的，教育主权问题也不可能得到根本解决。只有中华人民共和国成立后，中国获得了民族独立和主权完整，对原有的教育系统进行重新整顿，这样金陵大学才结束其教会大学属性，中国化才会实现。

---

① 陈裕光 . 回忆金陵大学 [M]// 金陵大学南京校友会 . 金陵大学建校一百周年纪念册 . 南京 : 南京大学出版社 , 1988: 14.
② 高时良 . 中国教会学校史 [M]. 长沙 : 湖南教育出版社 , 1994: 283.

结语

关于教会大学，现在学界已经很少有人再片面认为它是西方文化侵略的工具，而是更加注重其在近代中西文化交流中的作用。诚然，近代中国出现的教会大学，最初的动机是通过基督教教育，为教会发展提供会众和领袖，也有为教徒子女提供基督教教育的需要。但是随着教会教育的发展，教会学校的功能也渐渐发生了变化，教育越来越受到重视，曾在金陵大学任教的芳卫廉说过："不管怎么说，福音化并非唯一的目标。即使在早期阶段，教育本身也是其中一个目标"，"不论是基督徒还是非基督徒，对未来公民知识和道德的训练开始得到越来越多的重视。主要动机演变成更宽广的概念，即基督教通过现代武器装备知识和浸透了基督教理想的毕业生而为中国服务。"[①] 金陵大学本土化的历程，可以很清晰地论证此观点。

华中师范大学章开沅曾指出："毋庸讳言，一些教会与教会大学曾与西方殖民主义及所谓'为基督教征服中国'的宗教狂热有过不同程度的联系，也正因为如此，教会大学曾经引起众多中国人士的反感……但是，以现在的眼光来看，这种尖锐的批评虽然不无事实依据，但却失之笼统与有所偏颇，因为它没有将教会大学作为主体的教育功能与日益疏离的宗教功能乃至政治功能区别开来，也没有将学校正常的教育工作与西方殖民主义的侵华政策区别出来。"[②] 历史事实的确如此，历史吊诡之处在于，它往往不以历史参与者的主观意志为转移，教会学校创立的主观目

---

① 芳卫廉.基督教高等教育在变革中的中国 (1880—1950)[M]. 刘家峰，译.珠海：珠海出版社，2005: 9–10.

② 章开沅.序言 [M]// 章开沅，林蔚.中西文化与教会大学.武汉：湖北教育出版社，1991: 1–4.

的是出于传播福音的手段，但其客观效果可能得不偿失，甚至南辕北辙。教育有其自身发展的特殊规律，它并不是任何情况下都可以成为有效的宣教工具。据学者徐以骅的研究，"近代基督教在中国的传播史表明，教会学校教育功能的强化往往是以其宣教功能的弱化为代价，一流的教会教育机构很难同时是有效的宣教机构"①。

在中国这样一个有几千年文化传承的文明古国，传教士出于策略考虑将教育、医药、文字机构作为其传教的工具，"没有想到工具造成了，用工具的教会倒被削弱了"，教会学校和教会本应是从属的关系，但由于西方教会在中国把宗教铺得太大，以至于"身体太大，心脑太小"，教会反而成为中国基督教最弱的部分。②

20 世纪 20 年代后，基督教会已经在中国获得了立足之地，是不是当年作为传教媒介的教会大学就可以停办了呢？况且在中国爱国主义运动的打击下，教会大学的宗教教育还受到很大的限制，传教属性明显减弱，教会何必还要耗费巨资去维持这么多的教会大学呢？关键在于教会大学是教育机构，有其自身的惯性和特点，再加上受到种种既得利益团体的制约，不是想办就办，想停就能停的。

现在中国的基督教理论家反思中国教会的发展史指出，1949 年前的中国教会得了浮肿病，机构颇为发达，但灵性上却处于较低的水平。而且与 1949 年后中国基督教的发展情形相比，中国教会放弃了普通教育、医疗和慈善机构，相反福音却传得更好，一方面爱国运动摆脱了过去对西方差会的依赖，实现了中国教会健康、本色化发展，另一方面对教会来说也是一个"大的释放"，丁光训主教指出："从某种意义上说，教会失去了权力，但正因为这样，福音传得更好……事实说明，耶稣的福音通过教会的贫困和软弱，显出更大的力量。"③

从这一退一进，一正一反的对比中，人们可以这样理解，教会大学

---

① 徐以骅. 教会大学与神学教育 [M]. 福州：福建教育出版社，1999: 187.
② 赵紫宸. 今后四十年中国基督教教义神学可能的发展 [J]. 金陵神学志，1951, 26(1/2): 15.
③ 丁光训. 在中国为基督做见证 [J]. 金陵神学志，1932(1): 15.

并不是西方宣教必不可少的一部分，有可能还产生了适得其反的效果。章开沅一语中的指出，教会大学的主体属性是作为教育机构存在，宗教也是一种文化，实际上它是近代中西文化交流的产物，它的发展变化是近代中西文化交流史的重要组成部分。

教会大学作为有外国特征的中国教育机构，本身就是一个矛盾体，中国化与国际化，宗教性与学术性、世俗性，看似矛盾，但这也恰是其魅力所在，学生处于这种多元文化的激荡、碰撞中，才能迸发出智慧的火花，激发创新的冲动。当年蔡元培主持下的北京大学之所以能成为中国较富盛名的高等学府，就在于它"兼容并包、思想自由"的办学理念。大学不是传教士养成所，不是政治训练班，这种开放、包容、中西融合的办学模式，对今天的大学办学仍有借鉴意义。

如果没有教会大学的存在，近代基督教在华传播史可能是另一种评价，它对中国近代教育制度的建立和多个领域人才的培养所做的贡献是不能否认的。金陵大学校长陈裕光在 60 周年校庆时总结说："公立与私立并重、教与育并重、训练服务人才，总之本校办学以来，除沟通文化外，亦常勉以为学问而致力，为修养而淬励，为和平而奋斗，为服务而尽力。"[1]陈裕光此语既是办学经验，又是奋斗目标，至今读来，仍觉其言灼灼。

---

[1]　陈裕光.陈裕光校长在金陵大学举行 60 周年庆祝大会上的讲话 [M]// 南京大学高教研究所.金陵大学史料集.南京：南京大学出版社，1989：64.

参考文献

[1] 中共中央马克思恩格斯列宁斯大林著作编译局.马克思恩格斯选集[M].北京：人民出版社，1972.

[2] 李楚材.帝国主义侵华教育史资料：教会教育[M].北京：教育科学出版社，1987.

[3] 南京大学高教研究所校史编写组.金陵大学史料集[M].南京：南京大学出版社，1989.

[4] 《南大百年实录》编辑组.南大百年实录：中卷 金陵大学史料选[M].南京：南京大学出版社，2002.

[5] 金陵大学南京校友会.金陵大学建校一百周年纪念册[M].南京：南京大学出版社，1988.

[6] 金陵大学南京校友会.金陵大学建校一百廿周年纪念文集[M].南京：南京大学出版社，2008.

[7] 金陵大学.金陵大学国学系学程表及说明书[M].南京：金陵大学出版社，1924.

[8] 金陵大学.金陵大学中国文化研究所概况[M].南京：金陵大学出版社，1933.

[9] 金陵大学.金陵大学文学院招收国学特别研究生简章[M].南京：金陵大学出版社，1934.

[10] 金陵大学.金陵大学中国文化研究所概况[M].南京：金陵大学出版社，1943.

[11] 金陵大学.私立金陵大学六十周年校庆纪念册[M].南京：陵大学出版社，1948.

[12] 台北金陵大学校友会.金陵大学创校七十周年纪念特刊 [M].南京：金陵 大学出版社，1958.

[13] 金陵大学台湾校友会.金陵大学 [M].台北：荣民印刷厂，1982.

[14] 私立金陵大学农学院院长室.私立金陵大学农学院概况第 2 号 [M].南京： 金陵大学出版社，1933.

[15] 舒新城.中国近代教育史资料：上册 [M].北京：人民教育出版社，1961.

[16] 唐晓峰，王帅.民国时期非基督教运动重要文献汇编 [M].北京：社会科 学文献出版社，2015.

[17] 朱有瓛，高时良.中国近代学制史料：第 4 辑 [M].上海：华东师范大学 出版社，1993.

[18] 何东昌.中华人民共和国重要教育文献（1949 ～ 1975）[M].海口：海南 出版社，1998.

[19] 中国第二历史档案馆.中华民国史档案资料汇编：第 3 辑 教育 [M].南京： 江苏古籍出版社，1991.

[20] 中国第二历史档案馆.中华民国史档案资料汇编：第 5 辑：第 1 编 教育（一） [M].南京：江苏古籍出版社，1994.

[21] 中国第二历史档案馆.中华民国史档案资料汇编：第 5 辑：第 2 编 教育（一） [M].南京：江苏古籍出版社，1997.

[22] 中国第二历史档案馆.中华民国史档案资料汇编：第 5 辑：第 3 编 教育（一） [M].南京：江苏古籍出版社，2000.

[23] 中华续行委办会调查特委会.中华归主：中国基督教事业统计（1901— 1920）[M].北京：中国社会科学出版社，1985.

[24] SHEFFIELD D Z. The relation of christian education to the present condition and needs of China[C]//General Conference of the Protestant Missionaries of China. Records of General Conference of the Protestant Missionaries of China: held at Shanghai, May 10-24, 1877. Shanghai: American Presbyterian Mission Press, 1877.

[25] SHEFFIELD D Z. The relation of christian education to the present condition and needs of China[C]//General Conference of the Protestant Missionaries

of China. Records of General Conference of the Protestant Missionaries of China: held at Shanghai, May 7-20, 1890. Shanghai: American Presbyterian Mission Press, 1890.

[26] SHEFFIELD D Z. The relation of christian education to the present condition and needs of China[C]//China centenary missionary conference. Records of records of China centenary missionary conference: held at Shanghai, Apr25-May8, 1907. Shanghai: American Presbyterian Mission Press, 1907.

[27] 陈谦平 . 民国对外关系史论（1927—1949）[M]. 北京：生活・读书・新知三联书店，2013.

[28] 陈立夫 . 成败之鉴：陈立夫回忆录 [M]. 台北：正中书局，1994.

[29] 董黎 . 中国教会大学建筑研究：中西建筑文化的交汇与建筑形态的构成 [M]. 珠海：珠海出版社，1998.

[30] 郭锋 . 福开森在华五十六年 [M]. 上海：上海交通大学出版社，2019.

[31] 胡卫清 . 普遍主义的挑战：近代中国基督教教育研究（1877—1927）[M]. 上海：上海人民出版社，2000.

[32] 何晓夏，史静寰 . 教会学校与中国教育近代化 [M]. 广州：广东教育出版社，1996.

[33] 何荣汉 . 陶行知：一位基督徒教育家的再发现 [M]. 合肥：安徽教育出版社，2011.

[34] 刘家峰，刘天路 . 抗日战争时期的基督教大学 [M]. 福州：福建教育出版社，2003.

[35] 卢茨 . 中国教会大学史 (1850—1950)[M]. 曾钜生，译 . 杭州：浙江教育出版社，1987.

[36] 芳卫廉 . 基督教高等教育在变革中的中国（1880—1950）[M]. 刘家峰译 . 珠海：珠海出版社，2005.

[37] 德本康夫人，蔡路德 . 金陵女子大学 [M]. 杨天宏，译 . 珠海：珠海出版社，1999.

[38] 艾德敷 . 燕京大学 [M]. 刘天路，译 . 珠海：珠海出版社，2005.

[39] 《南京农业大学发展史》编委会.南京农业大学发展史：人物卷[M].北京：中国农业出版社，2012.

[40] 南京大学校史编写组.南京大学史[M].南京：南京大学出版社，1992.

[41] 王德滋.南京大学百年史[M].南京：南京大学出版社，2002.

[42] 王立新.美国传教士与晚清中国现代化：近代基督新教传教士在华社会文化和教育活动研究[M].天津：天津人民出版社，1997.

[43] 余子侠.中国近代思想家文库：陶行知卷[M].北京：中国人民大学出版社，2015.

[44] 张宪文.金陵大学史[M].南京：南京大学出版社，2002.

[45] 朱庆葆，陈进金，孙若怡，等.中华民国专题史：第10卷：教育的变革与发展[M].南京：南京大学出版社，2015.

[46] 章开沅，林蔚.中西文化与教会大学[M].武汉：湖北教育出版社，1991.

[47] 章开沅.文化传播与教会大学[M].武汉：湖北教育出版社，1996.

[48] 章开沅.社会转型与教会大学[M].武汉：湖北教育出版社，1998.

[49] 章开沅.鸿爪集[M].上海：上海古籍出版社，2003.

[50] 章开沅，马敏.基督教与中国文化丛刊：第5辑[M].武汉：湖北教育出版社，2003.

[51] 周洪宇.开拓与创建：陶行知与中国现代文化[M].济南：山东教育出版社，2010.

[52] 陶飞亚，吴梓明.基督教大学与国学研究[M].福州：福建教育出版社，1998.

[53] 杨天宏.基督教与民国知识分子：1922—1927年中国非基督教运动研究[M].北京：人民出版社，2005.

[54] 杨思信，郭淑兰.教育权与国权：1920年代中国收回教育权运动研究[M].北京：光明日报出版社，2010.

[55] 舒新城.收回教育权运动[M].北京：中华书局，1927.

[56] 章元善.乡村建设实验：第1集[M].北京：中华书局，1934.

[57] 章之汶，李醒愚.农业推广[M].北京：商务印书馆，1936.

[58] 蒋杰.乌江乡村建设研究[M].南京：南京朝报印刷所，1936.

[59] 王治心. 中国基督教史纲 [M]. 上海：上海世纪出版集团，2011.

[60] 吴梓明. 基督教大学华人校长研究 [M]. 福州：福建教育出版社，2001.

[61] 吴梓明. 基督宗教与中国大学教育 [M]. 北京：中国社会科学出版社，2003.

[62] 乔启明. 中国农村社会经济学 [M]. 上海：上海书店出版社，1945.

[63] 中国人民银行金融研究所. 美国花旗银行在华史料 [M]. 北京：中国金融出版社，1990.

[64] 陈能治. 战前十年中国的大学教育 [M]. 台北：台湾商务印书馆，1990.

[65] 高时良. 中国教会学校史 [M]. 长沙：湖南教育出版社，1994.

[66] 徐以骅. 教会大学与神学教育 [M]. 福州：福建教育出版社，1999.

[67] 金以林. 近代中国大学研究 [M]. 北京：中央文献出版社，2000.

[68] 王运来. 诚真勤仁 光裕金陵：金陵大学校长陈裕光 [M]. 济南：山东教育出版社，2004.

[69] 江苏省陶行知教育思想研究会. 纪念陶行知 [M]. 长沙：湖南教育出版社，1984.

[70] 华中师范大学教育科学研究所. 陶行知全集：第 2 卷 [M]. 长沙：湖南教育出版社，1985.

[71] 方明. 陶行知全集：第 6 卷 [M]. 成都：四川教育出版社，2009.

[72] 周洪宇. 开拓与创建：陶行知与中国现代文化 [M]. 济南：山东教育出版社，2010.

[73] 余子侠. 中国近代思想家文库：陶行知卷 [M]. 北京：中国人民大学出版社，2015.

[74] 李灵，肖清和. 基督教与近代中国教育 [M]. 上海：上海译文出版社，2018.

[75] 吴利明. 基督教与中国社会变迁 [M]. 香港：基督教文艺出版社，1990.

[76] 吴昶兴. 基督教教育在中国：刘廷芳宗教教育理念在中国之实践 [M]. 香港：浸信会出版社，2005.

[77] 涂上飙. 民国时期的研究生教育发展史 [M]. 武汉：湖北美术出版社，2014.

[78] FORSYTHE S A. An American missionary community in China(1895-1905) [M].Boston: Harvard university press, 1986.

[79] FISHER D W.Calvin wilson mateer-forty-five years: a missionary in Shantung, China.[M].London：The westminster press, 1911.

[80] VARG P A . Missionaries, chinese and diplomats: American missionary movement in China(1890-1952) [M].Princeton: princeton university press, 1958.

[81] WHEELER W R, JOHN E. Williams of nanking [M]. New York: Fleming H. revell company, 1937.

[82] WALLAR N T. My nanking home (1918-1937) [M]. Willow Hill Publications, 2010.

[83] 陈谦平 .1927 年南京事件伤亡人数和财产损失的考证 [J]. 民国研究，2008(13/14)：138-155.

[84] 蒋宝麟 . 金陵大学的经费来源与运作研究（1910—1949）[J]. 中国经济史研究，2018(4)：41-55.

[85] 蒋宝麟 .20 世纪 20 年代金陵大学的立案与改组 [J]. 近代史研究，2016(4)：106-122.

[86] 蒋宝麟 . 从"内外"到"中西"：金陵大学顶层治理结构的转变[J].史学集刊，2020(3)：61-74.

[87] 刘家峰 . 近代来华传教士的中文学习：以金陵大学华言科为中心 [J]. 上海大学学报（社会科学版），2008(6)：112-117.

[88] 杨天宏 . 中国非基督教运动（1922—1927）[J]. 历史研究，1993(6)：83-96.

[89] 张振国 . 基督教大学中国化的早期尝试 [J]. 山东大学学报 (哲学社会科学版)，2008(1)：148-153.

[90] 章博 . 生存与信仰之间：教会大学的两难处境 (1922—1951)：以华中大学为中心 [J]. 江汉论坛，2013(9)：129-133.

[91] 赵飞飞 . 论民国时期基督教会大学立案中的校长人选问题 [J]. 近代史学刊，2015(2)：219-234，303.

[92] 赵飞飞，朱庆葆.再论中央研究院第一届院士选举：以金陵大学农学院为中心的考察 [J].历史教学（下半月刊），2015(9)：18–25.

[93] 赵飞飞.近代金陵大学反帝爱国风潮原因探析 [J].唐都学刊，2016，32(1)：121–128.

[94] 史静寰.近代西方传教士在华教育活动的专业化 [J].历史研究，1989(6)：28–37.

[95] 刘方仪.教会大学的终结：从中华人民共和国建国初期基督教政策谈起并以金陵大学为个案研究 [J].思与言，2004，42(3)：373–384.

[96] 叶张瑜.建国初期教会大学的历史考察 [J].当代中国史研究，2001(3)：64–75.

[97] 张德明.民国大学与农村改良：乌江农业推广实验区述论 [J].农业考古，2022(4)：52–60.

[98] 岳爱武，熊小燕.教会大学对中国近代学位与研究生教育的历史性贡献[J].现代教育科学，2010(5)：30–33，37.

[99] JESSIE G L. Chinese nationalism and the anti-christian campaigns of 1920's[J]. Modern asian studies, 1976, 10(3): 395-416.

[100] Lewis Hodous.The Anti-Christian Movement in China[J].The Journal of Religion, 1930, 10(4).

[101] YAMAMOTO T, YAMAMOTO S. The anti-christian movement in China, 1922—1927[J].The far eastern quarterly, 1953, 12(2): 133-137.

附录

金陵大学中英文人名对照如表附录-1 所示。

表附录-1 中英文人名对照表

中英文人名对照	
A	
Arthur John Bowen	包文
A.P.Parker	潘慎文
Albert N.Steward	史德蔚
Alexander G. Small	司迈尔（亦译"司马"）
A.C.Hutcheson	赫济生
Alexander Ying Lee	李敏甫
A.Archibald Bullock	蒲洛克
B	
B.A.Garside	葛思德
C	
Clifford S. Trimmer	屈穆尔
C. C. Chen	程湘帆
Charles Henry Fowler	傅勒尔
C.H.Hamilton	韩穆敦
Charles Scull Keen	钦嘉乐
C.T.Wang	王正廷

续　表

中英文人名对照	
Cheng Ching-Yi	诚静怡
Charles Riggs	林查理
C.Y.Gwoh	郭中一
Calvin W.Mateer	狄考文
C.W. Woodworth	吴伟士
Claude Thomson	汤美森
Charles Stanley Smith	师当理
C.H.Myers	马雅思
D	
Djang Fang	张坊
D.Z.Sheffield	谢卫楼
E	
E.H.Cressy	葛德基
Eva.D.Spicer	师以法
E.C.Bridgman	裨治文
Edward H. Hume	胡美
Ernest D.Burton	巴敦
Elsie M. Priest	毕律斯
F	
Francis Lister Hawks Pott	卜舫济
Frank Wilson Price	毕范宇
F.P.Jones	章文新
Frank E.Meigs	美在中
Frank Peyton Gaunt	高尼弟

续　表

中英文人名对照	
G	
George. A. Stuart	师图尔
Guy W. Sarvis	夏伟师
Griffith John	杨格非
G.E.Ritchey	祁家治
H	
H. R. Wei	魏学仁
Hudson Taylor	戴德生
Harry Clemons	克乃文（亦译"克莱门斯"）
H. H. Love	洛夫
Harlan Page Beach	毕海澜
H.F.Rowe	饶合理
J	
James Legge	理雅各
James H. McCallum	麦卡伦
John. C. Ferguson	福开森
J.C.Garritt	甘路得
J. E. Williams	文怀恩
J.H.Reisner	芮思娄
John Fitch	费吴生
John H.D. Rabe	拉贝
John Leighton Stuart	司徒雷登
John B. Griffing	郭仁风
Joseph Baillie	裴义理

续　表

中英文人名对照	
J.C.Thomson	唐美森
J. Theron Illick	伊礼克
John R. Mott	穆德
John Fryer	傅兰雅
John Rogers Fryer	傅绍兰
James Butchart	柏志道
J.Campbell Gibson	汲约翰
J.Lossing Buck	卜凯
L	
Lewis Smythe	史迈士
Lincoln Dsang	张凌高
Luther D. Wishard	魏夏德
Leslie Bates Moss	莫思
M	
M. S. Bates	贝德士
Matteo Ricci	利玛窦
Minnie Vautrin	华群
N	
Nathan Worth Brown	宝珍三
P	
Phillip Francis Price	毕来思
Philip Saffery Evans	易文士
R	
R.G. Wiggans	魏庚斯

中英文人名对照	
Robert O. Wilson	威尔逊
Robert Case Beebe	比必
Robert Morrison	马礼逊
R.S.Brown	勃朗
R.T.Shields	史尔德
S	
Swen Ming-ching	孙明经
Sherwood Eddy	伍德·艾迪
S. N. Cheer	戚寿南
S. Y. Li	李小缘
Sven Hedin	斯文赫定
Sidney Locock Lasell	陈赛耳
T	
Tao Wen-tsing	陶文浚（即"陶行知"）
Tsing-Yuan Ni	倪清源
Twinem Paul Dewitt	戴籁三
Thomas Dwight Sloan	宋龙
W	
William Kia-Shen Sie	谢家声
Walliam Carey	威廉·凯里
William Milne	米怜
Walter H.Medhurst	麦都思
William J. Boone	文惠廉
William P. Fenn	芳卫廉（亦译"方恩"）

续　表

中英文人名对照	
W. F. Hummel	恒谟
Walter Lowdermilk	罗德民
William Edward Macklin	马林
W.M.Lowrie	娄理华
Wm.R.Stewart	施德安
Walter Gaffield Hiltner	赫尔忝
Y	
Yi-fang Wu	吴贻芳
Young John Allen	林乐知
Y.G.Chen	陈裕光